EMPRESAS

VÁLIDAS

NÉLIO ARANTES

EMPRESAS

COMO ELAS ALCANÇAM RESULTADOS SUPERIORES AO SERVIREM A SOCIEDADE

VÁLIDAS

Presidente
Henrique José Branco Brazão Farinha
Publisher
Eduardo Viegas Meirelles Villela
Editora
Cláudia Elissa Rondelli Ramos
Projeto Gráfico e Editoração
S4 Editorial
Capa
Listo Comunicação
Preparação de Texto
Bel Ribeiro
Revisão
Noele Rossi
Impressão
Edições Loyola

Copyright © 2012 *by* Editora Évora Ltda.
Todos os direitos desta edição são reservados à Editora Évora.
Rua Sergipe, 401 – Cj. 1.310 – Consolação
São Paulo – SP – CEP 01243-906
Telefone: (11) 3562-7814/3562-7815
Site: http://www.editoraevora.com.br
E-mail: contato@editoraevora.com.br

DADOS INTERNACIONAIS DE CATALOGAÇÃO NA PUBLICAÇÃO (CIP)

A684e

    Arantes, Nélio

        Empresas válidas : como elas alcançam resultados superiores ao servirem a sociedade / Nélio Arantes. - São Paulo : Évora, 2012.

        224 p. ; 23 cm.

    Inclui bibliografia.
    ISBN: 978-85-63993-40-3

1. Administração de empresas. I. Título.

CDD- 658

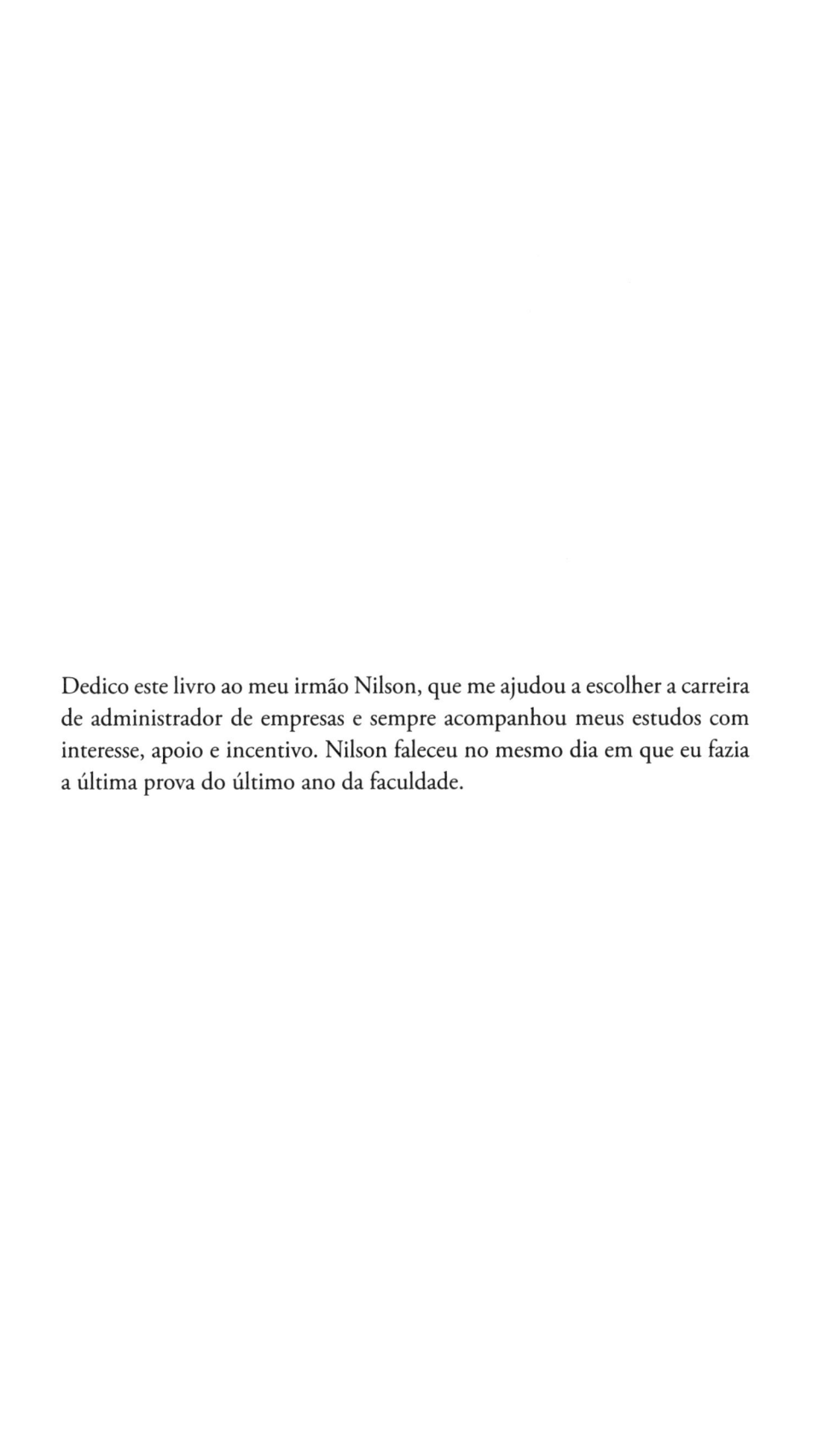

Dedico este livro ao meu irmão Nilson, que me ajudou a escolher a carreira de administrador de empresas e sempre acompanhou meus estudos com interesse, apoio e incentivo. Nilson faleceu no mesmo dia em que eu fazia a última prova do último ano da faculdade.

AGRADECIMENTOS

Foram enormes as contribuições que recebi durante esse processo de aprendizado sobre as empresas válidas. Os conceitos que estou apresentando aqui se referem a um período de mais de 40 anos de aprendizado e de experiência. Por isso não consigo me lembrar de todas as pessoas que contribuíram para este meu aprendizado. Algumas, inclusive, são amigas ou profissionais de várias áreas que conheci em minhas relações sociais. Muitas dessas discussões eu nem sabia que viriam a ajudar para o conceito de empresas válidas, pois, como já expliquei, não tinha clareza nem sobre qual era a minha dúvida. Pelas minhas contas, tive contatos profissionais com mais de 100 empresas, e em praticamente todas elas recebi alguma contribuição. De fato, o aprendizado é um processo coletivo de leituras, debates, aulas, palestras, troca de experiências, ideias, convicções com todas as pessoas com quem mantemos contato. Por isso não vou tentar nomear nenhuma delas, mesmo das que deram contribuições mais significativas do que outras. Quero destacar, porém, as contribuições do Sérgio Rodrigues Bio e do Ennio Splendore, de quem fui sócio na empresa de consultoria SBS e com quem tive, por vários anos, discussões aprofundadas sobre modelos empresariais que, sem dúvida, me auxiliaram a chegar ao conceito de empresa válida. Quero destacar também a contribuição de José Carlos Teixeira Moreira, que propaga com entusiasmo o conceito de empresa válida e o integrou, com maestria e criatividade, na abordagem de marketing industrial que pratica na sua empresa de consultoria e dissemina na Escola de Marketing Industrial e no Instituto de Marketing Industrial.

SUMÁRIO

APRESENTAÇÃO 1

PARTE 1
A RAZÃO DE SER DAS EMPRESAS VÁLIDAS 9

Capítulo 1. A FINALIDADE DAS EMPRESAS NA VISÃO ECONÔMICA CLÁSSICA 11

Capítulo 2. AS FINALIDADES EXTERNAS DAS EMPRESAS VÁLIDAS......................17
    A função das empresas válidas 18
    O que as empresas válidas produzem.. 23
    A quem são destinadas as utilidades... 25
    A responsabilidade no uso dos recursos sociais.. 28
    As limitações sociais e a conduta empresarial 29

Capítulo 3. AS FINALIDADES INTERNAS DAS EMPRESAS VÁLIDAS 35
    Empresa na visão econômica: o privilégio dos empreendedores................ 35
    Empresa na visão corporativista: o privilégio dos colaboradores 36
    Empresa válida: o privilégio dos clientes-empreendedores-colaboradores ... 39
    Os objetivos dos empreendedores 42
    Os objetivos dos colaboradores.. 49
    Os objetivos do empreendimento 54
    A conduta interna 55

Capítulo 4. AS CARACTERÍSTICAS DAS EMPRESAS VÁLIDAS 57
    Agentes de desenvolvimento social.. 57
    Organizações permanentes 58
    Preservação do patrimônio externo e interno.. 60
    Voltadas para fora e atentas ao ambiente interno 61
    Um lugar para a realização ampla das necessidades humanas 61
    Postura ativa em relação à evolução social.. 62

x   Empresas válidas

        Consciência e responsabilidade 64
        Sistemas técnicos e humanos 65
        Lucrativas 66
        Falíveis 67
        Modernas e eternas 67

PARTE 2
A TAREFA EMPRESARIAL DAS EMPRESAS VÁLIDAS 77

    Capítulo 5. CRIAR PRODUTOS DE VALOR (UTILIDADES) 81
        Foco no atendimento às necessidades dos clientes 85
        Selecionados de acordo com a vocação da empresa 88
        Qualidade = adequação às necessidades do cliente 89
        Atualidade 91
        Disponibilidade 91
        Conhecidas 92
        O produto pode ser global, mas o valor é local 92
        O valor é atribuído pelo cliente 93
        O preço é justo e baseado no valor 93

    Capítulo 6. CRIAR E MANTER CLIENTES SATISFEITOS 97
        Aqueles que nos preferem 102
        Aqueles que escolhemos 102
        Aqueles que reconhecem o valor de nossas utilidades 104

    Capítulo 7. PROMOVER A CAPACIDADE DE EVOLUÇÃO DELIBERADA 107
        Criando o futuro 107
        Mantendo o sucesso 111
        O futuro em diferentes horizontes de tempo 112
        Decisão consciente de mudança 115
        Tempo e velocidade das mudanças 116
        Visão sistêmica 117
        O que deve mudar e o que não deve 117
        Um processo permanente 118
        Três requisitos fundamentais: conhecimento, inovação e mobilidade 120
        Aspectos comportamentais 122
        Sistema de gestão 123
        Uma opção baseada na filosofia empresarial 123

    Capítulo 8. ATRAIR, DESENVOLVER E MANTER TALENTOS 125
        Dominam o conhecimento 128
        Seu trabalho é intelectual 130

Foco nos resultados 130
Vínculo com a empresa baseado em realização 131
Seres humanos normais 132

Capítulo 9. CONSTRUIR E MANTER RELAÇÕES SIGNIFICATIVAS 135
Processos de interação intensos e duradouros 138
Aprendizado mútuo 139
Resultados compartilhados 139
Identidade de valores 140

Capítulo 10. USAR OS RECURSOS PRODUTIVAMENTE 141
Foco na contribuição aos resultados 145
Recursos tangíveis e intangíveis 145
Uso produtivo = qualidade + quantidade + tempo certo 146
Fontes externas e internas 147
Esforço para criar recursos 148

Capítulo 11. PRATICAR PRINCÍPIOS DE CONDUTA ACEITOS 151
Responsabilidade social nas empresas válidas 153
Ações sociais 161
Responsabilidade social não é estratégia 164
Responsabilidade social não é retribuição 165
A ética nas empresas válidas 166

Capítulo 12. OBTER UM LUCRO JUSTO 173

PARTE 3
A AVALIAÇÃO DOS RESULTADOS NAS EMPRESAS VÁLIDAS 181

Capítulo 13. REQUISITOS DE UM PROCESSO DE AVALIAÇÃO EFICAZ 183
Resultados coerentes com as finalidades 183
Sobrevivência, crescimento e continuidade 185
Medir resultados, e não estratégias 186
Parâmetros peculiares 187
Responsáveis pela avaliação representativos 187
Parâmetros eficazes 187
Parâmetros simples e inteligíveis 188
O que cada parâmetro mede 188
O que cada parâmetro significa 188
Avaliação global e integrada 189
Medir o intangível 189
Informações relevantes 190

       Poucos e bons parâmetros 191
       Processos participativos. 191
       Sistemas de gestão 191

Capítulo 14. PARÂMETROS DE AVALIAÇÃO DOS RESULTADOS 193
       Parâmetros externos 195
       Parâmetros internos 197
       A excelência empresarial 199

FONTES CITADAS NOS CAPÍTULOS 205

APRESENTAÇÃO

DESCOBRINDO OS CONCEITOS

Até chegar ao conceito de empresa válida, percorri um longo caminho. A estrada para a descoberta é muitas vezes longa, sinuosa, exige disposição, e não permite a fixação de um tempo para ser percorrida. Nem sempre sabemos com clareza o que estamos procurando. Os achados vão se acumulando, assim como as rotas perdidas. E então, de repente, em um determinado momento, chegamos e encontramos uma resposta para nossas dúvidas e indagações. Esta descoberta é uma das sensações mais gratificantes, e compensa todo o esforço despendido nesse longo processo de busca, por isso prefiro usar o termo "processo criativo" em vez de "criatividade" para denominar esses esforços de descoberta. O termo "criatividade" não reflete com clareza o longo e árduo caminho da busca, dando a impressão de que as ideias surgem de uma hora para outra, "por inspiração".

Ainda na faculdade de administração de empresas, eu tentava vários meios para entender claramente o que é uma empresa e qual a sua função. Pesquisava livros das diferentes matérias para ver se encontrava respostas convincentes. Certa vez, pedi a um professor de ciências políticas que falasse sobre o papel da empresa na sociedade. A resposta foi decepcionante: "Este tema não está previsto no programa do curso, mas se você obtiver a concordância de seus colegas eu falo". Isto se deu na década de 1960, e, naquele momento, minha procura pelo entendimento do papel da empresa, além do interesse de estudante, refletia também uma preocupação de natureza política, já que estava envolvido com o movimento estudantil e sindical (eu trabalhava no Banco do Brasil).

Já nas minhas primeiras experiências profissionais, após concluir o curso de administração de empresas, percebi que as "verdades" que aprendera na faculdade não eram "tão verdades" assim. Lembro-me de que na Rhodia, meu primeiro emprego depois de ter concluído a faculdade, um executivo afirmava em uma palestra, para nós, os recém-contratados, que "o objetivo de uma empresa não é o lucro, mas sim crescer". Eu aprendera o inverso.

Também nas discussões sobre sistemas de gestão, minha área de atuação profissional, não era possível chegar a uma conclusão clara sobre o que é "certo ou errado", "melhor ou pior". Cada um dos participantes dessas discussões tinha sempre um exemplo de práticas bem-sucedidas nas empresas. Se você defendia a eficácia de um determinado conceito, havia sempre alguém com outro exemplo de sucesso, que tinha utilizado um conceito completamente diferente. Eram discussões sobre conceitos de gestão, tais como: "centralizar *vs*. descentralizar", "controlar ou não", "o planejamento funciona ou não", "delegar *x* concentrar autoridade", e outras questões. Estabelecia-se então uma relação enorme de possibilidades de "receitas de sucesso", cada um com a sua. Lembro-me de que, em uma dessas discussões, quando estávamos debatendo sobre quais seriam os modelos de gestão eficazes, um dos interlocutores argumentou "... mas o banco tal não faz isto e dá muito certo!", ele se referia a um banco que na época era considerado por nós, profissionais de administração, como o mais retrógrado em gestão empresarial, mas que vinha crescendo e tendo um lugar cada vez mais importante no mercado financeiro.

Afinal, o que é uma empresa? Qual é sua função na sociedade? Por que umas agem de uma maneira e outras de forma diferente. Não havia respostas conclusivas. Onde estava o "enrosco"? Levei alguns anos para ter uma explicação aceitável. Um primeiro avanço importante no caminho da descoberta foi constatar que as discussões ficavam, na sua essência, restritas às questões técnicas: vantagens e desvantagens de uma organização centralizada *vs*. descentralizada, de um processo de controle voltado a tarefas *vs*. a resultados etc. Não eram levadas em consideração as variáveis de natureza humana. E a primeira grande diferença que eu notava na prática das empresas eram as diversas maneiras como tratavam as pessoas. Comecei então a me interessar pelas questões humanas na administração. Li bastante a respeito, revi meu material escolar, e, nessas buscas, um dos trabalhos que me marcou muito foi o de Douglas McGregor, sobre as teorias X e Y, que, além de me ajudar a entender melhor os estilos de liderança nas empresas, explicava que a adoção de diferentes estilos era baseada em premissas sobre o comportamento humano. Ou seja, a decisão de optar pelo estilo X ou Y não se devia a uma escolha baseada em variáveis técnicas, na avaliação de vantagens e desvantagens entre diferentes alternativas, mas, sim, a um conjunto de crenças e valores sobre a natureza do comportamento humano. Achei que tinha encontrado um caminho para esclarecer minhas dúvidas e explicar as diferentes visões que eram apresentadas nas discussões a que me referi acima. Percebi que elas eram focadas apenas nas questões técnicas, e quase nada nas pessoas e no seu comportamento. Passei então a observar que, de fato, os modelos de gestão não decorriam apenas de uma escolha de natureza técnica, mas eram profundamente afetados pelas premissas humano-comportamentais, e que estas davam respostas mais claras às escolhas entre diferentes alternativas. Assim, os administradores do "tipo Y", que acreditam no potencial, na iniciativa, na responsabilidade das pessoas, tendem a aceitar com grande facilidade os modelos descentralizados. Ao contrário, aqueles do "tipo X", que acreditam que as pessoas precisam ser controladas para que executem suas tarefas a contento, adotam rígidos sistemas de controle. Então estava explicado: tentar discutir com estes últimos as vantagens técnicas de uma organização descentralizada, por exemplo, certamente seria perda de tempo. Óbvio, não? É. Mas só depois que a gente descobre. Porém esta descoberta não era suficiente, pois restava ainda a pergunta: por que algumas empresas adotam o modelo X e outras o Y?

Foi principalmente a partir de 1979, quando iniciei minhas experiências como consultor, que comecei a tomar maior contato com situações diversificadas na gestão das empresas. Nesse momento, a necessidade de entender os diferentes modelos de empresa era diferente da que eu tinha na época de estudante. Era uma necessidade profissional. Eu precisava saber o porquê de as empresas se comportarem de maneira diferente para ter mais clareza nas minhas intervenções profissionais. Há vários livros e artigos que buscam descobrir os fatores de sucesso das empresas. Meu objetivo não era saber o que promove o sucesso ou causa o insucesso, não era descobrir o "modelo certo" de empresa. Posso até ter minha preferência por um determinado modelo – e certamente tenho –, mas avaliar o modelo certo não era meu objetivo. O que procurava era ter uma compreensão clara dos motivos que levam as empresas a ter comportamentos diferentes. Como consultor, precisava entender o que a empresa queria, do que ela precisava, para poder conceber e implementar as soluções adequadas às suas necessidades específicas e singulares. Para tanto, o entendimento claro dos diferentes modelos de empresa era um fator decisivo. A cada experiência surpreendia-me com as diferentes formas de pensamento e comportamento das empresas com as quais mantinha contato. Já nos contatos iniciais, podia perceber essas divergências. Era notável, por exemplo, as diferentes preocupações quando eu apresentava as propostas de trabalho. Algumas empresas pouco se preocupavam com o conteúdo, e se fixavam nos preços e prazos para a execução dos serviços. Outras, dedicavam uma atenção e um tempo adequados à análise do conteúdo proposto para o trabalho, discutindo os objetivos, os conceitos, o escopo e a abordagem, antes de discutir preços e prazos. Em algumas empresas, as conversas eram fluentes, como se eu já conhecesse as pessoas há muito tempo. Em outras, as discordâncias começavam logo nos cumprimentos. Até a forma pela qual era recebido era diferente. Por um bom tempo achei que se tratava apenas de uma questão de empatia. Então, atribuía o sucesso ou o fracasso dos meus serviços à sintonia entre mim e a empresa, mas ainda não tinha respostas para a existência ou a falta desta sintonia. Mais tarde, vim a descobrir que a resposta era mais profunda, que se tratava de diferenças de ideologia.

Várias vezes envolvi-me em experiências nas quais fui contratado para implementar conceitos que mudavam completamente os paradigmas de gestão da empresa. Os novos conceitos eram aceitos por uma parcela dos executivos dessas empresas, mas conflitavam com o pensamento predominante que orientava o jeito de ser da empresa e, por isso, essas experiências não foram bem-sucedidas. Era este pensamento predominante que precisaria ser mudado antes de se tentar implementar qualquer novo conceito. Óbvio não? Pode ser, mas como é bom a gente descobrir coisas óbvias! É talvez a melhor forma de aprendizado. Uma coisa que me fascina é este processo de aprendizado: ter dúvidas, procurar e achar respostas, testar soluções, evoluir, amadurecer. É um processo demorado, pode levar um tempo longo, mas os resultados são muito consistentes e duradouros.

Passei mais alguns anos tentando descobrir e entender esses diferentes pensamentos empresariais que moldavam o comportamento das empresas. Mas, com o acúmulo das experiências profissionais já era possível estabelecer alguns modelos que explicavam diferentes tipos de empresa. Lembro-me de inúmeras leituras, cursos, reflexões e discussões com executivos e consultores sobre modelos empresariais. Tenho anotações de reflexões e discussões do início dos anos 1980 com referências a empresas "ecológicas" *vs.* "predatórias", "democratas" *vs.* "autocratas", e outras categorias. Em uma dessas anotações, fiz o exercício de caracterizar os modelos de empresa X e Y conforme os pressupostos de McGregor. Mas ainda não tinha encontrado respostas convincentes para entender o porquê das diferentes práticas das empresas em todas as áreas: marketing, produção, recursos humanos, finanças, suprimentos etc. Foi este esforço de tentar caracterizar e entender os modelos empresariais que me possibilitou, no final da década de 1980, chegar aos dois modelos que predominavam na prática das empresas: aquelas com foco na visão econômica, cuja razão de ser é a maximização do lucro; e as que existem para, em primeiro lugar, servir à sociedade em que operam, e encaram o lucro como meio, e não como fim: as empresas válidas.

Nessa época, eu estava fazendo um inventário das minhas experiências profissionais a fim de avaliar se eram suficientes para escrever um livro sobre sistemas de gestão empresarial. Em várias dessas experiências questionava-me: mas esta solução, que foi muito bem-sucedida, não se aplica a todos os tipos de empresa. Os conceitos usados nas principais experiências eram condizentes apenas com o modelo de empresas válidas. Percebi então que o livro deveria ter um capítulo inicial que estabeleceria as premissas conceituais explicando o conceito de empresas válidas, que daria suporte ao modelo do sistema de gestão a ser exposto. À medida que ia detalhando esses dois modelos empresariais, fui me surpreendendo com as enormes diferenças que promoviam na prática das empresas. Aí, então, passei a compreender com clareza as diferenças entre os modelos de empresa e, por meio da análise de sua prática, a identificar qual modelo ela adotava. E, mais, percebi que não se tratava apenas de uma decisão "técnica" a adoção de um modelo ou outro, tratava-se, sim, de uma opção ideológica. Percebi que as empresas agiam de um modo ou outro porque tinham crenças e valores diferentes, e que eram essas crenças e valores que moldavam seu comportamento. Notei que as diferentes visões sobre clientes, produtos, postura em relação às mudanças, uso dos recursos, lucro e conduta também eram orientadas por premissas como McGregor sugerira para explicar os diferentes estilos de liderança. Essas premissas baseadas em crenças e valores na verdade constituíam a ideologia da empresa. E esta foi outra grande descoberta. Não se tratava de escolha "técnica", baseada na avaliação de vantagens e desvantagens, mas de uma forte opção ideológica. Por isso as empresas, qualquer que seja seu modelo, são consistentes em sua prática, e conseguem coerência na sua ação, porque agem de acordo com suas crenças e valores, que são o que moldam seu caráter. E não é difícil a gente perceber o caráter de uma empresa. Temos sempre a "imagem" de uma empresa e esperamos dela um comportamento consistente com esta imagem. Às vezes, percebemos uma empresa fazendo algo diferente do que é seu caráter, e estranhamos. Mas não nos preocupamos. Logo elas voltarão a fazer o que sempre faziam. O que aconteceu foi o seguinte: alguém implantou uma "estratégia" – porque estava na moda – não consistente com as características da empresa e, como a cultura fala mais forte, essa nova prática não traz os resultados esperados, e elas voltam à sua prática normal. De quantos casos você, leitor, não se lembra de campanhas de "satisfação dos clientes", realizadas por empresas que nunca deram atenção devida ao relacionamento com os clientes, que não duraram?

Foi a essa ideologia que me referi acima para explicar a existência ou falta de sintonia entre eu e meus clientes, como atribuição do sucesso ou do fracasso dos meus serviços. Mais do que reconhecer a existência de diferenças ideológicas, comecei a aceitar a ideia de que o consultor não é o que se costuma chamar de "profissional", aquele que é neutro em relação às ideias e visões dos clientes, que toma decisões "técnicas", que aceita fazer o que o cliente quer, ainda que sejam soluções com as quais não concorda. Existe, antes de tudo, um posicionamento ideológico que orienta os trabalhos. Se houver uma concordância ideológica, então a probabilidade de sucesso dos serviços é maior. Caso contrário, é impossível obter sucesso. Como posso auxiliar uma empresa que pratica um modelo completamente diferente daquele que preconizo? Não é nem uma questão de não querer fazer, mas de não saber fazer. Isto sim é ser profissional. Eu posso tentar convencer a empresa a adotar o modelo de empresa válida, mas, se ela não quiser, não consigo ajudar. Revendo meus casos de insucesso nos serviços e os que não foram contratados, todos tiveram a ver com essas diferenças ideológicas. É claro que também cometi falhas técnicas, mas estas não foram a causa mais relevante dos insucessos ou das recusas de contratação de serviços.

Os conceitos-chave que caracterizam esses modelos de empresas válidas e de empresas baseadas na visão econômica clássica expus pela primeira vez no livro *Sistemas de gestão empresarial – Conceitos permanentes na administração de empresas válidas* (Atlas, 1994). Neste livro, meu objetivo foi o de apresentar o modelo de sistema de gestão para suportar a tarefa de administração nas empresas válidas. Como já expliquei, o modelo de empresa válida serve de premissa conceitual para fundamentar os conceitos do sistema de gestão aqui apresentados. Apesar de o objetivo do livro ser os sistemas de gestão empresarial, ele incentivou também as discussões sobre modelos empresariais. O conceito de empresa válida teve grande aceitação entre estudantes, executivos e empresários. Tive a felicidade de obter respostas muito positivas, não só pela aceitação, mas principalmente pela eficácia prática que o modelo possibilitava. Várias empresas estão adotando este modelo para (re)discutir e mudar sua prática. Alguém desejaria uma retribuição maior do que esta? No decorrer desse período, pude exercitar o modelo de empresa válida de forma mais estruturada, e também recebi várias sugestões para aprofundar os conceitos. Estas foram as razões que me motivaram a dedicar um livro específico às empresas válidas.

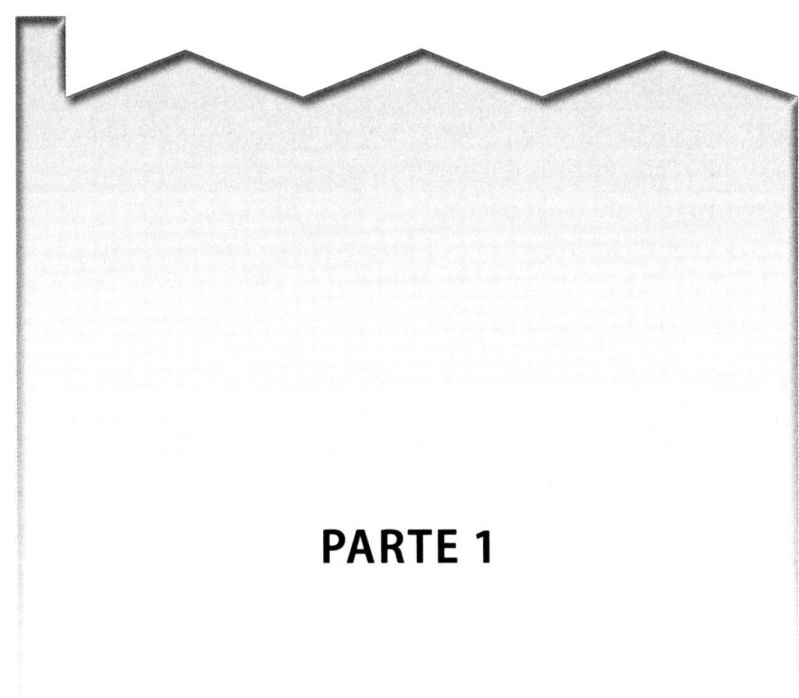

PARTE 1

A RAZÃO DE SER
DAS EMPRESAS VÁLIDAS

Ainda é comum que as empresas se apresentem aos seus clientes, colaboradores, investidores, e outros públicos falando sobre sua linha de produtos, tecnologia, fábricas, lojas, instalações, número de funcionários, volume de produção e de vendas, faturamento, posição no mercado. Ou seja, elas falam sobre o que fazem, sobre seu tamanho, seu desempenho, mas não explicam por que existem. Algumas nem mesmo chegam a refletir profundamente e definir claramente sua razão de ser.

Depois de um longo processo de busca, que expus na Apresentação deste livro, cheguei à conclusão de que a melhor maneira de conhecer uma empresa começa com uma clara compreensão da sua razão de ser, isto é, das finalidades pelas quais ela foi criada e é mantida.

Afinal, por que as empresas existem? Para fabricar e vender bens e serviços? Para gerar empregos, cuidando da educação, transporte, alimentação de seus funcionários? Para dar lucro? Para promover a prosperidade de uma sociedade? Não há uma única resposta a essas questões. Não há um consenso sobre a razão pela qual as empresas existem, seu objetivo, sua função, seu papel. Todos sabem que as empresas produzem bens e serviços, mas nem todos concordam sobre a razão pela qual elas fazem isso.

São várias as visões sobre as finalidades das empresas. Para os economistas, elas são agentes que realizam relações de troca econômica no mercado; para os cientistas sociais, são organizações humanas; para o governo, devem criar empregos; para os sindicatos, são exploradoras dos trabalhadores; para muitas pessoas, as responsáveis pela inflação e desemprego. A visão sobre as finalidades das empresas é diferente também entre os diversos especialistas de administração – marketing, finanças, produção, engenharia, recursos humanos etc. Uns dão ênfase na engenharia do produto, outros, na fabricação; uns, nas relações com os clientes, outros, nas transações financeiras; uns, nos resultados econômicos, outros, na motivação e capacitação das pessoas.

A finalidade para a qual a empresa existe é fundamental para sua vida, pois é em função de como vê sua razão de ser que ela define seus rumos e seus objetivos, que estabelece suas práticas e avalia seu desempenho. Suas ações e, por consequência, seus resultados, são decorrentes do que a empresa entende ser as suas finalidades. As relações com os clientes, colaboradores, empreendedores e com as instituições da sociedade também são decorrentes das finalidades da empresa, que, por sua vez, são o que distinguem as empresas, e as diferenciam umas das outras.

Definir as finalidades pelas quais uma empresa existe, portanto, não é escolher uma estratégia a ser seguida. É uma questão de filosofia. É determinar os motivos que fundamentam a razão de ser da empresa.

CAPÍTULO 1

A FINALIDADE DAS EMPRESAS NA VISÃO ECONÔMICA CLÁSSICA

De todas as visões sobre a finalidade das empresas, a predominante ainda é aquela baseada na teoria econômica clássica, que define o papel da empresa como, apenas, o de um agente econômico. Nesta visão, a empresa está voltada às transações de compra e venda que realiza com uma parcela do ambiente externo – o sistema econômico –, e sua finalidade é a maximização dos lucros para o empresário. A finalidade da empresa na visão econômica clássica está ilustrada na Figura 1.1.

Nesta visão, o ambiente externo no qual a empresa atua é o sistema econômico composto por: mercado (clientes, concorrentes, fornecedores), política econômica do governo, órgãos governamentais reguladores e/ou fiscalizadores da atividade econômica, indicadores do desempenho macroeconômico (PIB, inflação, nível de emprego etc.), instituições financeiras (bancos, corretoras e bolsas de valores, bolsas mercantis etc.), legislação tributária e fiscal.

A empresa obtém os insumos (recursos materiais, humanos, financeiros etc.) e os transforma em produtos acabados (bens ou serviços), que são transacionados no sistema econômico com base na lei da oferta e da procura. Os insumos e os processos de transformação, distribuição e comercialização constituem os custos, e os produtos vendidos geram as receitas. A diferença entre as receitas e os custos representa o lucro, o objetivo a ser alcançado, e o principal indicador do desempenho empresarial, pois, segundo a visão econômica clássica, a motivação do empresário e as decisões tomadas para criar e manter seu empreendimento são baseadas exclusivamente no lucro que obtém com a operação da empresa.

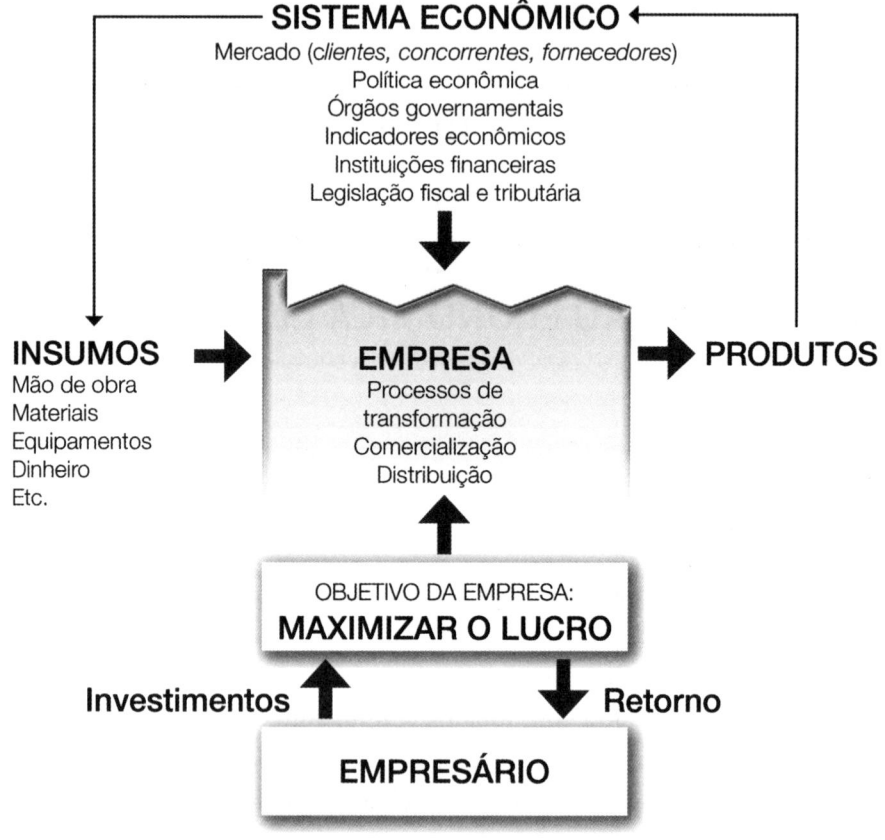

Figura 1.1 – A finalidade da empresa na visão econômica clássica

Estas empresas tomam decisões fundamentadas unicamente em critérios econômicos, tais como análises de "custo-benefício" e avaliação do retorno futuro sobre os investimentos. Em vez de agir para construir e criar valor, buscam cortes e redução de custos. Os vínculos que essas empresas estabelecem com pessoas e instituições também são exclusivamente de natureza econômica. Seus colaboradores são vistos como "mão de obra", um recurso como outro qualquer (materiais, dinheiro, equipamento etc.), cujo "consumo", portanto, deve ser otimizado. Por isso os remuneram pelo número de horas trabalhadas e pela quantidade do trabalho realizado. Elas pressionam seus fornecedores a praticar os menores preços. Os vínculos com os clientes são restritos às transações comerciais: volumes comprados, frequência de compra e preços das vendas. No papel de agentes econômicos, restringem sua relação com a sociedade apenas às questões de natureza econômica, colocando a ênfase da ação empresarial nas preocupações com as questões relacionadas a custos, preços, oferta e procura, impostos e inflação como as principais variáveis das transações da empresa com seu ambiente externo. O ambiente externo é um fornecedor de recursos, os quais elas podem usar na forma como bem entenderem.

Esta visão econômica clássica – que prevalece ainda em boa parte do ambiente empresarial e da sociedade brasileiros – não ajuda a compreender com clareza a finalidade das empresas, e estabelece um parâmetro limitado para a avaliação de seu desempenho ou validade. Ela apresenta um conjunto de limitações na tentativa de explicar uma empresa. Não caracteriza de forma completa o papel da empresa na sociedade, e é a responsável, inclusive, pela imagem negativa perante esta mesma sociedade, principalmente nos momentos de crise (inflação, desemprego, baixos salários), conforme revelam as inúmeras pesquisas feitas no Brasil nessas ocasiões.

A maximização do lucro como único objetivo não explica de forma completa o papel da empresa na sociedade nem os motivos e as expectativas dos empreendedores ao decidirem criar, desenvolver e manter os empreendimentos, e tampouco os motivos e expectativas dos colaboradores ao decidirem participar deles. Não caracteriza também toda a extensão do trabalho e dos desafios dos administradores. Por isso, os textos sobre administração continuam a discutir as questões sobre a finalidade das empresas, e autores importantes insistem contra a ideia de ser o objetivo de lucro a principal finalidade delas:

> Não faz muito tempo que numerosas companhias supuseram algo bem diferente quanto ao propósito de uma empresa. Disseram simplesmente que o propósito é ganhar dinheiro. Mas isso provou ser tão vazio quanto dizer que o propósito da vida é comer. Sem comer a vida cessa. Sem lucros o negócio para... Além disso, dizer que o lucro é um propósito da empresa é simples e moralmente vazio. Quem, com dignidade e um mínimo de sensibilidade, defenderia o direito de alguém conseguir um lucro apenas pelo lucro? Se não puder ser discernido ou justificado um objetivo maior, a empresa não pode justificar moralmente sua existência. Essa é uma ideia repugnante, uma ideia cujo tempo já passou.[1]

> [...] uma empresa não pode ser explicada, e nem definida, em termos de lucro [...] A teoria econômica predominante sobre empresa e seu comportamento, a maximização do lucro – que é simplesmente um modo complicado de colocar o velho refrão que falava em comprar barato e vender caro – talvez explique adequadamente como operava Richard Sears. Mas

não pode explicar como a Sears, Roebuck ou qualquer outra, opera e nem como deve operar. O conceito de maximização do lucro é, na verdade, sem sentido [...] Para a compreensão do comportamento, do lucro e da lucratividade de uma empresa é irrelevante se há ou não há uma motivação de lucro. Se João da Silva tem um negócio para obter lucro é algo que interessa somente a ele e a seu anjo da guarda. Mas não nos diz o que ele faz nem como opera. Nada sabemos sobre o trabalho de um explorador em busca de urânio no deserto de Nevada se soubermos somente que ele está tentando ficar rico. Nada aprendemos sobre o trabalho de um cardiologista se nos contarem que ele está tentando ganhar a vida ou mesmo que está tentando ajudar a humanidade. A motivação pelo lucro e sua consequência direta, a maximização do lucro, são igualmente irrelevantes ao funcionamento de uma empresa, ao objetivo de uma empresa e ao trabalho de administrar uma empresa. Na verdade o conceito é pior do que irrelevante; é maléfico. É a causa principal da incompreensão da natureza do lucro em nossa sociedade e da bem enraigada (sic) hostilidade contra ele, doenças que estão entre as mais perigosas na nossa sociedade industrial.[2]

De fato, o objetivo do lucro equaliza de forma irrealista o comportamento das empresas. A prática mostra que estas não agem de maneira igual, nem mesmo as que operam no mesmo ramo de negócios, que atendem aos mesmos mercados, com a mesma linha de produtos. Um dos meus primeiros trabalhos como consultor foi para uma empresa mineradora de carvão, situada em Santa Catarina, na região sul do Brasil. Na mesma região havia outra empresa concorrente, que ficava no caminho que eu fazia para chegar à empresa que era minha cliente. Eu notava um cheiro estranho quando passava por aquela empresa e, um dia, perguntei ao diretor que me acompanhava o motivo daquilo. Ele então me explicou que os resíduos produzidos pela lavagem do carvão, se deixados espalhados, desprendiam gases que, além do mau cheiro, poluíam o ambiente. Minha cliente despendia uma quantia razoável de dinheiro em equipamentos e em pessoal para a compactação dos resíduos a fim de evitar que os gases se desprendessem e poluíssem a atmosfera. Adotando-se o lucro como único parâmetro de avaliação do desempenho empresarial, a empresa concorrente era mais bem-sucedida do que a minha cliente, pois não gastava nada com o tratamento dos resíduos e, assim, aumentava seus lucros. Mas o interessante é que, nem assim, seu desempenho econômico era melhor que o da empresa minha cliente. Além de causar danos ao meio ambiente, seus prejuízos eram crescentes, e resultaram perdas significativas a seus funcionários, credores e à comunidade onde estava situada.

Vamos imaginar alguns princípios que serviriam de orientação às empresas dirigidas à maximização do lucro: gastos supérfluos não devem ser feitos para não diminuir o lucro. Entre estes, podem-se citar: segurança e desenvolvimento de funcionários, manutenção preventiva dos equipamentos; melhorias na qualidade dos produtos e dos serviços aos clientes. A administração é um mal necessário, o negócio é produzir ao menor custo e vender ao maior preço, o resto é "perfumaria". O lucro deve ir direto ao bolso do patrão; o prejuízo deve ser compartilhado com a sociedade: não pagar impostos e encargos sociais, demitir funcionários, não pagar os fornecedores, os empréstimos.

Em síntese, a finalidade fundamental da empresa na visão econômica clássica é maximizar o lucro; os produtos, os clientes, os colaboradores e tudo o mais são meios para atingir esta finalidade. Felizmente não é assim que todas as empresas pensam e agem. A ideia do lucro como único motivo da sua existência não é uma visão comum a todas. As empresas sobre as quais estamos tratando neste livro são de outro tipo. São as que incluem a visão econômica, mas não estão restritas a ela. São as que sobrevivem, crescem e se perpetuam porque têm uma visão mais ampla do que a maximização dos lucros para sua razão de ser. São as que mantêm uma interação ativa e responsável com o ambiente externo – no seu todo, e não apenas na sua parcela econômica – em que atuam. São as que, além disso, têm também compromissos e responsabilidades com seu ambiente interno, em relação a seus empreendedores e colaboradores. Estas são as empresas válidas, o propósito deste livro. Vamos examinar em mais detalhes suas finalidades.

CAPÍTULO 2

AS FINALIDADES EXTERNAS DAS EMPRESAS VÁLIDAS

São várias as referências nos livros de administração sobre o fato de as questões voltadas ao ambiente externo terem merecido pouca ou nenhuma atenção das empresas, e nem mesmo das primeiras escolas do pensamento administrativo. O motivo usualmente alegado é o de que, na época em que isso aconteceu, as empresas estavam preocupadas com ações do ambiente interno: produzir mais para atender à demanda crescente, além de abaixar custos e aumentar a produtividade e a eficiência.[1]

Acho que este argumento explica apenas parte deste fato. O enfoque para o ambiente interno e/ou externo tem a ver também com a visão sobre as finalidades da empresa, pois há vários exemplos de empresas convivendo em uma mesma época com enfoques diferentes. Os enfoques de "produção" (vendo o que fabrico) ou de "marketing" (fabrico o que vendo), dos quais essas publicações falam, não têm a ver apenas com os momentos de aumento ou diminuição da demanda. Vimos no Capítulo 1 que as empresas que atuam com base na visão econômica clássica ainda hoje dão grande ênfase nessas questões internas de volumes de produção, eficiência, produtividade, custos, mesmo que agora já tenhamos vencido os desafios de produção que eram enfrentados pelas empresas no início do século XX.

Além disso, as relações da empresa com seu ambiente externo vão além de produtos e clientes. As empresas válidas têm uma interação ativa com o ambiente onde atuam, sendo, por um lado, provedoras dos produtos que a sociedade necessita para sobreviver e prosperar, e, por outro, usuárias dos recursos sociais que precisam para fabricar seus produtos. Como membros ativos da sociedade, elas também assumem a responsabilidade de preservar a integridade do sistema social do ambiente em que atuam. A Figura 2.1 ilustra as relações das empresas válidas com seu ambiente externo.

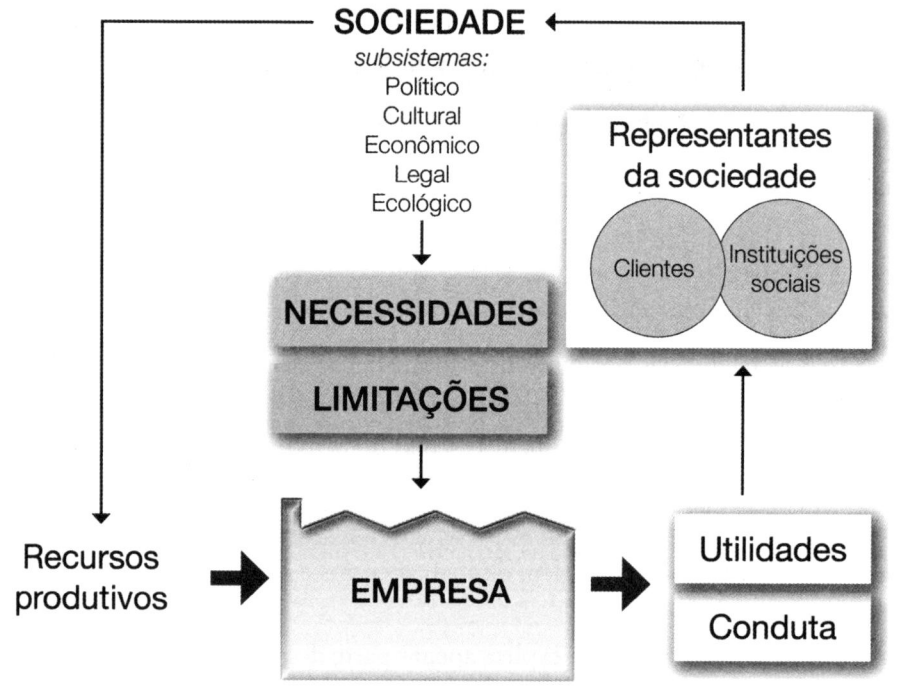

Figura 2.1 – As finalidades externas das empresas válidas

A FUNÇÃO DAS EMPRESAS VÁLIDAS

Nas sociedades primitivas, o homem obtinha por seus próprios meios os recursos necessários para sua sobrevivência: alimento, abrigo, proteção contra o perigo, cura de doenças etc., e sobrevivia com os produtos naturais disponíveis em seu meio ambiente. Em um determinado momento da sua história, a humanidade achou que seria melhor, em lugar de cada um lutar por si só para garantir a sua sobrevivência, as pessoas cooperarem umas com as outras e começarem a dividir entre si o trabalho, para obterem aquilo que fosse necessário para sua sobrevivência e prosperidade. Assim, as sociedades evoluíram, e, hoje, os produtos são muito mais sofisticados, criaram-se instituições destinadas a atender às necessidades humanas em todos os seus aspectos: alimentação, vestuário, habitação, saúde, educação, transporte, comunicação, segurança, política, religião, lazer, arte etc. As sociedades modernas sobrevivem e evoluem por meio do trabalho dessas instituições, às quais as pessoas se associam para produzir tudo o que é requerido para atender às necessidades sociais, caracterizando assim um processo social baseado no trabalho coletivo. As empresas – instaladas como fábricas, lojas, armazéns, mercados, escritórios, restaurantes, farmácias, escolas, hospitais, propriedades rurais – constituem parte importante dessas instituições e suprem todas as necessidades materiais do homem, promovem o desenvolvimento social, e evoluem à medida que a humanidade progride e que novas necessidades sociais surgem. **Esta é a verdadeira função das empresas válidas: fornecer bens e serviços a fim de atender continuamente às necessidades humanas, participando ativamente do progresso da sociedade à qual servem.**

As empresas são concessões sociais. Ou seja, ao lhes transferir o trabalho que era feito individualmente pelas pessoas, a sociedade **delega** às empresas a responsabilidade de produzir o que tenha **valor** para ela e que, portanto, **contribua para o crescimento social**. Em outras palavras, o homem permite que as empresas façam por ele, de maneira melhor, o que antes fazia sozinho para obter o que era necessário para sua sobrevivência e evolução. Os alimentos, o vestuário, a moradia, passaram a ser produzidos pelas empresas que, aos poucos, foram criando novos e formidáveis bens e serviços. Os computadores, por exemplo, liberaram o homem das tarefas rotineiras de datilografar, calcular, arquivar, tornando seu tempo disponível para atividades mais inteligentes e interessantes. O automóvel encurtou as distâncias e promoveu uma locomoção mais confortável. Assim também fez o avião. Nós moramos em residências confortáveis, e não mais em cavernas. Os remédios possibilitam a cura de doenças que já dizimaram milhares de pessoas no passado. Existe uma quantidade enorme de outros exemplos de bens e serviços fornecidos pelas empresas que atendem às necessidades e aos desejos humanos e contribuem para o progresso social. A melhoria e a criação dos produtos que a sociedade necessita para sua sobrevivência e evolução têm sido um processo social permanente.

Ao prover a sociedade com os bens e serviços de que ela necessita, as empresas são, portanto, mais do que agentes econômicos, são também agentes do progresso e da riqueza social. Sua função não é apenas a de transacionar bens e serviços no mercado com o objetivo de maximizar os lucros para seus empreendedores. Os lucros são necessários para que as empresas possam sobreviver, crescer e continuar a prestar sua contribuição social permanentemente. Mas, para as empresas válidas, eles são os meios, não o fim. Não são antagônicos, portanto, os conceitos de lucro e de contribuição social ainda hoje muito presentes nas discussões sobre a finalidade das empresas, que, muitas vezes, são entendidos como se fossem mutuamente exclusivos: ou dá lucro ou promove o progresso social. Ao longo da história, são muitos os exemplos de empresas que deram inegáveis contribuições ao bem-estar e prosperidade da sociedade e que foram lucrativas.

No excelente trabalho que fizeram, durante seis anos, estudando profundamente o desempenho de um grupo de empresas bem-sucedidas, duradouras e com significativas contribuições para a sociedade, relatado no livro *Feitas para durar*, Collins e Porras mostraram que essas empresas, que chamaram de visionárias, sabem conviver com aparentes paradoxos, trocando a "tirania do OU" pela "genialidade do E", ou seja, para elas é perfeitamente possível dar lucro E contribuir para o progresso social.[2] Esses autores enumeraram doze mitos que foram desmistificados em seu estudo. Um deles era que "o principal objetivo das empresas mais bem-sucedidas é maximizar os lucros". A conclusão a que chegaram foi a seguinte:

> Ao contrário do que rezam as doutrinas acadêmicas a "maximização da riqueza dos acionistas" ou a "maximização dos lucros" não foi a força impulsionadora dominante ou o principal objetivo ao longo da história das empresas visionárias. As empresas visionárias vão atrás de um conjunto de objetivos, dentre os quais ganhar dinheiro é apenas um – e não necessariamente o principal. Sim, elas buscam o lucro, mas também são guiadas por uma ideologia central – valores essenciais e uma noção de propósito além de simplesmente ganhar dinheiro. Apesar disso, de forma paradoxal, as empresas visionárias ganham mais dinheiro do que as empresas de comparação mais puramente voltadas para os lucros.[3]

Concluíram, portanto, que essas empresas, sem desprezar os lucros, buscam também "ideais mais amplos e significativos":

> A **lucratividade** é uma condição necessária para a existência e um meio de se atingir objetivos mais importantes, mas não é o objetivo em si para muitas das empresas visionárias. Os lucros são o que o oxigênio, a comida, a água e o sangue representam para o corpo; eles não são o sentido da vida, mas sem eles não há vida.[4]

Collins e Porras resgataram várias declarações sobre o aparente paradoxo entre lucro e contribuição social, nas quais é aplicada a "genialidade do E". Uma delas é da Merck, indústria farmacêutica, feita em 1950 por George Merck II:

> Eu quero [...] expressar os princípios que nós, na nossa empresa, nos empenhamos para seguir. [...] Eles se resumem no seguinte: nós tentamos lembrar que os remédios são para o paciente. Tentamos não esquecer nunca que os remédios são para pessoas, não para trazer lucros. Os lucros são uma consequência, e se sempre nos lembramos disto, eles também nunca deixaram de vir. Quanto mais nos lembrávamos disto, maiores eles eram.[5]

Para ilustrar as dificuldades práticas desta discussão, lembro-me de um caso ocorrido em uma empresa estatal de transportes coletivos urbanos na qual eu fazia um trabalho de consultoria. Durante uma reunião em que se discutia a necessidade de melhorias nos instrumentos de gestão econômica da empresa – orçamentos, custos, contabilidade –, um executivo da área de finanças disse o seguinte: "Não sei por que tanta preocupação com a rentabilidade se o objetivo da nossa empresa é social, e não o de obter lucros". Ele não conseguia relacionar a necessidade dos lucros a fim de atender a um conjunto de benefícios sociais: manter a frota bem dimensionada, atualizada e em bom estado de conservação e, assim, melhorar as condições de transporte das pessoas; reduzir o preço das passagens e, consequentemente, o custo para os usuários dos serviços e outros benefícios. Provavelmente ele entendesse que esse dinheiro deveria ser obtido dos impostos dos contribuintes.

A empresa é um agente do desenvolvimento social, e o lucro, em vez de ser um objetivo, é uma premissa para que ela sobreviva, cresça e continue a prestar sua contribuição social. Os prejuízos, sim, são que constituem um mal social, pois alguém sempre irá pagar essa conta, e nem sempre quem paga é a empresa que não conseguiu ser lucrativa.

As empresas que foram bem-sucedidas ao longo da história focalizaram sua razão de ser na contribuição social, e não no objetivo único de maximizar lucros. Para ilustrar, cito abaixo a declaração, que talvez seja a que melhor traduz a razão de ser das empresas válidas. Ela foi dada por Konosuke Matushita, o fundador e presidente da Matsushita, uma gigante multinacional de origem japonesa que atua em vários campos da indústria e emprega milhares de pessoas em vários países do mundo:

A missão de um fabricante é superar a pobreza, livrar a sociedade como um todo da miséria da pobreza e dar-lhe riqueza. Negócios e produção não existem somente para enriquecer as lojas ou fábricas da empresa em questão, mas toda a sociedade. E a sociedade precisa do dinamismo e vitalidade do comércio e indústria para gerar sua riqueza. Somente sob estas condições é que os negócios e fábricas realmente irão prosperar. A missão real da Matsushita é produzir um suprimento inesgotável de bens, criando, portanto, paz e prosperidade por toda a nação.[6]

Matsushita manifestou esta declaração para seus empregados no dia 5 de maio de 1932. Ele conta que chegou a esta definição de missão depois de, levado por um cliente, ter visitado um templo religioso e ficado impressionado com o fato de o templo ter sido fabricado pelos próprios seguidores da religião, e que as pessoas trabalhavam "quietas e diligentemente nas atividades de processamento de madeira" usada nas construções, e que "aquela atmosfera, que de alguma forma inspirava reverência, era completamente diferente da fábrica de madeira na cidade". Na volta para casa, Matsushita começou a refletir sobre o que tinha visto e a traçar paralelos entre as atividades religiosas e as empresariais:

Os negócios são sempre imobilizados pela recessão, e aquela religião parecia tão constante e próspera. Qual a diferença? As atividades religiosas, que trazem paz espiritual e iluminação às pessoas, são respeitadas e podem florescer com esse apoio? Os fabricantes não ajudam o espírito. Fornecemos bens que são necessários para a vida. Uma religião e uma companhia servem as pessoas de formas diferentes, mas ambas são importantes.

[...] Percebi então que a missão da Matsushita estava na fabricação de mercadorias em grande quantidade e tão baratas que ninguém poderia dizer que não tinha como comprá-las. Há um ditado que diz: "A pobreza é a pior das doenças". Eliminar a pobreza material é como aliviar a dor, e desse modo dar consolo ao espírito humano. Este foi o processo pelo qual encontrei minha própria missão na vida como empresário e essa missão continua a guiar a forma pela qual conduzimos nosso negócio.[7]

O primeiro teste de validade das empresas está, portanto, fora delas, está na efetiva contribuição que prestam para a sobrevivência e progresso da sociedade, está em seu papel ativo de agentes do desenvolvimento e da prosperidade social.

O QUE AS EMPRESAS VÁLIDAS PRODUZEM

A finalidade das empresas válidas é tornar disponíveis à sociedade as **utilidades** necessárias para melhorar continuamente a qualidade de vida das pessoas.

Essas empresas não oferecem apenas produtos (bens e serviços) à sociedade, mas utilidades. E a utilidade é mais do que produto. As empresas válidas chamam seus produtos de **utilidades** porque estão focadas no **valor** que eles têm para os que os utilizam. E o valor não é uma expressão monetária. As utilidades são o que as pessoas necessitam para sobreviver e se desenvolver. É o que Matsushita chamou de "bens necessários à vida", quando descreveu como chegou à definição da sua missão. Os produtos são os meios – tangíveis ou intangíveis – que suportam as utilidades. O telefone é o produto, a eficácia da comunicação é a utilidade. Charles Revson, da Revlon, afirmou: "Na fábrica fazemos cosméticos, nas lojas vendemos esperança".[8]

A visão de "produto" da teoria econômica clássica é restrita. Nem sempre o produto que a empresa oferece é uma utilidade para a sociedade. O produto é o que a empresa fabrica; a utilidade é a contribuição à satisfação de necessidades das pessoas que integram a sociedade à qual a empresa serve. A literatura está farta de exemplos de produtos que nunca foram comercializados porque não encontraram pessoas para usá-los. Em geral, foram casos de esforços focados na utilização de uma nova tecnologia ou de uso de tecnologias existentes em novas aplicações, mas que, na prática, não conseguiram atender às necessidades que se supunha que atenderiam. Um exemplo é o da televisão interativa.

> No final dos anos 1990 a Silicon Graphics tinha alguns dos melhores engenheiros do Vale do Silício. A empresa investiu milhões de dólares no desenvolvimento da televisão interativa, que seus engenheiros, com razão, consideravam uma tecnologia inovadora. Mas aconteceu que a TVI tornou-se um produto à procura de clientes. [...] um dos engenheiros chefe explicou a falha colossal da empresa desta forma: "Nós fomos envolvidos pela tecnologia. Todos pensamos: Puxa, essa tecnologia é tão legal. Ela deverá trazer valor para alguém." Mas não trouxe. Trazer valor a alguém vagamente definido não é o bastante. Somente clientes reais assinam cheques reais.[9]

O conceito de utilidade é mais condizente com o que a empresa válida realmente faz. Ele foca a capacidade de um bem ou serviço em atender as necessidades de quem vai utilizá-lo. Ela não descreve um produto pela tecnologia que usa, por suas características físicas ou por seu preço, mas por outros componentes mais relevantes, como adequação às necessidades de quem vai utilizá-lo, disponibilidade, continuidade, garantia, serviço, tudo isso a um preço justo.

Peter Drucker dá um ótimo exemplo de como transformar um produto em uma utilidade. O equipamento de fax criado pelos americanos, mas cujo sucesso se deve aos japoneses. Os americanos não conseguiram desenvolver os clientes para o produto que haviam criado; os japoneses foram capazes de entender as necessidades de informação e comunicação das empresas e das pessoas – não revelados pelas "pesquisas de mercado" dirigidas ao produto, que os americanos haviam feito – e conseguiram identificar os clientes, desenvolver o mercado e transformar um produto em uma utilidade.

> [...] A segunda lição é como definir o mercado – lição esta que se refere a um grande sucesso de marketing e a um grande fiasco: a conquista do mercado americano pela máquina de fax.
>
> Sete ou mesmo cinco anos atrás essas máquinas eram encontradas somente em alguns escritórios grandes. Hoje elas estão em toda parte e estão passando rapidamente do escritório para as residências. A invenção, a tecnologia, o projeto e o desenvolvimento da máquina de fax são americanos. E os fabricantes americanos tinham suas máquinas de fax prontas para serem vendidas. No entanto, nenhuma máquina de fax posta à venda nos Estados Unidos hoje foi fabricada no país.
>
> Os americanos não lançaram as máquinas de fax no mercado porque a pesquisa de mercado os convenceu de que não havia demanda para esse tipo de engenhoca. Mas, sabemos há anos que não se pode fazer pesquisa de mercado sobre um produto ainda não lançado no mercado. A única pergunta que poderia ser feita às pessoas seria a seguinte: "O senhor compraria um acessório para o telefone que custa mais de 1.500 dólares e lhe permitirá enviar, por 1 dólar por página, a mesma carta que o correio entrega por 25 centavos?". A resposta, previsivelmente, seria "não".
>
> Em vez disso os japoneses examinaram o mercado e não a pesquisa de mercado. O exame convenceu-os de que a economia é mau guia nos mercados de informação e comunicações. Nem um só dos sucessos que aconteceram nesses mercados desde o início dos anos 50 pode ser explicado em termos econômicos, quer se trate de *mainframe*, do PC, da copiadora, do telefone para automóveis ou do videocassete. Nenhum deles reduz custos ou aumenta os lucros. Mais importante, ainda, os japoneses definiram o mercado

de maneira diferente. Eles não perguntaram: "Qual é o mercado para esta máquina?" Perguntaram, ao contrário: "Qual é o mercado para o que a máquina faz?" E viram imediatamente, examinando o crescimento dos serviços de entrega como a Federal Express durante os anos 70 e início de 80, que o mercado para a máquina de fax já havia sido criado.[10]

O fundamento do conceito de utilidade é o **significado** que o produto tem para quem vai utilizá-lo. Um mesmo produto pode ter significados diferentes para diferentes pessoas em diferentes culturas, e isto faz toda a diferença, ou seja, "Comer no McDonald's é um símbolo de *status* em Moscou, ao passo que, em Nova Iorque, é uma refeição simples para um orçamento modesto".[11] Outro exemplo sobre o significado do produto é o do *walkman*, que, na concepção original, foi criado no Japão para alguém que quisesse escutar música sem incomodar os outros, mas que alguns países ocidentais entenderam como sendo o aparelho para ouvir música sem ser incomodado pelas outras pessoas.[12]

A QUEM SÃO DESTINADAS AS UTILIDADES

As utilidades (produtos de valor) produzidas por uma empresa válida são destinadas a um conjunto de **pessoas ou, no caso de produtos industriais, de outras empresas, representativas da sociedade,** que são os **clientes**. São estes que têm necessidades a serem satisfeitas e decidem pagar pelas utilidades produzidas pelas empresas. São os clientes que distinguem as empresas válidas:

> [...] as organizações são meios para fins, não um fim em si mesmas. Elas existem para atender às necessidades das pessoas que estão fora delas. É isso que diferencia uma organização (de qualquer espécie) de uma tribo, um clube social, uma família ou qualquer outro grupo interessado apenas no bem-estar de seus membros. Uma das principais responsabilidades da gestão é lembrar-se dessa orientação para fora e, constantemente, lembrar isso aos outros.[13]

O valor de um produto só pode ser medido, portanto, por sua adequação à satisfação das necessidades dos clientes, e esta avaliação só poderá ser feita após o uso efetivo do produto pelo cliente. Enquanto os produtos estiverem dentro da empresa, enquanto não estiverem gerando os benefícios, promovendo a satisfação de alguém, são apenas produtos, não são utilidades.

As necessidades dos clientes nem sempre estão aparentes, e por isso as empresas válidas dirigem mais seus esforços para descobri-las do que para perguntar aos clientes quais são elas. Já vimos o exemplo da máquina de fax, cujo sucesso foi devido à descoberta do mercado pelos japoneses e não à pesquisa de mercado. Mas aqui merece ser citado outro exemplo, que escolhi por duas razões. Em primeiro lugar, para mostrar que adequar um produto aos clientes é uma preocupação antiga, e não um "modismo" e, segundo, pela pessoa que relata esta experiência. Trata-se de ninguém menos que Fernando Pessoa, o notável poeta português, que escreveu também sobre administração, na década de 1920. No seu artigo "A essência do comércio", publicado em 25 de janeiro de 1926, na *Revista de comércio e contabilidade*, de Lisboa, ele nos dá uma aula sobre a preocupação de melhor servir aos clientes (conservada a grafia original):

> Aqui há anos, antes da Grande Guerra, correu nos meios ingleses, como exemplo demonstrativo da insinuação comercial alemã, a noticia do caso curioso das "taças para ovos" (*egg-cups*) que se vendiam na Índia.
>
> O inglês costuma comer os ovos, a que nós chamamos de "quentes", não em copos e partidos, mas em pequenas taças de louça, do feitio de meio ovo, e em que o ovo portanto entra até metade; partem a extremidade livre do ovo, e comem-no assim, com uma colher de chá, depois de lhe ter deitado sal e pimenta. Na Índia, colônia britânica, assim se comiam, e naturalmente ainda se comem, os ovos "quentes". Como é de supor, eram casas inglesas as que, por tradição aparentemente inquebrável, exportavam para as Índias as taças para este fim.
>
> Sucedeu, porém, que, alguns anos antes da Guerra, as firmas inglesas exportadoras deste artigo notaram que a procura dele na Índia decrescera quase até zero. Estranharam o facto, buscaram saber a causa, e não tardou que descobrissem que estavam sendo batidas por casas exportadoras alemãs, que vendiam identico artigo *ao mesmo preço*.
>
> Se as casas alemães houvessem entrado no mercado índio com o artigo a preços mais baixos, sem dúvida que os agentes dos exportadores ingleses teriam advertido estes sem demora. Mas, como o preço era igual, e a qualidade igual também, não era necessário o aviso; nem houve receio senão quando se verificou que havia razão para mais que receio – isto é, quando se verificou que, nestas condições de duvidosa vantagem para um novo concorrente, o artigo alemão vencera por completo.

Feita a averiguação curiosa da causa deste mistério, não tardou que se descobrisse. Os ovos das galinhas indianas eram – e naturalmente ainda são – ligeiramente maiores que os das galinhas da Europa, ou, pelo menos das da Grã-Bretanha. Os fabricantes ingleses exportavam as taças de tipo único que produziam para o consumo domestico. Essas taças, evidentemente, serviam de um modo imperfeito para os ovos das galinhas da Índia. Os alemães notaram isto, e fizeram taças ligeiramente maiores, próprias para receber esses ovos. Não tinham que alterar a qualidade (podiam, até, baixá-la), nem que diminuir preço: tinham certa a victoria por o que em linguagem scientifica se chama a adaptação ao meio. Tinham resolvido, na Índia e para si, o problema de comer o ovo de Colombo.[14]

Assim, Fernando Pessoa ilustra o esforço de estar sempre preocupado em adequar o produto às necessidades do cliente. A síntese que faz sobre o papel do empresário na conclusão desta história demonstra que não foi só na poesia que Fernando Pessoa foi uma pessoa fora do comum:

Esta história, em aparência tão simples, encerra um ensinamento que todo o comerciante, que o não seja simplesmente por brincar às vendas, devia tomar a peito compreender na sua essência.

Um comerciante, qualquer que seja, não é mais que um servidor do público ou de um público; e recebe uma paga a que chama o seu "lucro", pela prestação desse serviço.[15]

O esforço de estar sempre procurando atender às necessidades dos clientes é, para muitas empresas, uma questão de estratégia. Para as empresas válidas este esforço decorre da filosofia empresarial. É o caso da Sony. Sabemos que essa empresa foi a pioneira num conjunto de produtos: pequenos rádios e televisores transistorizados, toca-fitas estéreo, *walkman*, videocassete de uso doméstico, dentre muitos outros. Esses produtos, quando lançados, não tinham uma demanda comprovada. Mas Akio Morita explica:

Era assim que funcionava: fazíamos um novo produto; os gigantes da indústria esperavam para ver se tínhamos sucesso, e se tivéssemos, eles, então, colocavam correndo no mercado um produto similar, aproveitando-se do clima gerado pelo nosso lançamento. Assim tem sido todos estes anos – temos sempre que sair à frente [...] Há muitos anos nós destinamos mais de 6% das vendas à pesquisa e desenvolvimento; em alguns anos chegamos até a 10%. Nosso objetivo é dar ao público novos produtos, em vez de perguntar o que ele quer. O consumidor não sabe o que é possível fabricar, nós sabemos. Assim, no lugar de fazer ampla pesquisa de mercado, concentramos nossos esforços no produto e na sua utilidade, tentando criar uma necessidade para ele, por meio de educação e comunicação com o público.[16]

E, falando sobre o longo e trabalhoso processo de criação do *walkman*, incluindo os esforços de adequação do produto às necessidades do cliente, e sua colocação no mercado até que atingisse o sucesso que atingiu, Akio Morita relembra a filosofia da Sony escrita por Masaru Ibuka, o fundador da Sony:

> Foi tendo em mente esse tipo de inovação que Ibuka escreveu no começo de nossa empresa uma espécie de folheto que continha sua filosofia de trabalho: "Se pudermos dar às pessoas condições para que se reúnam com um sólido espírito de equipe, exercitando com todo o coração sua capacidade tecnológica, então teremos uma organização que vai propiciar muito prazer e muitos benefícios".[17]

A RESPONSABILIDADE NO USO DOS RECURSOS SOCIAIS

Para que possam cumprir seu papel de agentes do desenvolvimento de prosperidade social, a sociedade coloca à disposição das empresas os recursos de que elas precisam para produzir as utilidades. Estes não estão restritos ao meio ambiente, aos recursos naturais e à infraestrutura, mas envolvem todo o patrimônio social, incluindo as pessoas, as instituições, o conhecimento disponível, os padrões culturais, as doutrinas e práticas políticas e econômicas, a legislação.

As empresas válidas sabem que devem utilizar os recursos sociais produtivamente, que não devem depredar o meio ambiente para obter seus recursos, devem manter relações responsáveis com todos os afetados pelas suas operações, propiciar condições favoráveis ao crescimento de seus colaboradores, preservar o patrimônio social. As empresas que pensam apenas em si, preocupadas apenas com seus ganhos, promovem ações predatórias na obtenção e no uso dos recursos, e repassam o custo destes desperdícios aos clientes. As empresas válidas estão continuamente se esforçando para criar e adequar os recursos às suas necessidades. Elas sabem criar e desenvolver os recursos que lhes são colocados à disposição pela sociedade, e muitas delas, além dos esforços de inovação em seus produtos e processos, fazem investimentos significativos em educação, pesquisas, melhorias da infraestrutura e outros que contribuam para o uso produtivo dos recursos.

AS LIMITAÇÕES SOCIAIS E A CONDUTA EMPRESARIAL

A Figura 2.1 mostra que, ao fazer concessão social para que as empresas operem, a sociedade, por um lado, lhes coloca à disposição os recursos sociais de que necessitam para produzir suas utilidades, mas, por outro, estabelece um conjunto de limitações à sua operação, e espera que elas atendam a essas limitações praticando princípios de conduta aceitos por ela.

Uma sociedade caracteriza-se por um grupo de indivíduos que se reúnem para viver em um espaço físico e que se relacionam com base em valores, crenças, leis, defendem interesses comuns, adotam determinados sistemas econômicos e regimes políticos, encontram soluções para resolver seus problemas, criam instituições para atender às suas necessidades; tudo isso de uma maneira equilibrada.

Tanto a sobrevivência como a evolução de uma sociedade são apoiadas num sistema social, composto de diversas partes (subsistemas) que se inter-relacionam, cada qual desempenhando uma função e contribuindo para este objetivo de prosperidade da sociedade. Qualquer desequilíbrio num subsistema afetará a harmonia do sistema social como um todo. A necessidade de manter este equilíbrio implica a existência de um conjunto de limitações – formais e informais – que devem ser atendidas por todas as instituições que integram a sociedade. As empresas, como instituições sociais, também estão sujeitas ao dever de respeitar e obedecer a essas limitações, tornando-se responsáveis pelos impactos de suas atividades no sistema social.

Para poder discutir com mais clareza estes impactos, vejamos quais são os subsistemas que compõem o sistema social e respectivas funções:[18]

Subsistema político – Tem o objetivo de administrar o País. É constituído por princípios doutrinários que caracterizam o regime político e a estrutura constitucional do Estado. Estabelece as finalidades do Estado e as regras que devem ser seguidas na condução dos assuntos públicos. Inclui o conjunto de instituições (governo, forças armadas, funcionalismo público etc.) que administram a nação. Define os processos para escolha dos governantes e integrantes dos partidos políticos (ou representantes do povo junto ao governo).

Subsistema cultural – Conjunto dos padrões de comportamento, crenças, valores espirituais e materiais, costumes, instituições, característicos de uma sociedade, que orienta a ação humana individual e coletiva. Também fazem parte da cultura os produtos do trabalho intelectual e artístico criados pelos indivíduos integrantes da sociedade. A cultura é compartilhada pelos indivíduos – ou, pelo menos, pela maioria deles – que vivem no mesmo ambiente social, e é transmitida ao longo das gerações que integram a sociedade. No seu livro *Culturas e organizações*, Geert Hofstede adota o conceito de cultura da antropologia social como sendo os "padrões de pensamento, sentimentos e comportamentos" representativos de uma sociedade. De acordo com o autor, esse conceito de cultura "inclui não apenas as atividades consagradas a refinar a mente, mas também todas as atividades simples e ordinárias da vida: cumprimentar, comer, mostrar ou esconder emoções, manter uma certa distância física dos outros, fazer amor ou manter a higiene do corpo".[19] Hofstede também afirma que não há uma cultura melhor que as outras, mas que as culturas são diferentes: "O estudo da cultura revela que os grupos humanos e categorias pensam, sentem e agem de forma diferente, mas não existem parâmetros científicos que permitam considerar um grupo intrinsecamente superior ou inferior a outro".[20] A cultura tem as seguintes características, destacadas por Cyro Bernardes: "deriva do aprendizado coletivo, constitui uma herança transmitida ao longo das gerações, é partilhada pela maioria dos membros de uma sociedade que, de uma forma ou de outra, pune os transgressores e está em contínua mudança no decorrer do tempo, mas não facilmente ou de forma brusca".[21]

Subsistema econômico – Doutrina, processos, tecnologia, instituições destinados à criação, produção, distribuição e uso dos bens e serviços necessários ao bem-estar dos indivíduos integrantes da sociedade. Inclui as classes sociais de renda/econômicas, poder aquisitivo, distribuição de renda, níveis de emprego, desempenho econômico do país, políticas macroeconômicas do governo.

Subsistema legal – É o conjunto de normas explícitas elaboradas para manter a ordem e o desenvolvimento da sociedade, sendo obrigatório a todos os indivíduos submeter-se a elas, sob pena de sanção.

Subsistema ecológico – Visa preservar a qualidade das relações dos indivíduos integrantes da sociedade com seu meio ambiente (conjunto das condições naturais físicas, biológicas e químicas que atuam sobre os organismos vivos e os seres humanos).

Empresas são instituições que integram o subsistema econômico, destinadas a suprir a sociedade com bens e serviços de que ela necessita para sua sobrevivência e evolução. Mas será a função econômica sua única responsabilidade perante a sociedade? Vimos que as empresas que atuam com base na visão econômica clássica restringem sua relação com a sociedade às questões econômicas. As empresas válidas, porém, veem esta relação de uma forma mais ampla. Elas sabem que não é o subsistema econômico a única parcela do ambiente social afetada por suas atividades. Entendem que, como parte integrante da sociedade à qual servem, mantêm interações dinâmicas – influenciando e sendo influenciadas – com todos os subsistemas sociais – político, cultural, econômico, legal, ecológico –, procurando sempre evitar que suas atividades afetem o equilíbrio o sistema social como um todo. Sabem que são responsáveis pelos impactos de suas atividades na sociedade, e, por isso, devem garantir que sejam positivos e contribuam não só para o equilíbrio, como também para o crescimento do sistema social e reconhecem que, se forem negativos, são elas as responsáveis por solucionar os problemas que causaram.

As sociedades não são iguais. As peculiaridades de cada um dos subsistemas sociais caracterizam e individualizam cada sociedade em que as empresas atuam, e estabelecem limitações à ação empresarial, pois interferem nas especificações das utilidades a serem oferecidas, nas práticas e nos padrões de comportamento das empresas. As empresas válidas que atuam em diferentes países, por exemplo, sabem que devem adequar as operações locais às peculiaridades de cada sociedade em que atuam. Ainda que, hoje, as empresas procurem (busquem) cada vez mais a visão do mercado global para orientar suas operações, e apesar dos avanços da comunicação e do estreitamento das relações entre os países, as diferentes sociedades conservam peculiaridades (características) culturais, políticas, ecológicas, legais e econômicas que as tornam únicas, não melhores nem piores, mas diferentes umas das outras. Conhecer, entender e respeitar a sociedade é um grande desafio empresarial.

As empresas válidas respeitam as peculiaridades da sociedade, fazem adaptações em seus produtos, seus padrões gerenciais, suas práticas comerciais, seus sistemas de produção e de distribuição, e seus registros contábeis para fins fiscais e tributários, e tomam outras medidas no sentido de se adequar à sociedade a que servem.

A existência de um conjunto de limitações – formais e informais – na atuação das empresas pressupõe que elas devem nortear seu comportamento com base em

princípios de conduta que considerem todos os subsistemas sociais, e que sejam **aceitos** pela sociedade na qual se inserem.

Ao longo da história foram sendo criadas instituições destinadas a assegurar que a conduta da empresa obedeça às limitações impostas pela sociedade. Por isso, nessa ampla interação social, as empresas válidas mantêm relações, além dos clientes, também com entidades significativas das sociedades a que servem. Estas entidades não são clientes das utilidades, mas dos padrões de comportamento das empresas. As relações com elas não dizem respeito à adequação das utilidades, mas à **conduta** da empresa em relação ao uso dos recursos e às limitações estabelecidas pela sociedade. Cada vez mais cresce o número, a importância e o poder dessas instituições. Hoje, praticamente em todos os campos existem ONGs destinadas a proteger direitos no seu campo de atuação. As instituições de defesa do direito do consumidor estão cada vez mais fortes e atuantes. Os desastres ecológicos causados pelas empresas são cada vez mais severamente punidos. Os clientes, além de avaliarem a adequação das utilidades às suas necessidades, também têm a função de avaliar os padrões de conduta da empresa e, cada vez mais, têm desempenhado este papel.

Responder às exigências sociais adotando padrões de conduta aceitos pela sociedade na qual estão inseridas traz desafios, muitas vezes extremamente complexos e difíceis de ser resolvidos, na atuação das empresas nos casos em que há divergências entre os seus princípios de conduta e os que são aceitos pela sociedade em questão. Os exemplos a seguir ilustram os dilemas práticos concretos que uma empresa enfrenta nessas situações. O primeiro deles é dado por Ari de Geus:[22]

> Existe uma dissonância entre o senso de "correção" e "jogo limpo" da empresa e a ética da sociedade que a cerca. Tais dilemas podem ser seríssimos; podem colocar em xeque os valores fundamentais da vida de um gerente.
>
> Na Royal Dutch/Shell, por exemplo, a Declaração de princípios empresariais diz que é *proibido* pagar propinas ou conceder favores a políticos locais. Mas, em muitos países, subornar autoridades locais é uma forma aceitável de se fazer negócios. Em outros países, como o Brasil que conheci em 1974, a ética vigente do país anfitrião parece irreversivelmente inclinada a criticar uma empresa pelo simples fato dela existir e fazer negócios dentro de suas fronteiras (o autor se refere às pressões que havia no Brasil contra a presença de empresas petrolíferas multinacionais operando no país). E, em outros países ainda, como a África do Sul no final dos anos 1970 e início

dos anos 1980, existe um regime politicamente repreensível e as empresas são incitadas por terceiros a se retirar do país (agora, refere-se às pressões de ativistas para fechar a subsidiária sul-africana, pois a presença da Shell e o petróleo que ela fornecia eram vistos como fatores que davam legitimidade e poder ao sistema de *apartheid*).

Em tais situações difíceis, será que a empresa deveria deixar de operar naquele país? Deveria deixar de contratar pessoal local? Enfim, que responsabilidade tem uma empresa para com um meio ambiente (significando "a soma de todas as forças que afetam os atos de uma empresa") no qual seus valores e princípios, sua *persona*, parecerem terrivelmente deslocados?

Outro exemplo, citado por Peter Drucker:[23]

Várias grandes empresas suecas, especialmente a ASEA, a grande companhia de material elétrico, foram severamente atacadas pela imprensa sueca no final da década de 1960 por participarem de um importante projeto de energia elétrica na África. O projeto era patrocinado pelas Nações Unidas e financiado pelo Banco Mundial; havia também sido endossado pelo governo socialista da Suécia. Sua finalidade era elevar o padrão de vida de uma região desesperadamente pobre da África Negra. Mas era localizado numa colônia portuguesa. Discutiu-se veementemente que as companhias participantes estavam "apoiando o colonialismo" ao ajudarem a elevar os padrões de vida da população nativa. Dizia-se que era seu dever trabalharem para a "derrocada do colonialismo", o que seria melhor conseguido mantendo os nativos desesperadamente pobres, em vez de vê-los prosperar sob um "explorador imperialista".

Em síntese, do ponto de vista **externo**, as empresas válidas são agentes de desenvolvimento e prosperidade social, cuja função é a de prover os produtos de valor (**utilidades**) que as pessoas ou outras empresas representativas da sociedade (**clientes**) necessitam para atender às suas necessidades. Para isso, a sociedade coloca à sua disposição os meios (**recursos**) de que necessitam para prover essas utilidades, mas também estabelece um conjunto de regras e condições (**limitações**) sobre seus padrões de comportamento (**conduta**) quanto ao uso desses recursos e ao respeito às peculiaridades sociais: culturais, políticas, econômicas, ecológicas, legais.

CAPÍTULO 3

AS FINALIDADES INTERNAS DAS EMPRESAS VÁLIDAS

As empresas têm três pilares fundamentais para apoiar sua sobrevivência, desenvolvimento e continuidade: os clientes, os colaboradores e os empreendedores. Os clientes são aqueles que vão utilizar os produtos e serviços fornecidos pela empresa para a satisfação de suas necessidades. Os colaboradores, aqueles que contribuem com seu trabalho para a realização das finalidades empresariais. Os empreendedores, os que se dedicam a criar, desenvolver e manter empreendimentos empresariais.

As empresas se estruturam e interagem de maneira diferente com esses três agentes, conforme o modelo empresarial que adotam.

EMPRESA NA VISÃO ECONÔMICA: O PRIVILÉGIO DOS EMPREENDEDORES

Na visão econômica clássica, a empresa é uma "caixa-preta" composta de processos de obtenção e transformação de insumos, de comercialização e distribuição de produtos acabados no mercado. Nesta visão, as empresas são organizações "profissionais", "racionais" e impessoais. As pessoas que as integram são insumos ou "recursos" iguais às matérias-primas, equipamentos, capital, instalações. Essas empresas visam à maximização do lucro, e seu único beneficiário são os empreendedores. Clientes e colaboradores são meios. Este modelo de empresa, baseado na visão econômica clássica, já foi exposto detalhadamente no Capítulo 1.

EMPRESA NA VISÃO CORPORATIVISTA: O PRIVILÉGIO DOS COLABORADORES

Outras empresas organizam-se na forma de corporação, visando em primeiro lugar à segurança, o bem-estar e prosperidade dos seus colaboradores. Os clientes e os empreendedores são os meios.

Quando estava finalizando a redação do meu livro *Sistemas de gestão empresarial*, fui convidado a participar de uma reunião com o presidente de uma importante empresa estatal paulista para discutir modelos empresariais. Apresentei-lhe os dois modelos empresariais que havia abordado no livro: aquele baseado na visão econômica clássica e o das empresas válidas. Ele ouviu atentamente e, no final da exposição, afirmou que sua empresa não se enquadrava em nenhum dos dois modelos que eu apresentara; não obtinha o lucro desejado pelos acionistas nem prestava os serviços nos padrões mínimos exigidos pelos seus clientes. De fato, ele tinha razão. O desempenho das empresas estatais brasileiras de maneira geral não se enquadrava nesses modelos. Na experiência brasileira, a gestão das empresas estatais dava ênfase a estabilidade, benefícios e ganhos dos funcionários. Lembro-me, por exemplo, de uma notícia nos jornais sobre o desempenho de uma grande empresa estatal que tivera um recorde de faturamento, mas cujos lucros tinham sido muito afetados pela contribuição que fizera para o fundo de pensão dos funcionários. Outro exemplo foi outra grande empresa estatal, que havia dado prejuízo no exercício e cujos funcionários estavam ameaçando greve porque a empresa não lhes havia pago a participação nos lucros. Nas empresas estatais que tive a oportunidade de conhecer, havia as "associações dos engenheiros", que funcionavam como auditores, como os "guardiões do patrimônio econômico e moral", como se a empresa lhes pertencesse. Esse sentimento de posse, de pertencer, é importante, mas a maneira como essas "associações de engenheiros" se comportavam era como se ninguém merecesse confiança, nem mesmo a diretoria, que, segundo eles, representava alguma facção política, estava ali de passagem, e só tinha interesse no poder, sem nenhuma preocupação com o desempenho da empresa. Era como se alguém "de fora" estivesse querendo se apropriar de uma coisa que pertencia a eles. Portanto, eram eles, funcionários de carreira, os legítimos defensores da empresa. Em algumas empresas, a direção não fazia nada sem a aprovação dessas associações. Várias vezes, eu, um consultor contratado externamente, fui questionado por membros dessas associações sobre os motivos da minha contratação, sobre a minha competência, quem havia me contratado, honorários, e outras questões.

Eu não tinha abordado as empresas estatais no livro porque, na época em que estava escrevendo, o Brasil passava por um profundo processo de privatização, e elas já não tinham um papel tão representativo na economia quanto haviam tido alguns anos antes, quando grandes setores tinham participação significativa do Estado: siderurgia, energia elétrica, telecomunicações, transporte ferroviário, para citar alguns. Então concentrei-me mais nos dois modelos de empresa: as de visão econômica e as válidas. Mas, depois dessa reunião com o presidente da estatal, fiquei me perguntando se também este modelo corporativista das empresas estatais, que privilegia o interesse dos colaboradores em detrimento dos clientes e empreendedores, não constituía um modelo empresarial relevante praticado também por empresas privadas. De fato, notei em algumas empresas a prática deste modelo, mas não em número significativo para constituir um modelo empresarial relevante. Alguns anos depois, foi publicado no Brasil o livro *A empresa viva*, de Arie de Geus, um importante executivo da Shell, com vasta experiência internacional, inclusive no Brasil, que dava ênfase às questões internas quando tratava das finalidades das empresas. Na Shell, Arie de Geus realizou importantes trabalhos, um deles um estudo sobre a longevidade das empresas, que constituiu a base de seu livro. Nele, o autor aponta uma das razões para a morte prematura das empresas: "porque o pensamento e a linguagem predominantes na gerência estão baseados muito estritamente no pensamento e na linguagem predominantes da economia". Para Arie de Geus, "empresas morrem porque seus gerentes se concentram na atividade econômica de produzir bens e serviços, e se esquecem de que a verdadeira natureza de suas organizações é aquela de uma comunidade de seres humanos".[1] Nesta visão, as empresas constituem "comunidades de trabalho", "entidade vivas" que "aprendem".[2] A resposta que Arie de Geus dá para a pergunta Para que as empresas existem? é a seguinte:

> Analistas financeiros, acionistas e muitos executivos dizem que as empresas existem principalmente para proporcionar retorno financeiro. Alguns economistas oferecem um senso de propósito um pouco mais amplo. As empresas existem, dizem eles, para fornecer produtos e serviços e assim tornar a vida humana mais fácil e agradável. "Orientação para o cliente" e outros modismos gerenciais traduziram esse imperativo na ideia de que as empresas existem para servir os clientes. Os políticos, por sua vez, parecem acreditar que as empresas existem para servir ao bem comum: para criar empregos e assegurar uma plataforma econômica estável para os "públicos de interesse" da sociedade.

Mas do ponto de vista da própria organização – o ponto de vista que possibilita às organizações sobreviver e prosperar –, todas essas finalidades são secundárias.

Como todos os organismos, a empresa viva existe primeiramente para procurar sua própria sobrevivência e desenvolvimento: para realizar seu potencial e crescer o máximo possível. Ela não existe unicamente para fornecer produtos aos clientes ou para dar retorno de investimento aos acionistas [...] dar aos acionistas retorno sobre seu investimento e servir os clientes são meios para se chegar a um fim semelhante para a IBM, a Royal Dutch/Shell, a Exxon, a Procter & Gamble, a General Foods e todas as outras empresas.[3]

Arie de Geus dedica um capítulo de seu livro para discutir a questão "A gestão em função do lucro ou da longevidade: há escolha?", e distingue a empresa econômica, que é "regida por um propósito puramente econômico: gerar o máximo de resultados com o mínimo de recursos". Este tipo de "empresa econômica" é gerenciado principalmente em função do lucro. Até aqui, não há novidade. Este é o modelo da empresa que atua com base na visão econômica clássica, descrita no Capítulo 1. O outro tipo é a empresa que está "organizada em torno do propósito de se perpetuar como uma comunidade estável". Nesta, ele diz:

[...] o retorno continua sendo importante. Mas os gerentes veem a otimização do capital como complemento da otimização das pessoas. A empresa em si é principalmente uma comunidade. Seus propósitos são a longevidade e o desenvolvimento de seu próprio potencial. A rentabilidade é um meio para se chegar a um fim. E a fim de obter tanto a rentabilidade quanto a longevidade, a empresa deve cuidar dos vários processos envolvidos na construção de uma comunidade: definir os membros, estabelecer os valores comuns, recrutar pessoas, desenvolver suas habilidades, avaliar seu potencial, pautar-se por um contrato humano, gerir relacionamentos com terceirizados e públicos externos e estabelecer políticas para que as pessoas possam sair da empresa de uma forma cortês.[4]

Novamente, não dá para discordar da importância dessas questões, mas reduzir o esforço empresarial apenas a essas questões internas é ver apenas uma parte do desafio de criar, manter e desenvolver empreendimentos saudáveis, prósperos e socialmente contributivos.

Arie de Geus reforça a ideia da perpetuação da empresa como comunidade de trabalho, como um fim em si mesma, em vários trechos de seu livro. Em um deles, afirma:

> Há um século ou mais, os fundadores e gerentes de empresas longevas não vinculavam seus valores a determinado produto, serviço ou linha de trabalho. Eles sabiam ou intuíam que a missão de vida de uma comunidade de trabalho *não* era produzir determinado produto ou serviço, mas sim *sobreviver*: perpetuar-se como comunidade de trabalho.[5]

O livro de Arie de Geus traz importantes contribuições para a discussão de modelos empresariais, e citarei várias delas ao longo deste livro. As questões relacionadas à sobrevivência, desenvolvimento e prosperidade a longo prazo, que constituem a essência das empresas vivas, são, sem dúvida, preocupações fundamentais, e constituem características marcantes das empresas válidas, como já abordei no Capítulo 2 e escreverei mais detalhadamente à frente. Mas fazer destas preocupações as primeiras finalidades pelas quais as empresas existem, e considerar o atendimento das necessidades dos clientes e das expectativas dos acionistas como meios, ou "modismos gerenciais", é reduzir a razão de ser das empresas, é considerá-las como um fim em si mesmas. É difícil distinguir a contribuição social deste modelo de empresa.

A atividade das empresas é de natureza econômica. Elas não são instituições religiosas, militares, políticas ou de outra natureza. Todas produzem bens e serviços, e todas dependem do lucro para poder sobreviver e prosperar. Não existe empresa econômica ou "não econômica". O que as diferencia é como cada uma estabelece suas finalidades. Conforme expus nos Capítulos 1 e 2, as empresas que agem de acordo com a visão econômica clássica colocam o lucro em primeiro lugar, como sua razão de ser. As empresas válidas existem para servir, para suprir seus clientes com as utilidades de que necessitam. Para elas, o lucro é um meio para sobreviver e prosperar. Ao enquadrar as empresas no modelo econômico, Arie de Geus não faz esta distinção sobre a razão de ser, que é, a meu ver, fundamental para reconhecer os diferentes tipos de empresas.

EMPRESA VÁLIDA: O PRIVILÉGIO DOS CLIENTES- -EMPREENDEDORES-COLABORADORES

As empresas válidas enxergam sua contribuição para os três pilares de forma combinada. Para cumprir suas finalidades externas, precisam atender adequadamente às necessidades dos **clientes,** e agir de acordo com os padrões de conduta exigidos pela sociedade. O cumprimento das finalidades externas depende da mobilização de dois agentes situados no ambiente interno: os **empreendedores** e os **colaboradores**. Os empreendedores são aqueles que colocam seus conhecimentos, sua experiência, sua imagem, suas relações e seus recursos econômicos a serviço da empresa. Sua missão é criar, desenvolver e manter a empresa. Eles esperam que as realizações da empresa sejam capazes de atender seus motivos e necessidades. Os colaboradores são aqueles que vão contribuir com seu conhecimento, competência e trabalho para a realização das finalidades empresariais. Eles também esperam como compensação (em contrapartida) que sejam atendidos seus motivos e suas necessidades. O Credo da Johnson & Johnson é um bom exemplo para ilustrar o atendimento equilibrado das necessidades dos três pilares das empresas válidas. Ele foi redigido em 1935 por Robert W. Johnson Jr., e descreve a hierarquia das responsabilidades perante os clientes, colaboradores e empreendedores. Em 1943, foi incluída a responsabilidade perante a comunidade. O texto original escrito por Robert W. Johnson Jr. em 1943 é o seguinte:

NOSSO CREDO

Em primeiro lugar, temos uma responsabilidade perante médicos, enfermeiras, hospitais, mães e todos aqueles que usam nossos produtos.

Nossos produtos têm que ser sempre da mais alta qualidade. Temos que lutar constantemente para reduzir o custo destes produtos. Nossos pedidos têm que ser atendidos com pontualidade e precisão. Nossos revendedores têm que ter um lucro justo.

Em segundo lugar, temos uma responsabilidade perante aqueles que trabalham conosco – os homens e mulheres em nossas fábricas e escritórios. Eles têm que se sentir seguros em seus empregos. Os salários têm que ser justos e adequados, a gerência imparcial, as horas de trabalho razoáveis e o local de trabalho limpo e organizado. Os funcionários devem ter um sistema organizado para que possam dar sugestões e fazer reclamações. Os supervisores e chefes de departamento têm que ser qualificados e justos. Deve existir a oportunidade de crescimento para aqueles que forem qualificados e cada pessoa tem que ser considerada como um indivíduo com sua própria dignidade e mérito.

Em terceiro lugar, temos uma responsabilidade perante nossa gerência. Nossos executivos têm que ser pessoas com talento, educação, experiência e capacidade. Eles têm que ser pessoas de bom-senso e compreensivas.

Em quarto lugar, temos uma responsabilidade perante as comunidades em que vivemos. Temos que ser um bom cidadão corporativo – apoiar obras de caridade e pagar os devidos impostos. Temos que manter em ordem a propriedade que temos o privilégio de usar. Temos que ajudar a promover o progresso cívico, a saúde, a educação e os bons governos, informando a comunidade sobre nossas atividades.

Por fim, em quinto lugar, temos uma responsabilidade perante nossos acionistas. Os negócios têm que apresentar lucros estáveis. É preciso criar reservas, realizar pesquisas, desenvolver programas ousados e pagar pelos erros. Temos que estar preparados para adversidades, pagar os impostos devidos, comprar novas máquinas, construir novas fábricas, lançar novos produtos e desenvolver novos planos de vendas. Temos que fazer tentativas com novas ideias. Quando tivermos feito isto, os acionistas receberão um retorno justo.

Com a graça de Deus, estamos determinados a cumprir estas obrigações, dando o melhor de nós.[6]

Outra declaração que ilustra o atendimento integrado dos clientes, colaboradores e empreendedores é da Motorola, feita numa publicação interna denominada "Para que estamos aqui: uma declaração de objetivos, princípios e ética":

O objetivo da Motorola é servir à comunidade de forma digna, fornecendo produtos e serviços de qualidade superior a um preço justo para os nossos clientes; fazer isto a fim de obter os lucros adequados necessários para que a empresa cresça dando a oportunidade aos nossos funcionários e acionistas de atingirem seus objetivos pessoais razoáveis.[7]

Além dos empreendedores e dos colaboradores, a estrutura interna das empresas válidas inclui o **empreendimento**, onde são reunidas as coisas tangíveis e intangíveis por meio das quais as operações são realizadas e são produzidos os resultados para a realização das finalidades empresariais. No ambiente interno também há a exigência de que a empresa pratique padrões de **conduta** que sejam aceitos pelos seus empreendedores e colaboradores. A visão da estrutura e das finalidades internas das empresas válidas está ilustrada na Figura 3.1. Vejamos as características desses componentes internos das empresas válidas.

```
EMPRESA

EMPREENDEDORES
Motivos/necessidades
Crenças, valores
Conhecimentos, experiência
Imagem, relações
Recursos econômicos
    Objetivos
    Convicções
    Investimentos

EMPREENDIMENTO                     REALIZAÇÕES
Objetivos, princípios
Sistemas                           CONDUTA
Pessoas, comportamento
Recursos produtivos
    Objetivos
    Convicções
    Competências

COLABORADORES
Motivos/necessidades
Crenças, valores
Conhecimentos, experiência
Imagem, relações
```

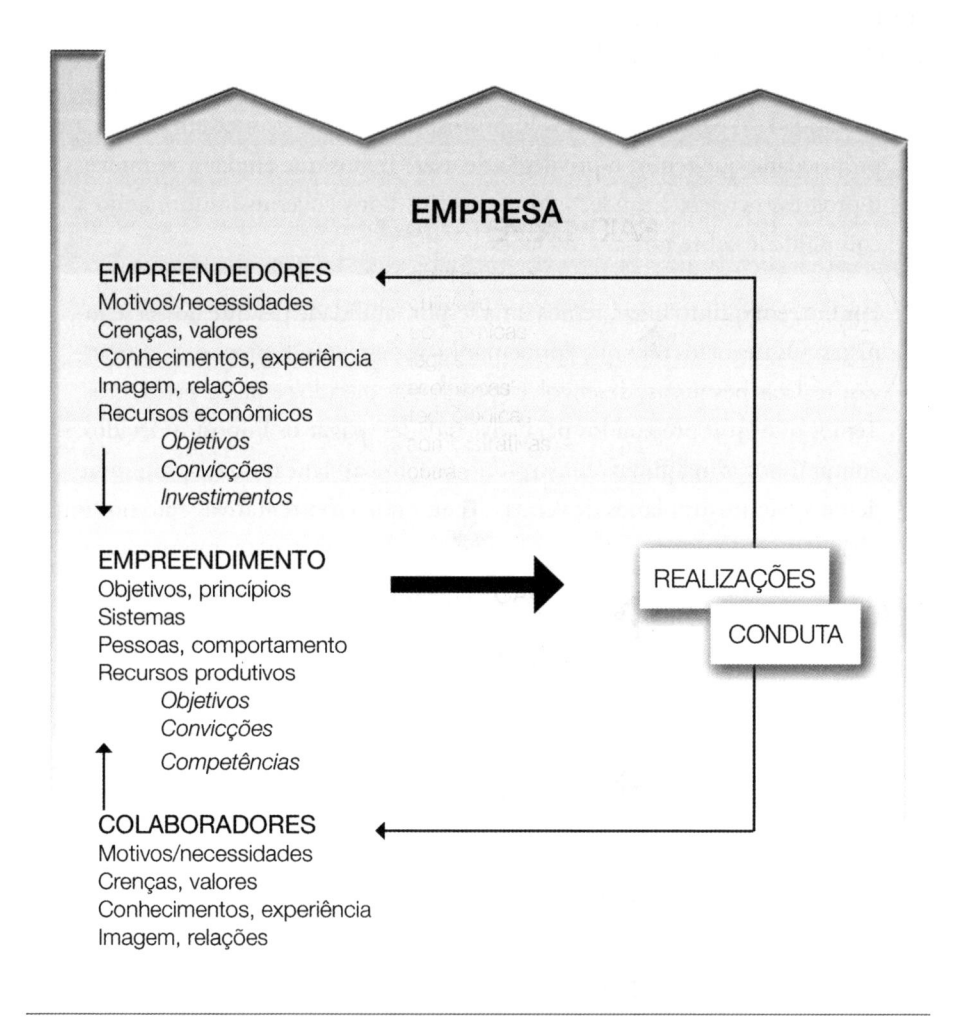

Figura 3.1 – As finalidades internas das empresas válidas

Os objetivos dos empreendedores

Uma empresa é criada por iniciativa de uma ou mais pessoas, que são seus empreendedores. São estas pessoas que identificam as necessidades sociais que pretendem atender e decidem criar e manter os empreendimentos que produzirão as utilidades para satisfazer essas necessidades. São estas pessoas que se dispõem a enfrentar riscos e incertezas e investir seu tempo, seus conhecimentos e seu patrimônio econômico e moral na criação e desenvolvimento de empreendimentos válidos. Ser empreendedor não significa apenas investir dinheiro em um empreendimento e maximizar seu retorno. A decisão de criar um empreendimento, portanto, não se baseia apenas em um raciocínio "frio e calculista" de um investidor diante de algumas alternativas de retorno sobre um investimento de capital. Em uma empresa onde fiz um trabalho de consultoria, o diretor financeiro queria avaliar o lucro da empresa em relação aos rendimentos das aplicações no mercado financeiro (poupança, ações, fundos de investimento), baseado na premissa de que se o lucro da empresa fosse menor que esses rendimentos, o proprietário deveria vendê-la e aplicar o dinheiro no mercado financeiro. Ou seja, para ele, os empreendedores deveriam ver suas empresas como investidores avaliando-as como itens de sua carteira de investimentos, a serem imediatamente descartadas no primeiro sinal de baixo rendimento financeiro.

O verdadeiro espírito empreendedor é mais amplo. Baseia-se em crenças, valores, habilidades, necessidades, visão. E em muito trabalho. Em depoimentos de empreendedores é possível identificar vários motivos que levam pessoas a criar e manter empreendimentos empresariais: independência, continuidade da obra iniciada pelos fundadores, contribuição social e econômica ao país, vida confortável, realização pessoal, *status*, poder etc. O lucro, para eles, é um meio, um requisito, uma decorrência da atividade empresarial, e não o motivo principal para se criar e manter empreendimentos. Na história daqueles que deram grandes contribuições à sociedade, a motivação pelo dinheiro não é a força predominante que os levou a criar e manter importantes empreendimentos empresariais. Um magnífico exemplo para ilustrar isto é Henry Ford. Em 1916 ele declarou:

> Não acho que devemos lucrar terrivelmente com nossos carros. Um lucro razoável é bom, mas nada excessivo. Eu acho melhor vender uma grande quantidade de carros com um lucro razoavelmente baixo [...]. Eu penso desta forma porque assim muitas pessoas poderão comprar um carro e desfrutar dele e porque isto permite dar empregos a mais pessoas com um bom salário. Estas são minhas duas metas na vida.[8]

É bom lembrar que essa declaração de Henry Ford não era um fruto da retórica, nem um conjunto de boas intenções teóricas, mas um objetivo que foi alcançado com a produção de um carro acessível pelas grandes massas (o modelo

T). Ao conseguir reduzir 58% no preço do carro entre 1908 e 1916, por meio de um conjunto de esforços para baixar os custos, inclusive a adoção da tão criticada linha de montagem, Ford possibilitou o acesso de milhões de pessoas ao carro. Este também é um bom exemplo para demonstrar a falácia da "lei da oferta e da procura", pois, naquela época, Ford não conseguia atender aos pedidos que recebia e poderia ter aumentado os preços, mas não o fez. Ao contrário, continuou baixando os preços. Mostra também que altos índices de produtividade não estão relacionados necessariamente ao corte de custos, prática comum nas empresas de visão econômica, pois Ford teve a ousadia de "criar o dia de US$ 5 para os operários, que, com aproximadamente duas vezes mais do que o índice do setor, chocou e revoltou o mundo industrial", conforme descrito por Robert Lacy, autor de *Ford – The Men and The Machine*:

> O *Wall Street Journal* acusou Henry Ford de "enormes erros econômicos, se não crimes" que em breve "voltariam como pragas para atacar o próprio, o setor que ele representa e a sociedade organizada". Ingenuamente desejando o progresso social, declarou o jornal, Ford havia injetado "princípios espirituais em um campo onde eles não têm nada a ver" – um crime hediondo – e os capitães do setor se uniram para condenar "a coisa mais tola já tentada no mundo industrial".[9]

Outro exemplo de como há outras coisas além do lucro que motivam os empreendedores, é o de William R. Hewlett, co-fundador da Hewlett-Packard:

> "Quando olho para trás e vejo o que fiz no meu trabalho, uma das coisas de que mais me orgulho é ter ajudado a criar uma empresa que em virtude dos seus valores, práticas e sucesso, teve um impacto enorme sobre a forma como empresas são gerenciadas em todo o mundo. E me orgulho principalmente de estar deixando para vocês uma organização que poderá continuar sendo um modelo mesmo sem mim."[10]

Para muitos empreendedores, um dos principais fatores de motivação é a própria criação da empresa. A declaração de Sam Walton, fundador da Wal-Mart, é ilustrativa sobre esse ponto:

> "Todo tempo eu me concentrei em criar a melhor empresa de vendas a varejo possível. Ponto final. Juntar uma enorme fortuna pessoal nunca foi uma meta em minha vida."[11]

Esta é uma característica dos empreendedores: criar uma visão para seus negócios, acreditar profundamente nessa visão, fazer tudo o que for possível para viabilizá-la e, principalmente, não deixar que outros o façam demover de suas ideias. São verdadeiros líderes: criam suas visões de futuro e lutam ardorosamente contra todas as adversidades para vê-las atingidas. Peter Drucker, falando sobre o êxito e ousadia das inovações de grandes empreendedores, atesta:

> Rosenwald (da Sears, Roebuck), Ford, Watson da IBM e Olivetti foram todos inicialmente ridicularizados como visionários. Diziam a eles que ninguém poderia resolver os problemas que pretendiam resolver. Dez ou quinze anos mais tarde, suas soluções foram quase desprezadas como sendo "óbvias". A solução correta é sempre óbvia em retrospectiva. O que importa é que esses homens e suas companhias identificaram um grande problema social e perguntaram: "Como isso pode ser resolvido enquanto uma oportunidade de negócios?".[12]

No Brasil, Jacques Marcovitch, contando em seu livro *Pioneiros e empreendedores* a vida de brasileiros e imigrantes que tiveram grande influência no desenvolvimento econômico do Brasil, constata que a realização dos empreendedores vai além do sucesso econômico:

> Os personagens deste livro alcançaram um ideal de emancipação, enfrentaram diversidades, realizaram sonhos. Conquistaram, por assim dizer, uma segunda vida, não por serem hoje nomes de ruas, avenidas, praças e viadutos, mas porque prolongaram sua existência como fontes de aprendizagem e inspiração.[13]

Falando sobre suas contribuições significativas à sociedade brasileira, Marcovitch chama os empreendedores de "atores do processo social",[14] uma designação muito apropriada, já que pressupõe sua participação ativa para a construção da sociedade, uma característica típica do empreendedor da empresa válida.

Não estou afirmando que o empreendedor não dá importância para o lucro. Ele dá sim. Mas não o coloca em primeiro lugar, não o vê como o objetivo principal da empresa. Peter Drucker acredita que a ideia de que o lucro visto como um meio para "cobrir os riscos da atividade econômica" da empresa, e não como o grande e principal motivador do empresário, é decorrente da visão econômica clássica:

Na raiz de toda essa confusão está a crença errônea de que a motivação de uma pessoa – a assim chamada motivação do lucro do empresário – seria uma explicação para seu comportamento e o seu guia para agir corretamente. A existência da motivação pelo lucro é duvidosa. Foi algo inventado por economistas clássicos para explicar uma realidade econômica que suas teorias de equilíbrio estático não podiam. Nunca houve algo que a comprovasse. Há muito que descobrimos a explicação verdadeira para o fenômeno de mudança e crescimento econômico que a motivação pelo lucro tentou inicialmente explicar.[15]

Há, evidentemente, casos de empreendedores motivados exclusivamente por ganhar tanto dinheiro quanto possível no menor horizonte de tempo. Mas, na prática, eles logo se dão conta de que, se for para manter um empreendimento saudável e duradouro, o lucro não é isoladamente um bom indicador para orientar o empreendimento e avaliar significativamente seus resultados.

Os objetivos, as expectativas, os princípios e os rumos que os empreendedores estabelecem para seu empreendimento refletem suas crenças, valores, convicções. São estabelecidos com base no que o empreendedor acredita ser a sua verdade e refletem o seu posicionamento diante dos aspectos sociais, econômicos, humanos, políticos, religiosos, educacionais e outros. São, portanto, concepções humanas, e, por isso, ao contrário de decisões cientificamente tomadas, torna-se difícil discuti-las à luz do que é "certo" ou "errado". Não existem modelos padrões para estas definições.

Os motivos que constituem o objetivo dos empreendedores para criar e manter um empreendimento e as convicções que refletem seu posicionamento pessoal têm influências profundas no empreendimento. Eles estabelecem os rumos para os quais o empreendimento será dirigido e fixam o modo de pensar da empresa, que passam a orientar todas as ações a serem empreendidas e moldam o empreendimento de tal forma, que passam a constituir a filosofia da empresa, o guia que permanece orientando-a após a morte do empreendedor pioneiro.

São estes motivos e convicções dos empreendedores que constituem o mais importante elemento de diferenciação entre as empresas. São eles que fazem que duas empresas, atuando no mesmo campo de negócio, tenham comportamentos distintos. Muitas vezes não se entende a "lógica" de uma empresa. Mas esta "lógica" certamente existe, e está baseada no modo de pensar de seus empreendedores. Certa vez, em uma palestra, ouvi um consultor americano de estratégia falando sobre as vantagens de atuar em nichos, e citando a enorme diversidade de produtos da Matsushita como um exemplo do que não se deve fazer. Mas, provavelmente, ele não conhecia a declaração do fundador da empresa, citada no Capítulo 2. A diversidade de produtos da Matsushita, como ele declarava na exposição da missão da empresa, não se trata de uma questão de estratégia, mas de filosofia do seu fundador. Não vamos nos esquecer de que a filosofia da empresa antecede a estratégia. Compreender os motivos, padrões culturais e de personalidade dos empreendedores é o primeiro passo para termos uma compreensão mais clara da origem, da vocação, da maneira de pensar, das finalidades e dos objetivos do empreendimento.

Várias experiências de mudanças administrativas nas empresas têm sido malsucedidas pela absoluta insensibilidade dos agentes dessas mudanças em relação às crenças, valores, motivos e convicções dos empreendedores. Muitas das tentativas de "profissionalização", por exemplo, promovidas de forma tecnocrática, que entre outras coisas pretenderam mudar crenças e valores importantes por intermédio de processos de "planejamento estratégico", têm incorrido nesse erro.

É comum, quando se discute as motivações dos empreendedores, confundir o empreendedor com o investidor, ou, o que é pior, confundir estes dois personagens com outro, que é um predador detestável: o especulador. O empreendedor empresarial é aquele que decide dedicar sua vida a criar, desenvolver e manter um empreendimento para produzir utilidades que atendam às necessidades da sociedade. Ele não fica observando de longe, esperando pelos resultados, mas, sim, tem participação ativa na gestão do empreendimento. Muitos deles trabalham no empreendimento que criaram até a morte. Investidor é aquele que pretende preservar e aumentar seu patrimônio econômico comreceitas provenientes de seus investimentos financeiros. Ele não se envolve diretamente na gestão dos empreendimentos onde investe seu dinheiro. Especulador é o que quer ganhar o máximo possível de dinheiro fazendo transações financeiras, que vão desde a agiotagem (o empréstimo de dinheiro para outras pessoas que aceitam pagar juros exorbitantes por estar em grandes dificuldades financeiras e não ter alternativas de conseguir dinheiro) até jogadas oportunistas no mercado, sejam quais forem: financeiras, de mercadorias, acionárias, imobiliárias, monetárias. Ele atua como um apostador; faz apostas nos mercados como as que são feitas nas casas de jogos. Seu objetivo é ganhar o máximo possível no menor espaço de tempo. Sua atuação visa afetar artificialmente o preço de um bem, pois sua lógica é se aproveitar da lei da oferta e procura, provocando altas e baixas, e tirando proveito de ambas. Ele tira proveito da boa-fé das pessoas.

A revista *Veja* fez uma reportagem sobre os novos empreendedores brasileiros que fizeram fortuna a partir dos anos 1960 e 1970, comparando-os aos tradicionais da elite empresarial brasileira. Uma das características marcantes de alguns desses novos empreendedores, destacada pela reportagem, foi a de que eles não têm nenhum apego ao negócio, e vendem a empresa diante de uma oferta vantajosa. A empresa faz parte de sua carteira de investimentos. Diz a reportagem que um deles "comprou uma tecelagem e em vez de fabricar pano, vendeu os teares e o terreno, ganhando mais dinheiro do que se pusesse as máquinas para funcionar". Ainda sobre este empreendedor, a revista diz que ele comprou uma franquia, expandiu-a, e três anos depois a vendeu para o antigo proprietário com um lucro de 140%. Outro, afirma que diante de uma boa proposta vende a empresa, justificando: "Sou um capitalista, meu ramo é ganhar dinheiro".[16] Não são esses os empreendedores de que estamos tratando aqui.

A quem justifica a busca do lucro como premissa do capitalismo e, portanto, a principal motivação do empresário, é muito ilustrativa esta consideração, citada por Marcovitch, de Max Weber, no clássico *A ética protestante e o espírito do capitalismo*:

> O impulso para o ganho, a persecução do dinheiro, da maior quantidade possível do dinheiro, não tem, em si mesmo, nada que ver com o capitalismo. Tal impulso existe e sempre existiu entre garçons, médicos, cocheiros, artistas, prostitutas, funcionários desonestos, soldados, nobres, cruzados, apostadores, mendigos etc. Pode-se dizer que tem sido comum à toda sorte e condição humana em todos os tempos e em todos os países da Terra, sempre que se tenha apresentado a possibilidades objetiva para tanto. [...] A ganância ilimitada de ganho não se identifica, nem de longe, com o capitalismo, e menos ainda com seu espírito.[17]

Os textos que tratam de empreendedores sempre destacam suas características: sonhar, ousar, acreditar nas ideias, aceitar riscos, intuição, percepção de tendências e sinais, persistência, resiliência, inovação, realizações, tirar lições dos fracassos, conviver com a incerteza, ter visão de futuro, enfrentar adversidades, entre outras. Todas são verdadeiras, mas uma que me parece fundamental, e nem sempre tem um destaque nesses textos, é a capacidade de administrar seus empreendimentos. Eles sabem que para criar, manter e desenvolver um empreendimento bem-sucedido é preciso um dedicado esforço de administração. Sabem que não basta apenas ter uma boa ideia e acreditar nela. Sabem que para essa ideia ser posta em prática e dar os resultados é preciso que haja um empreendimento bem administrado. É bem conhecido o exemplo de Thomas Edison, um grande inventor, mas que não foi capaz de administrar bem as empresas que criou para viabilizar a produção e comercialização de seus inventos.

Os objetivos dos colaboradores

Além dos empreendedores, as empresas agregam outra categoria de pessoas, fundamentais para assegurar seu sucesso: os colaboradores. Estas pessoas são aquelas que contribuem, com seu trabalho, para que a empresa possa cumprir suas finalidades (que participam com o seu trabalho na consecução das finalidades da empresa). Para realizar seu trabalho, os colaboradores colocam à disposição da empresa suas habilidades, conhecimentos, experiência, competência, esforços e dedicação. Em contrapartida, esperam que a empresa proporcione oportunidades para satisfazer suas necessidades e que pratique princípios de conduta que façam sentido à sua maneira de pensar e ser.

Na prática, porém, nem sempre o significado do trabalho como oportunidade de contribuição e fonte de satisfação humana acontece. Inúmeras pesquisas sobre a satisfação dos trabalhadores atestam que muitos não se sentem satisfeitos com o trabalho que fazem nas empresas. Mais do que isso, muitos se sentem bastante infelizes. A satisfação com o trabalho é uma questão que preocupa muito as empresas, porque elas sabem que seu desempenho se deve em grande parte ao das pessoas. A pergunta é: por que isso acontece? Afinal, nas sociedades modernas, o trabalho é um esforço coletivo, cada um de nós fazendo a sua parte, para o bem-estar comum, para a prosperidade da sociedade como um todo. Como então o trabalho, uma atividade tão nobre, pode causar frustração e infelicidade? Será que não temos consciência do significado do trabalho em toda a sua profundidade? Será que o modelo de empresa que adotamos não nos estimula a praticar o significado do trabalho em toda sua extensão? Será que não gostamos de trabalhar? Será que a empresa é um lugar no qual podemos atender a um amplo conjunto de necessidades humanas ou é apenas um lugar onde "perdemos tempo" com o único objetivo de receber o salário no final do mês e atender às nossas necessidades fora dela? Ou será que Peter Senge tem razão quando diz:

> À medida que nos aproximamos do século XXI, seria oportuno, ou talvez crucial, que nos lembrássemos daquilo que os seres humanos compreenderam há muito tempo – que trabalhar em conjunto pode realmente ser uma copiosa fonte de significado de vida. Qualquer coisa que estiver aquém disso não passará de um emprego.[18]

Nas empresas de visão econômica, o trabalho representa a possibilidade de alguém ganhar o dinheiro que precisa para manter sua sobrevivência e, em alguns casos, ficar muito rico, como temos visto recentemente executivos que enriqueceram, enquanto as empresas que dirigiram foram à falência. Em grande parte é esse vínculo de natureza econômica o responsável pela frustração que muitas pessoas sentem. Não havendo uma causa mais profunda do que ganhar dinheiro, é difícil que alguém tenha motivação suficiente para se dedicar ao trabalho. Por isso, para elas, o trabalho se torna uma obrigação, significa um emprego cuja perda se traduz apenas em deixar de ganhar dinheiro. É nessas empresas que os trabalhadores são chamados de mão de obra; encarados como "recursos", como os materiais, os equipamentos; os primeiros visados nos programas de redução de custos; contratados para trabalhar um número determinado de horas por dia e pagos de acordo com a quantidade de trabalho realizado. Este tipo de vínculo também favorece o individualismo, pois as pessoas estão mais preocupadas consigo mesmas, e não com os objetivos comuns. Favorece também o paternalismo, no qual o trabalhador entende que, qualquer que seja o problema, a empresa tem a obrigação de ajudá-lo, e a empresa, por sua vez, exige a obediência sem contestação e a fidelidade cega. É um vínculo que cria uma relação de dependência, na qual as pessoas se sentem sem nenhum poder de influência, dominadas e impotentes para reagir. O resultado disso tudo é um ambiente de estagnação que não favorece o desenvolvimento das pessoas, com prejuízos para a empresa e para os colaboradores.

As empresas válidas enfocam e praticam o trabalho com um significado muito mais profundo do que apenas um meio de conseguir o dinheiro necessário para a sobrevivência. Elas encaram os colaboradores como talentos, e, portanto, como pessoas cujo grande potencial não é a habilidade manual ou a energia física, mas sua capacidade intelectual para criar, inovar e contribuir significativamente para gerar resultados. Ou seja, em vez de encarar os colaboradores como geradores de custos, encaram-nos como produtores de resultados.

As empresas válidas sabem que os talentos não decidem contribuir com uma empresa ao acaso. Assim como os empreendedores, eles também têm seus motivos ao decidir ingressar e permanecer numa empresa. Eles esperam, em primeiro lugar, que ela lhes ofereça uma causa estimulante e válida socialmente, mas, também, que, em troca de seu compromisso de contribuir, possam satisfazer suas necessidades individuais de sobrevivência e crescimento humano e profissional. Não é um vínculo baseado na remuneração, mas na realização. Não se trata da visão simplista de "vestir a camisa da empresa". A camisa é também do colaborador. Ele não está renegando o que é importante para ele a fim de priorizar as necessidades da empresa. O trabalho faz parte do seu projeto de vida, não é uma obrigação. Ele está compatibilizando suas necessidades individuais com a razão de ser e os objetivos da empresa. Estas necessidades não são atendidas apenas pela retribuição econômica ao trabalho prestado, mas também por um conjunto amplo de outras oportunidades, que não dependem do dinheiro, e que as empresas válidas oferecem a seus colaboradores. Isso não significa que os colaboradores não dão importância à sua remuneração. Eles dão sim, mas não a colocam em primeiro lugar na sua escala de motivação.

É bem conhecida a hierarquia das necessidades concebida por Maslow para tratar da motivação humana. Maslow afirma que as necessidades humanas podem ser organizadas numa hierarquia, começando com as fisiológicas, seguidas pelas de segurança, de amor e pertencer, de estima, e terminando com as de autorrealização. De acordo com Maslow, à medida que uma necessidade é satisfeita emerge a próxima, de nível superior, que passa a ser dominante na motivação do indivíduo.[19] Esta contribuição de Maslow, de que as pessoas estão sempre em atividade buscando satisfazer suas necessidades, é interessante para contrariar a opinião daqueles que acreditam que o ser humano tem, por natureza, aversão ao trabalho, que prefere a inatividade. Pelo contrário, as pessoas estão sempre em movimento, trabalhando, para satisfazer suas necessidades. Atender a esta dinâmica, da qual as diferentes necessidades estão permanentemente emergindo, constitui um grande desafio para as empresas. As empresas válidas estão em permanente esforço para encontrar meios para atender cada uma destas necessidades dos seus colaboradores, e não só aquelas que se consegue atender mais diretamente com o dinheiro. É claro que não é apenas no trabalho que as pessoas atendem integralmente suas necessidades, mas também nas suas relações familiares, seus grupos de amigos, suas práticas de lazer. As empresas fazem a parte que lhes compete nas relações de trabalho.

Os colaboradores das empresas válidas sabem que elas genuinamente adotam o trabalho com este significado, que não é apenas um esforço de retórica, mas uma profunda filosofia na qual a empresa acredita e a qual pratica ao longo de sua existência.

> Toda companhia, não importa seu tamanho, deve ter objetivos bem traçados além da procura por lucros, propósitos estes que justifiquem sua existência entre nós. Para mim, esses objetivos são uma missão secular para o mundo. Se o presidente tem esse sentido de missão, ele pode dizer a seus empregados

o que a companhia almeja conseguir e explicar sua razão de ser e seus ideais. E se seus empregados entendem que não estão trabalhando somente para o ganha-pão, estarão motivados a trabalhar duro, juntos, para a realização de seus objetivos comuns. Neste processo, aprenderão muito mais do que se seus objetivos fossem limitados às escalas de salário. Começarão a crescer como pessoas, como cidadãos e como empresários.[20]

Charles Handy, escritor, educador e ex-executivo da Shell, dá um depoimento interessante sobre o vínculo de um colaborador com a empresa, e de como este vínculo está baseado na visão sobre a finalidade de uma empresa. Discutindo a razão de existência da empresa,[21] ele conta que, nos anos 1960, na escola de administração de empresas que frequentou nos Estados Unidos, a resposta à questão "Para que serve uma empresa?" era inequívoca. "Inscrita acima do quadro-negro em todas as salas de aula, ninguém poderia ignorá-la: "maximizar o lucro por ação a médio prazo". Então, ele diz:

> Olhando para trás, é incrível que ninguém tenha desafiado nem a premissa nem as suposições. Entretanto, a minha própria vida até então deveria ter denunciado a mentira. Eu era um modesto gerente regional em um posto avançado de uma grande companhia de petróleo. Suponho que eu deveria ter acompanhado os resultados financeiros da companhia, mas seu lucro por ação, sua rentabilidade, não me mantinha acordado à noite, nem me fazia pular da cama de manhã. Eu não era tolo. Eu sabia que qualquer projeto novo, racionalmente, precisava alcançar uma taxa de retorno acima de um determinado número, assim, os projetos que apresentei deveriam sempre fazer isso, embora nem eu e ninguém mais, até onde eu saiba, jamais verificou se esses projetos, de fato, atingiram as suas estimativas.
>
> Se eu for honesto, não foram os acionistas, mas o meu próprio autorespeito que me motivou. Trabalhando naquela distante região, a ideia de lucro máximo por ação era muito remota, muito intelectual, muito irreal. Eu estava certo de que eu tinha uma função social mais séria, como respondi a uma tia-avó solteirona, ainda na Irlanda, que havia lamentado que eu era o primeiro da família a ir trabalhar com "negócios". Eu estava ali para ajudar a produzir coisas que eram muito necessárias para as pessoas, em boas condições, a um preço justo, na hora certa, sem prejudicar o ambiente, nem causar problemas aos governantes ou aos habitantes locais entre os quais vivíamos e trabalhávamos. Era uma forma de contrato social, mas, evidentemente, os lucros eram necessários para fazê-lo funcionar e continuar funcionando.

Minha escola de administração nos Estados Unidos estava errada, agora estou convencido. O principal propósito de uma empresa não é gerar lucros e ponto final. É gerar lucros para continuar a produzir coisas, de uma maneira cada vez melhor e mais abundante. Dizer que o lucro é um meio para outros fins e não um fim em si mesmo não é um mero jogo de palavras, mas sim uma séria questão moral. Uma condição não é um propósito. Na vida cotidiana, aqueles que transformam os meios em fins, em geral, são chamados de neuróticos ou obsessivos. Temos que comer para viver, mas se vivermos para comer, nos tornamos desvirtuados em mais de um sentido. Na ética, trocar os meios pelos fins é voltar-se para dentro de si mesmo, um dos piores pecados, segundo Santo Agostinho.

Nas empresas válidas, os colaboradores incluem não só o pessoal interno, que têm um contrato de trabalho em tempo integral com a empresa, mas também outras pessoas e empresas que fornecem seus bens e serviços também a outras empresas. São fabricantes de matérias-primas, de componentes, prestadores de serviços de manutenção, logística, limpeza, alimentação, consultores, bancos, seguradoras, e uma infinidade de outros parceiros que contribuem para a consecução dos resultados da empresa, genericamente chamados de fornecedores. Além destes, as empresas válidas também incluem entre seus colaboradores os seus distribuidores. Estes colaboradores externos querem um parceiro para compartilhar o futuro, e não apenas um "cliente" com quem vão realizar transações comerciais de produtos e serviços. Nas empresas baseadas na visão econômica clássica, esses fornecedores são tratados como terceiros, e as relações da empresa com eles são restritas às transações comerciais. As empresas válidas, ao contrário, desenvolvem relações profundas com seus fornecedores, integrando-os ativamente aos seus esforços de desenvolvimento de produtos, melhorias de processos, aumento de produtividade etc. Trocam experiências com eles. Incluem-nos em seus programas de treinamento e desenvolvimento. Integram-nos em seus sistemas de gestão. Discutem com eles seus objetivos, metas e estratégias. Ao contrário das empresas de visão econômica, as válidas não consideram "terceirização" quando parte de seus processos ou de seus produtos são feitos por outras empresas. Elas assumem toda a responsabilidade pela qualidade final de seus produtos e pelo desempenho global de suas operações, independente de quem realiza cada parte. A opção de eleger parceiros para ajudar a fabricar as utilidades e executar os processos nas empresas válidas envolve um conjunto de decisões complexas, não com a intenção de cortar custos, mas sim criar valor. Falando sobre isso, Joan Magretta mostra as implicações do uso da cadeia de valor, conceito introduzido por Michael Porter nos anos 1980:

> As consequências empresariais do pensamento da cadeia de valor são imensas. A primeira consequência é que você começa a ver cada atividade não apenas como um custo, mas como uma etapa que tem de acrescentar algum incremento de valor ao produto acabado [...].
>
> [...] Uma segunda consequência principal do pensamento da cadeia de valor é que isso força você a ver o processo econômico como um todo, independentemente de quem executa cada atividade. Se você deseja construir um negócio de *fast-food* ao redor de batatas fritas perfeitas, com qualidade consistente, como fez o McDonald's, você não pode se desculpar com um cliente porque o agricultor que planta as batatas que você compra não dispõe das instalações adequadas de armazenagem. O cliente não quer saber de quem é a culpa. O cliente só se importa com a qualidade de suas batatas. E então o McDonald's tem de garantir que, de uma forma ou de outra, todos os agricultores dos quais ele compra batatas podem atender a seus padrões.[22]

Por isso as empresas válidas mantêm seus fornecedores e seus distribuidores motivados a contribuir e integrados nos seus esforços de desenvolvimento e de melhorias de desempenho. Esta postura tem permitido que estabeleçam fortes vínculos com esses parceiros, obtendo resultados conjuntos significativos, ao contrário das relações tradicionais das empresas de visão econômica, fundamentadas em preços e em negociações onde cada parte procura levar mais vantagens.

Os objetivos do empreendimento

O empreendimento é aquela parcela da estrutura empresarial em que se materializam as ações necessárias para a empresa cumprir suas finalidades. É por meio dele que são geradas as utilidades para uso dos clientes, os padrões de conduta externos e os resultados internos que irão satisfazer aos objetivos e às expectativas dos empreendedores e dos colaboradores (realizações), e são praticados os padrões de comportamento (conduta) coerentes com suas convicções.

Muitas das definições sobre o que é uma empresa a confundem com o empreendimento e, além disso, descrevem de forma parcial todos os aspectos envolvidos nos empreendimentos. Empresa é um sistema mais amplo, que envolve as utilidades que produz, os clientes, os empreendedores, os colaboradores, os padrões de conduta, o sistema de gestão. Os empreendimentos não podem ser entendidos apenas pelo que fazem (processos de transformação, de distribuição e de comercialização), mas principalmente por que fazem e como fazem.

Os empreendimentos válidos não fazem certas coisas ou deixam de fazer outras ao acaso. Eles são dirigidos a um fim, a um propósito. A finalidade do empreendimento é determinada pelos motivos ou necessidades de seus empreendedores, e sua atuação é moldada com base nas crenças, valores, convicções dos empreendedores. O empreendimento inclui também o ambiente favorável em que os colaboradores vão poder atender seus objetivos e necessidades.

Os empreendimentos são constituídos por coisas tangíveis e intangíveis. Eles têm instalações físicas, equipamentos, movimentam materiais, fabricam produtos etc. São operados e gerenciados por pessoas que executam um conjunto diversificado de atividades e que agem de acordo com determinados padrões de comportamento. Em outras palavras, a estrutura dos empreendimentos é baseada em aspectos técnicos e humanos. Por isso eles são particulares, e diferentes entre si, mesmo quando se dedicam ao mesmo campo de negócios.

A conduta interna

Assim como as relações externas das empresas válidas são orientadas por padrões de conduta que visam assegurar o equilíbrio do sistema social, as internas também são orientadas por padrões de conduta, que são aceitos pelos empreendedores e colaboradores.

Há também, internamente, um sistema social que serve de base para apoiar a empresa. Não vamos nos esquecer: as empresas constituem pequenas sociedades, ou seja, conjuntos de pessoas com valores, crenças, normas, regras comuns, que se juntam para realizar um objetivo que, sozinhas, não teriam capacidade de fazer. Como sociedade, elas têm, portanto, sistemas sociais que devem ser respeitados e preservados.

Os padrões de conduta internos são orientados (influenciados) pela sociedade em que a empresa atua, e, internamente, por princípios que foram construídos ao longo de sua história e, inicialmente, baseados nas crenças e valores dos seus empreendedores pioneiros. Eles tratam de relações com os colaboradores, com os empreendedores, e da preservação do empreendimento. Nas empresas válidas, são responsáveis por ajudar a construir um ambiente de trabalho amigável e criativo;

por permitir atrair, desenvolver e manter os talentos que a empresa necessita para cumprir sua missão; por motivar e integrar as pessoas; por estimular a participação, o convívio e o trabalho conjunto; por orientar as escolhas/decisões éticas; por estabelecer regras de segurança para as pessoas e para as instalações materiais; por incentivar as comunicações; por assegurar a justiça e o respeito humanos; por remunerar adequadamente a contribuição dos colaboradores; por compensar os riscos e a dedicação dos empreendedores; por dar retorno justo aos investidores; por preservar a vida; proteger o patrimônio; por usar os recursos produtivamente; por incorporar as crenças e valores dos empreendedores nas práticas empresariais; por incentivar o uso do potencial das pessoas; por orientar a prática de acordo com a missão da empresa; por promover a diversidade e a inclusão de deficientes.

A fixação dos padrões de conduta internos deve considerar as relações do ambiente interno com o externo. Um exemplo trágico sobre padrões de conduta externos influindo nos internos é dado por Fons Trompenaars, no seu livro *Nas ondas da cultura*.[23] Ele conta que, na África Central, um gerente britânico foi envenenado por um empregado – aparentemente com a conivência de outros empregados africanos – que ele demitiu por ter roubado carne do refeitório da empresa. O homem demitido tinha inúmeros filhos famintos e, de acordo com Trompenaars, "nas culturas difusas (aquelas em que o relacionamento estabelecido em um determinado espaço de vida tende a permear os outros, ao contrário das culturas específicas, onde um relacionamento estabelecido em um espaço – por exemplo, na empresa – é único, não afetado pelo relacionamento estabelecido em outros espaços) 'roubar' não é facilmente separável de circunstâncias domésticas, e o hábito ocidental de separar um 'crime empresarial' de um 'problema de casa' não é aceito".

Em síntese, para atender às suas **finalidades internas,** as empresas devem construir empreendimentos capazes de produzir resultados (**realizações**) que satisfaçam aos motivos e às necessidades de seus **empreendedores** e **colaboradores,** e praticar padrões de comportamento (**conduta**) compatíveis com crenças, valores e convicções destes.

CAPÍTULO 4

AS CARACTERÍSTICAS DAS EMPRESAS VÁLIDAS

Ao examinar a prática das empresas válidas, é possível identificar um conjunto de características comuns que as distinguem de outros modelos. Vou destacar as que me parecem predominantes.

AGENTES DE DESENVOLVIMENTO SOCIAL

O pensamento e a ação das empresas válidas estão concentrados no objetivo básico de promover o progresso e a riqueza da sociedade a que servem. Elas não são apenas agentes econômicos destinados a efetuar transações de compra e venda de produtos e maximizar seus lucros. São agentes econômicos, mas com responsabilidades sociais mais amplas, que vão além daquelas restritas ao subsistema econômico da sociedade. Fornecem produtos de valor (utilidades) que vão satisfazer às necessidades de representantes da sociedade (clientes). Além disso, são também responsáveis por não destruir a integridade do sistema social, preservando o equilíbrio entre os subsistemas político, cultural, econômico, legal e ecológico.

Nos diversos setores empresariais – automóveis, aviação comercial, serviços financeiros, remédios, lojas de varejo (supermercados), entretenimento, higiene e limpeza, eletrônica, computadores, telefones, para citar apenas os que foram mencionados nos exemplos usados neste livro –, as contribuições mais significativas têm sido dadas pelas empresas válidas. E não é de estranhar. Imbuídas pela filosofia de servir e de gerar a prosperidade da sociedade a que servem, elas criam soluções inovadoras que promovem mudanças profundas na nossa qualidade de vida. Fazem altos investimentos em inovação, mas, o que é mais importante, os esforços de pesquisa estão integrados ao seu sistema de gestão, o que garante que sejam feitos permanentemente, e não como esforços pontuais. Elas lideram a inovação, e fazem isto conscientemente. Depois as outras copiam. Certa vez, em uma grande empresa brasileira, presenciei uma discussão entre os executivos sobre a necessidade de investigar no exterior o estado da arte e as tendências da tecnologia relacionada às suas atividades, e o presidente da empresa, que também era seu dono, questionou: "Por que gastar tempo e dinheiro com a pesquisa de tecnologia? Vai lá fora, traz os produtos, e copia aqui".

Já vimos que as empresas que atuam com base na visão econômica clássica, ao colocar o lucro como sua razão de ser, não conseguem explicar como contribuem para o progresso da sociedade. Por isso, citam como contribuição itens que na verdade são suas obrigações: pagamento de impostos, geração de empregos, cumprimento das leis.

ORGANIZAÇÕES PERMANENTES

Um executivo contou-me uma história verídica acontecida em uma empresa onde havia trabalhado. Tratava-se de uma empresa de construção civil, onde ocorriam discussões constantes entre os engenheiros, responsáveis pela execução e gerenciamento das obras, e o pessoal do escritório central, que executava funções relacionadas a suprimentos, recursos humanos, finanças etc. Nessas discussões, os engenheiros reclamavam da falta de atenção que recebiam dessas áreas, que chamavam de "áreas meio", e argumentavam que deviam receber toda a prioridade delas, pois eram responsáveis pelas atividades fim da empresa, e que era destas chamadas "áreas fim" que provinham as receitas, e portanto, a sobrevivência da empresa. O pessoal das áreas centrais argumentava que o funcionamento da empresa não dependia apenas das atividades das obras, que as atividades meio eram tão importantes quanto as atividades fim. Discutia-se cada vez mais o papel e a importância dessas duas atividades. Essas discussões, além de cada vez mais frequentes, passaram a ser conflituosas, até que, um dia, o dono da empresa convocou todos para uma reunião, e disse o seguinte: "Vocês estão perdendo tempo com essas discussões que não levam a nada. Agora, se para trabalhar vocês precisam da definição sobre quais são as atividades fim e quais são atividades meio, vou definir claramente: a única atividade fim que existe aqui é o dinheiro no meu bolso, todo o resto é atividade meio. Agora podem ir trabalhar para a atividade fim".

Essa história ilustra a diferença entre uma empresa válida e um agregado de pessoas trabalhando para receber seu salário e para enriquecer o dono, que irá perdurar apenas enquanto houver interesse pessoal deste. Nestas empresas de visão econômica prevalecem os objetivos individuais. Para o proprietário, os clientes, os funcionários, são meios para obter lucro. Para o funcionário, a empresa é o meio para obter dinheiro.

As empresas válidas são organizações permanentes, instituições sociais baseadas no interesse coletivo, criadas para atender às necessidades da sociedade de forma contínua. Isso envolve responsabilidade e compromisso dos empreendedores e colaboradores e, em contrapartida, promove de forma justa seu crescimento pessoal, profissional, moral e material. Ao contrário de outros modelos de empresas, cuja ênfase é colocada nas questões de curto prazo e imediatistas, o dia a dia das empresas válidas é caracterizado por decisões e ações orientadas para questões de sobrevivência, crescimento e continuidade. Elas traduzem preocupações simultâneas em três condições básicas: manter as operações produtivas e eficientes (sobrevivência); inovar constantemente, aprender com a experiência, obter novos conhecimentos, aumentar o patrimônio (crescimento); e assegurar que tudo o que foi conseguido possa ser perpetuado, buscando equipes capazes de assumir as responsabilidades e as tarefas, pois uma empresa válida perdura além do tempo de vida de seus fundadores (continuidade).

Um dos critérios que Collins e Porras usaram para selecionar as empresas que seriam incluídas no seu estudo foi a data de fundação. Aliás, o título do livro é muito sugestivo: *Feitas para durar*. Eles queriam estudar empresas que tivessem um tempo de vida que assegurasse que a sobrevivência da empresa não fosse devida ao "trabalho de um único líder ou de uma única grande ideia".[1] Das empresas que foram incluídas no estudo, a mais antiga foi fundada em 1812 (Citicorp) e as mais novas em 1945 (Sony e Wal Mart). Eles as chamaram de empresas visionárias:

> O ponto principal é que uma empresa visionária é uma organização – uma instituição. Todos os líderes, não importa quão carismáticos ou visionários sejam, um dia morrem; e todos os produtos e serviços visionários – todas as "grandes ideias" – um dia se tornam obsoletos. De fato, mercados inteiros podem se tornar obsoletos e desaparecer. Mas empresas visionárias prosperam durante muitos e muitos anos, ao longo dos ciclos de vida de vários produtos e durante várias gerações de líderes ativos.[2]

O discurso de John.G.Smale, diretor executivo da Procter & Gamble, uma das empresas visionárias incluídas no estudo, na comemoração do 150º aniversário da empresa, em 7 de novembro de 1986, traduz bem esta preocupação:

> Nosso compromisso tem que ser o de levar adiante a vitalidade desta empresa – seu crescimento em termos físicos e também como instituição – para que esta empresa, esta instituição, dure mais 150 anos. Para que dure com o passar dos séculos.[3]

PRESERVAÇÃO DO PATRIMÔNIO EXTERNO E INTERNO

Vimos que a empresa não é algo que está "solto no ar". Ela faz parte de um ambiente político, cultural, econômico, legal e ecológico. Mantém relações com esse ambiente, tornando disponíveis as utilidades que produz para satisfazer às necessidades dos clientes. É também desse ambiente que a empresa obtém os recursos de que precisa para produzir as utilidades. Nestas relações, as empresas podem ter uma ação predatória, colaborando para a degradação do sistema externo e, consequentemente, tornando piores as condições de vida do homem. Já vimos nos capítulos anteriores um conjunto de exemplos de atitudes predatórias que ocorrem na prática das empresas não válidas.

As empresas válidas estão continuamente se esforçando para não degradar qualquer parcela do sistema externo do qual fazem parte. Usam os recursos de forma produtiva e estão preocupadas em manter o meio ambiente saudável e íntegro. Como é o caso de uma empresa do ramo de mineração, cujo processo industrial é agressivo ao meio ambiente, que, além da preocupação constante com o aprimoramento das medidas de preservação, vem desenvolvendo um trabalho de educação das crianças da comunidade onde está instalada no sentido de conscientizá-las sobre a importância da preservação do meio ambiente. As empresas válidas estão continuamente preocupadas com a satisfação de seus clientes e em obter receitas que assegurem lucros em proporções razoáveis, e respeitando o sistema social da comunidade a que servem. Diz-se que um bom sistema é aquele cujo produto (*output*) é maior do que a soma dos recursos (*inputs*) que foram usados para produzi-lo. É isto o que as empresas válidas procuram fazer: devolver à sociedade algo a mais do que os recursos sociais que usaram.

As empresas válidas estão atentas também ao ambiente interno. Elas sabem que sua sobrevivência e desenvolvimento dependem do desempenho de seus talentos, da disponibilidade de recursos econômicos, da sua eficiência operacional, da eficácia de suas medidas de proteção e segurança, da sua capacidade de aprender e evoluir permanentemente. Por isso se esforçam continuamente para manter e desenvolver seu patrimônio humano, cultural, tecnológico, econômico e material.

VOLTADAS PARA FORA E ATENTAS AO AMBIENTE INTERNO

As empresas válidas sabem que seu objetivo será realizado no ambiente externo com o atendimento das necessidades da sociedade a que servem. Mas sabem também que devem atender às expectativas internas de seus empreendedores e colaboradores. Por isso, procuram promover simultaneamente ações capazes de criar, manter e desenvolver condições favoráveis, tanto no ambiente externo quanto no interno, para cumprir suas finalidades. Sabem que estas diferentes ações devem estar em profunda sintonia e integração; que olhar para uma só direção não promoverá o equilíbrio do desempenho global. As empresas que só olham para o próprio umbigo, que só estão preocupadas consigo mesmas, não conseguirão cumprir adequadamente seu papel no atendimento das necessidades da sociedade. Por outro lado, aquelas preocupadas tão somente com ações voltadas ao ambiente externo não conseguirão atender às expectativas internas de seus empreendedores e colaboradores. Vou mostrar, na Parte 3, referente ao desempenho empresarial, que aceitar, por exemplo, as exigências dos clientes pode afetar os padrões de produtividade, de qualidade, de custos e, consequentemente, os resultados da empresa. Mas, por outro lado, estabelecer os programas de produção, vendas, entregas, pensando apenas nas conveniências internas, prejudicando o atendimento às necessidades dos clientes, pode também afetar a sobrevivência e desenvolvimento da empresa.

UM LUGAR PARA A REALIZAÇÃO AMPLA DAS NECESSIDADES HUMANAS

Hoje, muitas pessoas não procuram as instituições empresariais apenas para trocar sua dedicação por determinada quantidade de dinheiro a ser utilizado para a realização de suas necessidades individuais fora delas. Cada vez mais as empresas estão sendo procuradas por talentos, e não mais por "mão de obra" ou por "recursos humanos". Hoje, o trabalho não é mais fundamentado na força física e nas habilidades manuais, mas sim no conhecimento e competência para fazer bem o que lhe é designado fazer. E os talentos querem participar de instituições que lhes ofereçam reais oportunidades de satisfazer toda a extensa gama das necessidades humanas estudadas por Maslow nos seus trabalhos sobre motivação. Os talentos não trabalham para atender apenas às suas necessidades fisiológicas e de segurança. Além destas, eles querem satisfazer suas necessidades sociais (amor e pertença), de estima e, principalmente, de autorrealização.

POSTURA ATIVA EM RELAÇÃO À EVOLUÇÃO SOCIAL

As empresas interagem com o ambiente social em que operam, e devem acompanhar o processo de evolução da sociedade. Elas podem assumir duas posturas em relação a isto: adaptar-se às mudanças ou influir e/ou antecipar-se a elas.

A primeira alternativa, adaptar-se às mudanças que já ocorreram, caracteriza a postura **reativa,** que tem mostrado as seguintes limitações na prática:

- A adaptação da empresa às transformações exige grande esforço em um curto espaço de tempo, e não é possível avaliar todas as implicações das decisões e das mudanças efetuadas; essas mudanças asseguram no máximo a sobrevivência no curto prazo, mas nem sempre atendem ao crescimento e à continuidade.
- Se houver muitas mudanças em curtos intervalos de tempo, esse quadro tende a se agravar, pois nenhuma empresa consegue absorver várias mudanças, muitas vezes profundas, de forma contínua. Seria como se uma pessoa doente e debilitada estivesse sofrendo continuamente uma série de intervenções cirúrgicas profundas em pequenos intervalos de tempo e durante muito tempo.
- A postura "pragmática" de promover ações sobre o que aconteceu é mais confortável, e não exige esforço criativo, mas também não promove as oportunidades de inovação e de evolução.
- As adaptações exigem soluções rápidas que nem sempre permitem avaliar com clareza as causas; e normalmente geram ações que combatem os efeitos.
- Como essas empresas seguem o que a "lei manda", muitas de suas práticas não são orientadas para a melhoria do desempenho empresarial, mas para o atendimento à legislação. Elas não adotam, por exemplo, práticas de

administração de seus colaboradores que assegurem a eficiência, produtividade, crescimento e satisfação de sua equipe, e por isso são as mais afetadas pelas insatisfações dos funcionários.

- Essas empresas adotam uma posição fatalista: "não é possível planejar", "não temos controle sobre as mudanças originadas do ambiente externo", "tudo o que conseguimos até hoje foi sem planejamento". No Brasil, isto tem sido visível a cada conjunto de medidas governamentais, principalmente no campo econômico. Elas atingem todas as empresas, mas promovem maiores impactos naquelas que reagem a cada "pacote" do governo: mantêm as margens de lucro com reajustes de preços em níveis maiores do que a inflação, demitem pessoal, "queimam" os estoques etc. Quando, no início dos anos 1990, o governo brasileiro decidiu abrir o mercado para as importações, várias empresas foram surpreendidas, e sua reação foi ir buscar representação de produtos estrangeiros, abandonando sua tecnologia que levara anos para ser desenvolvida e aprimorada. Dessa forma, dilapidam, sem perceber, seu patrimônio humano, tecnológico, cultural e econômico.

A segunda alternativa, de influir e/ou antecipar-se às mudanças, caracteriza uma postura **ativa**, que predomina nas empresas válidas. As empresas que assumem esta postura como padrão de comportamento estão à frente dos fatos e tomam decisões hoje para assegurar não só sua sobrevivência, mas também seu crescimento e continuidade. Elas estão permanentemente procurando aumentar a produtividade, melhorar a qualidade de seus produtos e serviços, promover inovações permanentes, capacitar sua equipe e aprimorar sua administração. Não esperam ter problemas para fazer as mudanças necessárias. Apesar do sucesso, estão sempre procurando evoluir. Elas absorvem melhor os impactos das mudanças governamentais. Não condicionam a existência de leis para promover ações de sobrevivência, crescimento e continuidade. Muitos benefícios já estavam em prática há muito tempo em várias empresas bem antes de se tornarem leis ou programas de incentivo, como, por exemplo, a alimentação aos funcionários, os programas de formação e treinamento, o décimo terceiro salário, a participação dos colaboradores nos resultados.

Quantas vezes ao dia lemos e/ou ouvimos a frase: "... as rápidas e crescentes mudanças nos dias de hoje..."? Normalmente, ela é utilizada como argumento para justificar as ações que as empresas devem empreender para dar respostas a essas mudanças, para justificar a exiguidade do tempo e a necessidade da agilidade das empresas para fazer frente à velocidade das mudanças. Esta postura, já vimos, é reativa. As empresas válidas antecipam-se às mudanças, e sabem quais delas têm impacto significativo na empresa e qual é a natureza deste impacto. Elas são, na verdade, agentes de grande parte dessas mudanças por meio de novas tecnologias, novos produtos, novas aplicações, padrões excelentes de qualidade de produtos e de serviços aos clientes etc. As empresas válidas estão sempre atentas às tendências e evolução do ambiente externo. Estão também atentas em manter o ambiente interno criativo, produtivo e saudável. Esta não é uma tarefa fácil, mas muitas conseguem. Como esses esforços são feitos de forma planejada, essas empresas têm tempo para avaliar com clareza as alternativas e as respectivas implicações, analisar a capacidade de absorção das mudanças, definir os requisitos para a implementação e o momento mais oportuno. São, portanto, processos conscientes de evolução e mudança, que exigem, evidentemente, esforço, dedicação e investimento.

CONSCIÊNCIA E RESPONSABILIDADE

O pensamento e a ação das empresas válidas são, em todos os aspectos, conscientes e responsáveis. Elas sabem o que querem, o que devem fazer e o porquê. Suas decisões são refletidas, entendidas, aceitas e praticadas. Quando, na década de 1970, fui trabalhar na Philips, um dos primeiros pontos que muito me impressionou foi o fato de que tudo tinha sua explicação, uma justificativa da maneira pela qual eram feitas. Percebia-se claramente que as decisões tinham sido fundamentadas em estudos aprofundados, que haviam passado por um processo de reflexão envolvendo várias áreas e níveis da organização antes de terem sido tomadas. Anteriormente, tinha tido experiência em outras empresas que "queriam tomar decisões rápidas", "não queriam perder tempo com discussões", e tomavam decisões pontuais, isoladas, sem considerar todos os aspectos e as pessoas envolvidos nas decisões. Eram decisões que não se sustentavam por muito tempo por serem superficiais.

As empresas válidas definem com clareza sua razão de ser e seu campo de negócio, e estão atentas para não perdê-los de vista. Todos sabem quanto isto é importante. Várias empresas tiveram problemas sérios por terem decidido entrar em áreas de negócio que nada tinham a ver com sua vocação, comprometendo o desempenho e os resultados de seus negócios originais. Essas decisões foram muitas vezes baseadas em um aparente aproveitamento de oportunidades ou como estratégia de diversificação para proteger os resultados empresariais dependentes de um só campo de atuação. Em muitos casos, essas decisões tiveram o efeito inverso. Muito se fala hoje em dia das ameaças do ambiente externo. Elas certamente existem, mas devemos nos perguntar sempre se essas ameaças estão somente fora da empresa. Quando tiveram que se preparar para enfrentar a concorrência global, grandes empresas diversificadas tiveram que rever seus negócios e descobriram que muitos deles – os principais responsáveis pelo baixo desempenho global – não faziam parte de seu negócio original. Nem todos os casos mostram que a decisão de entrar nesses negócios – que afetam significativamente os resultados e a competitividade dos originais – tenha sido uma estratégia para fazer frente a uma ameaça do ambiente externo, uma "intuição" ou mesmo um gosto ou capricho de algum executivo influente, de onde se conclui que, nestes casos, a empresa deve ficar atenta às ameaças internas, e não às externas.

SISTEMAS TÉCNICOS E HUMANOS

Uma empresa válida é um sistema. Ela é composta por pessoas, utilidades, recursos, tecnologia, atividades, padrões de comportamento, processos e métodos, princípios, instalações e um conjunto de outras partes que são estruturadas e agem de forma integrada para a consecução das finalidades empresariais externas e internas.

Ela é também um sistema aberto. Está em interação dinâmica – influenciando e sendo influenciada – com seu ambiente externo, composto pelos vários subsistemas que integram a sociedade onde atua, fornecendo utilidades, obtendo recursos e praticando padrões de comportamento coerentes com as condições sociais estabelecidas.

E a empresa válida é também um sistema técnico-humano. Seu desempenho não depende apenas da definição formal de regras, de processos e métodos de trabalho, da tecnologia usada, da fixação de limites de autoridade, da disponibilidade de recursos e de outros requisitos técnicos necessários à atividade empresarial. Assim como um ser humano não pode ser definido apenas por suas características biológicas, sua estrutura óssea e muscular, funções de seus órgãos, uma empresa não pode ser definida nem entendida pela descrição de sua tecnologia, suas instalações, seus processos de trabalho, seus organogramas. As empresas não são apenas sistemas técnicos, são também sistemas humanos. Elas são integradas por pessoas, e seu desempenho depende da vontade e da disposição dessas pessoas para realizar as atividades e atingir os resultados. As empresas, como os seres humanos, têm sua personalidade, sua maneira de pensar e agir decorrente das necessidades, das convicções, crenças, valores e do comportamento das pessoas que as integram. É esta combinação das variáveis técnicas e humanas que irá permitir a eficácia da ação empresarial na obtenção dos resultados coerentes com as finalidades de cada empresa.

Esta visão da empresa como um sistema técnico-humano traz importantes implicações no seu processo de evolução, pois exige que as mudanças sejam feitas por uma abordagem adequada que contemple as variáveis técnicas e as humanas de forma equilibrada. Na prática, é comum que se coloque ênfase ou nas variáveis técnicas ou nas humanas, resultando em problemas na implementação de mudanças. Luiz Carlos de Queirós Cabrera, analisando as reações comportamentais (variável humana) com a chegada dos computadores (variável técnica) nas empresas brasileiras, constata as dificuldades de aceitação que tiveram na fase inicial:

> O homem de sistemas não veio preparado para o relacionamento humano. Ele não olhou para a empresa como sendo um sistema social, não sabia que a empresa tem cultura, tem escalas de valores e, portanto, ele não entendeu as pessoas que já estavam posicionadas na empresa. Ele não entendeu que quando implantava um sistema estava introduzindo uma mudança na empresa, e que quando se tem uma mudança sempre há uma reação. Ele também não entendeu que estava alterando a escala de valores sociais da empresa. Então gradativamente ele foi perdendo o apoio do usuário.[4]

LUCRATIVAS

O fato de não considerar o lucro como sua finalidade básica dá a falsa impressão de que para as empresas válidas o lucro não é um objetivo. Mas isto não é verdade. Elas consideram o lucro importante e necessário, mas o consideram um meio para sua sobrevivência e desenvolvimento, e não a razão de ser da sua existência, como mostrei em várias declarações de executivos e empresários nos capítulos anteriores. O mais interessante é que, apesar de não priorizarem o lucro, na prática, as empresas válidas se mostram mais lucrativas que as de visão econômica, como demonstram vários estudos. Em um deles, Collins e Porras pesquisaram o desempenho econômico das empresas incluídas em seu livro *Feitas para durar*. Ao estudar os retornos financeiros dos investimentos no mercado de ações, eles demonstraram que as empresas visionárias, com as características das empresas válidas, tiveram ao longo da história um desempenho econômico mais de seis vezes maior que o das empresas que utilizaram para comparar, estas claramente orientadas para o lucro.[5]

FALÍVEIS

A sensação que ficamos quando ouvimos falar das empresas válidas é que nelas "o céu é cor-de-rosa". Um executivo me disse: "Você estava sonhando quando escreveu sobre empresas válidas, elas não existem no mundo real". O mundo real parece muito cruel, bem diferente do que estamos discutindo aqui. É compreensível esta reação, pelo fato de que a maioria das empresas não age assim. Então, é bom também fazer uma importante ressalva. As empresas válidas não são sempre totalmente virtuosas; estão sujeitas a falhas, e as cometem. Nem sempre cuidam de todos os pontos com a atenção devida. Temos que reconhecer que a atividade empresarial é complexa, sujeita a pressões dos mais diversos agentes, exige competências diversificadas e, principalmente, que as empresas são criadas, dirigidas e operadas por seres humanos. Não admitir falhas em tal contexto não acredito ser razoável. O importante é que as empresas válidas superam esses momentos e voltam à sua prática normal.

Mas também devemos tomar cuidado quando tentamos desqualificar uma empresa por uma falha específica, pontual, muitas vezes cometida por um ou um pequeno grupo de colaboradores. Um médico, meu amigo, reagiu quando, em uma conversa, eu estava fazendo elogios a uma grande empresa multinacional fabricante de equipamentos médicos, dizendo que era uma empresa corrupta, que lhe tinha oferecido dinheiro para optar pela compra de um equipamento seu. Na verdade, tratava-se de ato isolado de um vendedor, e não um padrão de conduta da empresa. Conheço casos similares a este, mas todos eles resultaram em demissões dos agentes corruptos.

MODERNAS E ETERNAS

As empresas válidas sabem que para cumprir suas finalidades devem promover as inovações e as mudanças necessárias para acompanhar e estar permanentemente sintonizadas com a evolução dos ambientes externo e interno. Mas também têm consciência sobre suas tarefas permanentes, que não devem mudar só para aderir aos "modismos" que frequentemente surgem no campo da administração empresarial. Já não me lembro mais quantos foram os temas "modernos" de administração que desapareceram com a mesma rapidez com que surgiram. Alguns deles: administração por objetivos, CCQ, *just-in-time* e outras técnicas gerenciais japonesas (que vieram e desapareceram várias vezes), unidades estratégicas de negócios (por vezes chamadas de centros de resultados), análise transacional, administração participativa (que também frequentemente volta à cena), participação nos lucros (já prevista na nossa Constituição de 1946), planejamento estratégico e outras. Nos anos 1990, falávamos em produtividade, qualidade, ISO 9000, participação, parceria. Mais recentemente, estamos falando em responsabilidade social, ética, sustentabilidade. São ondas que surgem, e nós, com entusiasmo, aderimos a elas com livros, cursos, seminários, consultorias, revistas especializadas, debates, associações. E até as aplicamos em nossas empresas. Certas empresas que adotaram algumas dessas técnicas até receberam prêmios, que nem sempre consideraram os resultados reais que a implantação dessas técnicas trouxeram. Não é fácil resistir a esses "modismos".

A maioria das empresas, porém, não consegue os resultados que são prometidos por esses "modismos", pelas seguintes razões: (1) são aplicados sob a forma de programas específicos ("pacotes") e (2) são focados como soluções para todos os problemas, na expectativa de resultados imediatos. Recordo-me de que, certa vez, o presidente de uma empresa brasileira para a qual prestava serviços de consultoria, chegando de um seminário, disse em uma reunião da diretoria: "Eu quero que a filosofia da nossa empresa seja a da administração por objetivos". A resposta dos diretores foi: "Já está sendo!". Diante da perplexidade do presidente, eles explicaram: estava em curso na empresa a implantação de um sistema gerencial, com enfoque nos resultados, baseado nos pressupostos preconizados na "administração por objetivos" (diga-se, de passagem, que a administração sempre foi por objetivos). E lembraram ao presidente que ele havia participado ativamente da discussão desse sistema e aprovado sua implantação. Mas como o sistema não tinha uma etiqueta, percebeu-se que o presidente não tinha conseguido fazer a correlação entre ele e a "administração por objetivos". O presidente entendia que a administração por objetivos era um "pacote" a ser aplicado mecanicamente, sem grande esforço e com resultados imediatos. Mas, ao contrário, sua aplicação à realidade específica da empresa exigia mais: a definição clara dos parâmetros de avaliação de desempenho, a descentralização organizacional, a redefinição do processo decisório, a capacitação dos gerentes no campo da administração, a estruturação de sistemas de informações gerenciais para planejamento e controle dos resultados, entre outras. A previsão da equipe envolvida na concepção do sistema era a de que os resultados só poderiam ser avaliados um ano após a implementação. Pouco tempo depois, esse mesmo presidente falava em CCQ, informática e outros temas "modernos" na época (1983). No Brasil, somos muitos eficazes em rapidamente tornar obsoletos os conceitos e as inovações no campo da administração, mesmo sem entender toda sua extensão e, o que é pior, sem ter a experiência prática da sua aplicação. Um bom conceito não entendido é mal aplicado e, portanto, não traz os resultados esperados (nem no tempo, nem no conteúdo). E uma vez que deu errado, "já era".

Muitas vezes julgamos estar lidando com ideias modernas, mas, na verdade, são conceitos que já vêm sendo pensados e praticados há anos. Collins e Porras descobriram que a "melhoria contínua", uma moda dos anos 1980, já era usada há muito tempo nas empresas que estudaram: Procter and Gamble, desde 1850; 3M, na década de 1910; Marriott, desde 1927; HP, desde a década de 1940. Mas, o mais importante, constataram que essas empresas aplicaram o conceito de melhoria contínua não como um "pacote" para promover melhorias de processos, mas como um processo permanente de "fazer tudo o que for possível para tornar a empresa mais forte amanhã do que é hoje".[6] A Matsushita, no início da década de 1930, criou divisões, cada uma cuidando de uma linha de produtos e com autonomia de administração do seu setor, antecipando em 20 anos o conceito de divisionalização.[7] Até hoje são adotados os conceitos de administração criados por Fayol no final do século XIX.

Com a Internet, surgiu a possibilidade do ensino a distância. Aparentemente algo novo, mas não é. Este tipo de ensino já existe no Brasil desde a década de 1930, graças ao imigrante húngaro Nicolas Goldberger, que se instalou em São Paulo, fugindo da perseguição nazista, e passou a oferecer um curso de radiotécnico por meio de apostilas enviadas pelo correio. Era o Instituto Monitor, a primeira escola brasileira de ensino a distância, que mantinha um laboratório onde os alunos podiam praticar gratuitamente o que aprendiam nas apostilas. Até 2008, quando eram oferecidos 37 cursos diferentes, já haviam se matriculado na escola 5 milhões de alunos.[8] Várias vezes me perguntam se empresa válida é um conceito moderno e, enfaticamente, respondo: Não! Tenho muito medo de que as pessoas pensem que se trata de mais um modismo. O leitor pode constatar pelos exemplos aqui dados que muitos deles são práticas ou declarações feitas há mais de cem anos.

Ser moderno não é estar na moda; a moda é passageira. As empresas válidas sabem, por exemplo, que as exigências de qualidade dos produtos, satisfação dos clientes, produtividade, qualidade de vida, responsabilidade social, não são preocupações modernas, são eternas, e por isso devem receber atenção permanente. Elas não condicionam os esforços de melhorias do desempenho empresarial às "ondas de modernidade", e também não adotam mecanicamente as "receitas de bolo" baseadas em experiências realizadas em contextos diferentes do seu.

Ao escrever sobre isso no livro *Sistemas de gestão empresarial*, quando estava refletindo sobre o impacto dos modismos na administração, eu buscava uma imagem que pudesse passar com clareza minhas reflexões. Foi então que Tom Jobim, em uma entrevista, fez referência a um poema de Carlos Drummond de Andrade, que me deu a resposta que estava procurando. Era uma entrevista sobre bossa-nova, movimento musical que surgiu no Brasil em 1958 do qual Tom Jobim foi um dos pioneiros. A bossa-nova teve enorme influência na música brasileira, e também no exterior e, mesmo depois de seu auge ter passado, de tempos em tempos ressurgia com o lançamento de livros, relançamentos dos primeiros discos do movimento, músicos brasileiros incluindo músicas bossa-nova em seus novos discos, músicos estrangeiros incorporando elementos da bossa-nova em suas músicas, em suas interpretações. Toda vez que surgiam essas ondas, Tom Jobim era procurado para dar entrevistas. Em uma delas, perguntaram sua opinião sobre o fato de a bossa-nova estar novamente na moda e, sábio, ele respondeu, citando um trecho do poema "Eterno", de Carlos Drummond de Andrade: "e como ficou chato ser moderno / agora decidi ser eterno". Esta era a imagem que eu precisava! A bossa-nova, depois de seu sucesso inicial, tinha deixado de ser moderna, mas não morrera. Incorporara-se definitivamente à música brasileira, e continuava influenciando a música do mundo inteiro. Era possível notar sua presença nas músicas, harmonia, arranjos, formações musicais. Ela havia se tornado eterna.

Assim também acontece com a administração. Há um conjunto de novos conceitos que são incorporados à prática e passam a ser usados de forma permanente. Isso não quer dizer que tudo deve ser feito sempre da mesma forma. A inovação deve existir, e a preocupação com ela também deve ser permanente. O que não pode acontecer é a "ilusão do modernismo" produzida pelos modismos. A modernidade só acontece quando uma nova ideia torna obsoleto um paradigma, um conceito permanente que a empresa vem adotando em sua administração. O **moderno** promove mudanças **qualitativas** na empresa. Quando, por exemplo, a empresa decide substituir sua abordagem mercadológica voltada à eficiência operacional pela criação de valor para o cliente, está fazendo uma mudança importante de paradigma. Uma vez implementadas, as inovações modernas são incorporadas à prática da empresa, e passam a ser eternas. Quando uma ideia não altera os paradigmas da empresa, mas apenas promove melhorias no que ela já vem fazendo, não se caracteriza como uma inovação moderna, e sim uma mudança no que é eterno, ou seja, uma maneira melhor de fazer o que já vinha sendo feito. As inovações no **eterno** promovem mudanças **quantitativas** que não alteram paradigmas. Uma inovação que melhora a qualidade do produto, por exemplo, não é uma modernidade. A qualidade reflete a adequação do produto ao uso que vai ser feito dele, e este sempre foi um requisito fundamental que caracteriza um produto de valor (utilidade) para um cliente. Ele deve ser um fator de preocupação permanente da empresa. Assim como um novo serviço ao cliente que promove melhorias nas práticas voltadas à eficiência operacional no atendimento dos clientes, mas que não muda o paradigma de criar valor para o cliente.

Uma ideia inovadora pode contar com aspectos de modernidade e de eternidade. O exemplo da automação é bom para ilustrar. As melhorias de qualidade e de produtividade que a automação promove são inovações em tarefas permanentes (eternas) da administração. Por outro lado, ao mudar o perfil das habilidades requeridas na empresa, desviando o foco da atenção das habilidades manuais e do esforço físico para o conhecimento e o esforço intelectual, a automação promove mudanças qualitativas (modernas) na forma de administrar as pessoas. Ela exige a administração do conhecimento, o que é qualitativamente diferente da administração das habilidades manuais e do esforço físico, e implica revisão profunda das políticas e práticas da gestão de pessoas sobre remuneração, educação, plano de carreira, motivação, supervisão, avaliação de desempenho etc.

Peter Drucker, falando sobre a Revolução da Informação e comparando-a com outras duas evoluções tecnológicas: a Revolução da Imprensa iniciada por Gutenberg em 1455, e a Revolução Industrial no final do século XVIII, conclui que, nos primeiros 50 anos, essas revoluções tecnológicas não provocaram mudanças profundas, apenas mecanizaram a produção de bens já existentes, produzindo enormes efeitos sobre os custos, preços e volumes produzidos, ou seja, produziam ganhos quantitativos significativos nas atividades que estou chamando aqui de eternas, mas não promoveram mudanças qualitativas que estou chamando aqui de modernas, que só viriam a acontecer 50 anos depois dessas evoluções terem sido iniciadas. No caso da Revolução Industrial, os primeiros produtos fabricados pela máquina a vapor já existiam anteriormente: produtos têxteis, papel, vidro, couro, tijolos. A máquina a vapor foi montada pela primeira vez em 1776, mas foi em 1829 que, atrelando o vagão a uma máquina a vapor, surgiu a estrada de ferro, agora sim, um produto inusitado que traria impactos profundos (modernos) na economia, na sociedade e na política. No caso da imprensa, os livros impressos nos primeiros 50 anos eram em grande parte os mesmos textos que os monges vinham copiando há séculos, só que agora em uma quantidade maior e a preços cada vez mais acessíveis. A impressão da *Bíblia* de Lutero, cerca de 60 anos após Gutenberg, foi a grande inovação da Revolução da Imprensa, com impactos profundos na religião. Já a Revolução da Informação, iniciada com a chegada dos primeiros computadores em meados da década de 1940, também ficou restrita a automatizar os processos existentes, tornando-os muito mais velozes, reduzindo enormemente os erros, exigindo muito menos intervenção humana no processamento das rotinas. Mas não mudaram significativamente os processos. O que na Revolução da Informação trouxe mudanças significativas foi o comércio eletrônico, que eliminou as distâncias, e tornou as empresas expostas à concorrência global.[9]

Os aspectos de modernidade e de eternidade de uma ideia inovadora devem ser distinguidos e receber tratamento diferenciado. Vimos acima, no exemplo da automação, que os impactos das mudanças qualitativas (modernidade) são diferentes das inovações que promovem melhorias nas práticas vigentes, mas que não mudam paradigmas (eternidade). As empresas que não conseguem enxergar a extensão das inovações não fazem as mudanças completas; apenas incorporam as inovações mais aparentes. Tive a oportunidade de participar, no final da década de 1960, da implantação dos computadores de grande porte no Brasil. O que fazíamos era mecanizar os sistemas de informação existentes, até então processados manual ou mecanicamente. Os sistemas implantados no computador eram praticamente os mesmos operados manual ou mecanicamente, apenas promoviam uma enorme velocidade de processamento dos dados, com praticamente nenhuma margem de erros e a possibilidade de produzir rapidamente informações que manualmente exigiam muito tempo para ser obtidas. Mas, em paralelo a essas mudanças (eternas), estava acontecendo uma grande mudança (moderna), que tanto a empresa onde eu trabalhava como as outras que haviam adquirido computadores, demoraram alguns anos para perceber. Antes dos computadores, os dados eram processados pelas pessoas. Ao transferir o processamento para o computador, as pessoas foram liberadas e, com o tempo livre, poderiam ter sido remanejadas para usar as informações produzidas pelos sistemas mecanizados a fim de fazer uma gestão mais inteligente e mais eficaz dos resultados empresariais. Mas, não. Sua função deixava de existir, e elas eram demitidas ou transferidas para outros setores onde havia vagas. Aproveitá-las em outra nova função envolveria ter clareza das novas atividades onde seriam aproveitadas e promover um amplo programa de capacitação, o que significava mudar o chamado "perfil ocupacional" da empresa, esta sim uma mudança moderna. Lembro-me de que um dos sistemas de que participei durante a implantação foi de controle de estoques de suprimentos. Sabíamos que uma gestão mais inteligente dos altos investimentos feitos nos estoques de suprimentos resultaria em ganhos muito significativos. Mas, não. Com a implantação do sistema no computador, um departamento inteiro foi eliminado, um conjunto de funções deixou de existir para sempre – uma delas, eu me lembro, era a função de "kardexista", destinada a registrar as movimentações de entrada e saída de estoque em formulários denominados fichas kardex –, e as pessoas foram dispensadas. E era interessante que, passado o período inicial de euforia com a nova tecnologia, eram frequentes os pedidos da alta administração de demonstração do retorno sobre os altos investimentos que haviam sido feitos nos computadores. O que se tinha para demonstrar eram apenas os ganhos dos cortes de pessoal, quando os ganhos com uma gestão inteligente teriam tido mais significado.

Para poder ter uma visão completa dos aspectos de modernidade e eternidade, a empresa deve dispor de capacidade de percepção e compreensão da evolução e das tendências das mudanças externas e internas para, em seguida, avaliá-las à luz de seus paradigmas e identificar seus impactos, conforme ilustrado na Figura 4.1. Esta capacidade de percepção depende do nível de consciência que a empresa tem de sua realidade e de seus paradigmas. Se este nível for baixo, ela fica exposta aos "modernismos", e vai para diferentes direções de acordo com a moda.

As empresas conscientes de suas tarefas permanentes estão sempre inovando e aprimorando suas práticas, e, por isso, ficam menos vulneráveis aos modismos do que as empresas "modernas". Isto envolve uma abordagem adequada para tratar as mudanças. Em primeiro lugar, é preciso gastar um bom tempo para entender e analisar os impactos das mudanças, buscando respostas para questões, como: O que esta nova ideia contribui para os nossos objetivos? Quais serão os impactos das inovações na nossa cultura, estágio, práticas atuais? Quais são os conceitos e premissas subjacentes a essas novas ideias? Eles estão coerentes com nossa filosofia empresarial e de gestão? Depois disso, as empresas precisam decidir se vão ou não aplicá-las. Quando decidem que sim, sabem que a mudança vai exigir esforço, dedicação e paciência, que não dá para fazer quando sobrar tempo ou em reuniões "fora do expediente para não atrapalhar o trabalho". Para conceber e implementar a mudança, elas destacam um executivo dedicado ao programa, promovem o envolvimento da equipe de direção e gerencial; estabelecem um programa objetivo de trabalho, acompanham o andamento do programa e fazem a avaliação do progresso e dos resultados.

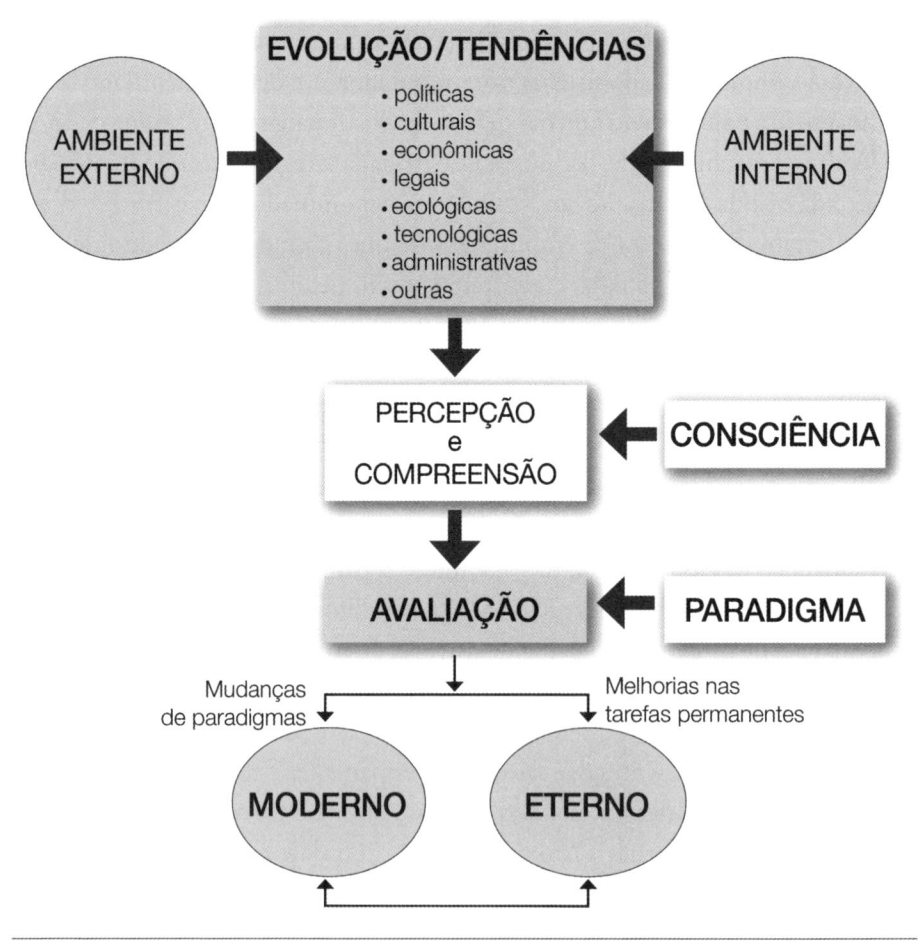

```
                    EVOLUÇÃO / TENDÊNCIAS
                         • políticas
                         • culturais
    AMBIENTE      →      • econômicas      ←      AMBIENTE
    EXTERNO              • legais                 INTERNO
                         • ecológicas
                         • tecnológicas
                         • administrativas
                         • outras
                              ↓
                        PERCEPÇÃO
                             e          ←      CONSCIÊNCIA
                       COMPREENSÃO
                              ↓
                        AVALIAÇÃO       ←      PARADIGMA
                              ↓
        Mudanças                     Melhorias nas
      de paradigmas ↓              ↓ tarefas permanentes
         MODERNO                      ETERNO
              ↑                          ↑
              └──────────────────────────┘
```

Figura 4.1 – A natureza das mudanças: o moderno e o eterno

PARTE 2

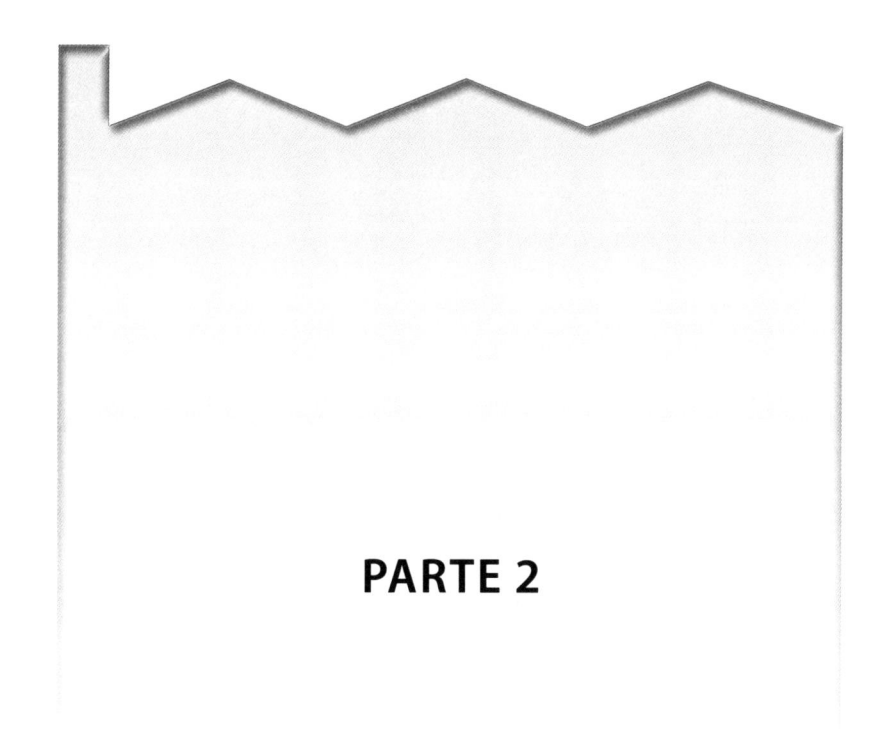

A TAREFA EMPRESARIAL DAS EMPRESAS VÁLIDAS

Depois de definir com clareza sua razão de ser e as finalidades pelas quais existe, o próximo desafio das empresas é saber o que fazer para produzir os resultados que atendem a essas finalidades. Elas precisam, então, identificar quais são as atividades essenciais às quais devem se dedicar. O conjunto dessas atividades essenciais constitui a tarefa empresarial. A execução eficiente desta tarefa vai conduzir aos resultados empresariais coerentes com suas finalidades.

Como a tarefa empresarial baseia-se na razão de ser, ela é diferente conforme o modelo adotado pela empresa. Tendo em vista que a tarefa empresarial se reflete na prática das empresas, é possível identificar o modelo empresarial adotado verificando sua prática. A definição clara das atividades essenciais que integram a tarefa empresarial permite que seja mais fácil identificar as contribuições esperadas das diferentes áreas/funções da empresa para a consecução dos resultados empresariais.

Para chegar à tarefa empresarial das empresas válidas, procurei identificar atividades que eram relacionadas com suas finalidades e cuja contribuição aos resultados empresariais era significativa. Ao examinar a razão de ser das empresas válidas na Parte 1, vimos que elas devem ser capazes de produzir utilidades de forma contínua, a fim de satisfazer às necessidades – atuais e novas – dos clientes; que suas realizações devem atender aos motivos e objetivos de seus empreendedores e colaboradores; que usam os recursos sociais de maneira produtiva; que sua conduta respeita os padrões estabelecidos pela sociedade e está coerente com as convicções de seus empreendedores e é aceita internamente. Além disso, vimos também que as empresas válidas têm um conjunto de características comuns: são instituições permanentes que contribuem para o desenvolvimento do sistema social; adotam uma postura ativa buscando uma evolução que garante não só sua sobrevivência, mas também seu desenvolvimento e continuidade; buscam nas ações externas e internas o equilíbrio entre variáveis técnicas e humanas; estão atentas tanto ao ambiente externo quanto ao interno; tratam seus colaboradores como talentos e oferecem oportunidades para que se realizem; constroem relações genuínas que vão além dos interesses econômicos; sabem tratar adequadamente as inovações (as mudanças modernas e as eternas); tratam os assuntos com consciência e responsabilidade; são lucrativas.

É natural que este exercício de identificar as atividades relacionadas com a razão de ser da empresa produza uma lista extensa e detalhada de atividades, o que, na prática, não constitui um bom guia para a ação. As atividades precisam, então, ser agrupadas para poder resultar em uma tarefa empresarial sucinta, significativa, e que reflita com clareza as ações que as empresas válidas precisam empreender para obter os resultados coerentes com sua razão de ser. A fim de fazer esta síntese, estabeleci os seguintes critérios para selecionar e agrupar as atividades:

- Ser comuns à prática da maioria das empresas válidas.
- Refletir a essência da ação a ser empreendida, ou seja, ser vinculadas claramente aos resultados pretendidos.
- Ser claras a fim de orientar objetivamente a ação, evitando definições vagas, tais como competitividade, qualidade, produtividade, eficiência, rentabilidade, que não ajudam a definir claramente a ação a ser empreendida.
- Ser eficazes, ou seja, capazes de produzir os resultados esperados;
- Produzir um resultado comum, ou seja, diferentes atividades que contribuem para um mesmo resultado devem ser agrupadas.
- Ser sucintas, não detalhadas;
- Ser abrangentes, cobrindo múltiplos aspectos – tangíveis e intangíveis – do esforço empresarial – externo e interno – para se chegar aos resultados esperados, incluindo utilidades, clientes, colaboradores, empreendedores, recursos, conhecimentos, inovação, postura/comportamento/conduta, sobrevivência, desenvolvimento e continuidade.

Com base nesses critérios, deduzi, pela observação da prática das empresas válidas, as seguintes atividades essenciais que constituem sua tarefa empresarial:

1. Criar produtos de valor (utilidades)
2. Criar e manter clientes satisfeitos
3. Promover a capacidade de evolução deliberada
4. Atrair, desenvolver e manter talentos
5. Construir e manter relações significativas
6. Usar os recursos produtivamente
7. Praticar princípios de conduta aceitos
8. Obter um lucro justo

Essas atividades têm uma estreita relação entre si, não obedecem a qualquer hierarquia e se complementam na consecução dos resultados empresariais globais. Assim, todas devem ser executadas permanentemente, apesar de poder haver ênfase diferente em atividades diferentes, em diferentes momentos. Vou examinar cada uma destas atividades, em seus aspectos essenciais nos capítulos que compõem esta Parte 2.

Para ilustrar melhor o efeito da tarefa empresarial na prática das empresas, vou comparar as atividades das empresas válidas com as atividades correspondentes das empresas que atuam de acordo com a visão econômica clássica, deduzidas com base nos mesmos critérios usados na definição da tarefa empresarial das empresas válidas. A finalidade das empresas de visão econômica, já vimos no Capítulo 1, é maximizar o lucro. Dentre suas características, elas pensam, decidem e agem dentro, exclusivamente, de parâmetros econômicos; atuam no "mercado" com base na lei da oferta e procura; priorizam o corte de custos; seus colaboradores são considerados mão de obra e tratados como recursos a serem otimizados; orientam sua conduta pela legislação; suas relações são baseadas em premissas de natureza econômica; buscam a maximização dos lucros. A comparação da tarefa empresarial destas empresas com as empresas válidas é ilustrada na Figura 5.1.

EMPRESA VÁLIDA	EMPRESA VISÃO ECONÔMICA
Criar produtos de valor (utilidades)	Fabricar/comprar e vender bens e serviços (produtos)
Criar e manter clientes satisfeitos	Praticar preços baseados na oferta e procura
Promover a capacidade de evolução deliberada	Adaptar-se às mudanças
Atrair, desenvolver e manter talentos	Otimizar a mão de obra
Construir e manter relações significativas	Assegurar medidas de proteção aos seus negócios
Usar os recursos produtivamente	Cortar custos e comprar barato
Praticar princípios de conduta aceitos	Cumprir a legislação
Obter um lucro justo	Garantir o lucro máximo

Figura 5.1 – Comparação da tarefa empresarial

CAPÍTULO 5

CRIAR PRODUTOS DE VALOR (UTILIDADES)

As empresas que atuam com base na visão econômica clássica concentram-se em um conjunto de atividades destinadas a atingir os volumes de produção e vendas que estabeleceram como meta para seu crescimento e lucratividade. Sua tarefa empresarial é **fabricar/comprar e vender bens e serviços (produtos)**. Elas dirigem suas vendas de acordo com a capacidade da fábrica, buscando a utilização plena da capacidade de produção. Sua ênfase não está nos benefícios que os produtos trazem aos clientes, mas nos volumes que devem produzir e vender para atingir o lucro desejado. A estratégia fundamental para seu crescimento é o aumento da capacidade de produção e/ou volume de vendas. Lembro-me de uma reportagem extensa sobre um fabricante de produtos de plásticos em uma revista especializada, na qual se falava com grande entusiasmo nos investimentos e etapas do programa de expansão da fábrica. Em todo o longo texto, só se falava nos volumes de produção, e em nenhum momento o cliente foi citado. Essas empresas produzem uma variedade limitada de produtos para não comprometer o volume de produção. Elas buscam a produtividade operacional, estabelecendo para isto o *"mix"* de produção que otimize ao máximo o uso da capacidade da fábrica. As empresas de visão econômica não estão preocupadas com os esforços de criação, inovação e adequação dos seus produtos às necessidades dos clientes. Ao contrário, copiam os produtos de outras empresas: "para que reinventar a roda?", perguntam-se. Por isso o conceito de *commodity* é tão difundido nessas empresas. Ao considerar que os produtos são todos iguais, elas colocam a ênfase nos volumes e nos preços. A experiência da Starbucks ilustra como é possível diferenciar um produto tido como *commodity*: o café.[1] O que era inimaginável a Starbucks tornou realidade: cobrar 3 a 4 dólares por um copo de café. A primeira coisa para tornar isto possível foi enxergar o produto de maneira mais ampla. Orin Smith, CEO da Starbucks, explica:

> A atmosfera das lojas, a conexão com as pessoas que trabalham lá – tudo isso faz o produto deixar de ser apenas um copo de café. Outra coisa é que este é um produto que foi feito artesanalmente para o consumidor. Não se trata de um café feito na máquina de coar. Bebidas feitas artesanalmente sugam bastante mão de obra. Mas os consumidores estão cientes de que não podem comprar esse produto por menos de 1 dólar. Além disso, eles ainda gostam de andar pelas ruas segurando o copo com a logomarca da Starbucks. Tudo isso está incluído no preço. Muitas vezes, ainda, o público interessado em responsabilidade social aceita pagar mais. Isso nos torna capazes de pagar o preço mais alto de café do mundo para os fazendeiros.

Orin Smith conta que a Starbucks também mudou os fundamentos nos quais estava apoiado o mercado do café:

> Tiramos do café o caráter de produto primário. Antes de chegarmos a esse setor, a única coisa que importava era o preço. Quanto mais barato, melhor era o café. Os grandes torradores cortaram custos para tornar seus produtos baratos. Depois, começaram a substituir cafés caros por grãos de qualidade e preços inferiores. Além disso, usaram seu poder de compra para forçar os fazendeiros a baixar os preços. Assim, os torradores podem vender café cada vez mais barato. Mudamos esse paradigma. Hoje, há um mercado em que o preço e a qualidade são superiores.

Além dessas inovações, a Starbucks também desenvolve um conjunto de ações que contribuem para tornar a empresa atrativa. É uma das 100 melhores empresas americanas para se trabalhar; paga aos fazendeiros, seus fornecedores, mais que o dobro pago no mercado; criam cooperativas de cultivo de grãos; estão permanentemente inovando para melhorar o conforto das lojas: poltronas de veludo, jazz como música de fundo, conexão de alta velocidade para os usuários de *laptop*, pedido expresso para abreviar o tempo de espera pelo café.

Ao contrário das empresas de visão econômica, nas empresas válidas a preocupação fundamental é a de atender adequada e permanentemente às necessidades de bens e serviços dos seus clientes. Para cumprir esta finalidade, elas precisam criar produtos de valor, ou seja, precisam ter utilidades que atendam a essas necessidades. E este não é um assunto da engenharia ou da produção; estas funções apenas desenvolvem e fabricam produtos; sozinhas elas não criam utilidades. Os produtos (bens e serviços) devem atender a um requisito básico para se tornarem utilidades: satisfazer às necessidades de pessoas representativas da sociedade que a empresa se dispõe a atender: os clientes. Esta é uma grande diferença entre as empresas válidas e as de visão econômica: enquanto estas últimas vendem o que fabricam, as primeiras fabricam o que vendem.

Para as empresas válidas, o verdadeiro conceito de qualidade é a adequação perfeita e contínua de uma utilidade ao atendimento das necessidades de seus clientes. Para ilustrar, vejamos como José Carlos Teixeira Moreira define os requisitos de qualidade para os produtos industriais:

> Projetar um produto ou serviço significa partir de uma ideia técnica, atual, respeitadora do elenco de valores tecnológicos aceitos pelos clientes, em sintonia com o estágio tecnológico do sistema dos clientes, com boa dose de inovação, otimizadora dos recursos do país, à qual se vai agregando outros insumos, tangíveis e intangíveis que façam com que o bem criado possa gerar tal elenco de benefícios que, a seus clientes, seja possível maximizar suas receitas, dando origem a produtos finais de padrão elevado a preço competitivo.[2]

A qualidade, portanto, significa que a utilidade deve atender ao que é realmente de valor para os clientes a que serve. E esta não é uma questão simples, pois o valor de uma utilidade não é algo "visível", tangível, racional. Por isso nem sempre o cliente reconhece o valor que a empresa acredita estar agregando às suas utilidades. Ou, ao contrário, às vezes o cliente percebe valor em pontos que a própria empresa não havia imaginado ao conceber suas utilidades. Além disso, o valor tem significado único para cada pessoa, porque está relacionado com questões emocionais próprias e individuais. Por isso, não há como deixar o cliente fora do julgamento do valor de uma utilidade. Eis alguns ensinamentos preciosos sobre valor de José Carlos Teixeira Moreira:[3]

- Somos movidos e nos movemos por aquilo que tem valor para nós
- Os valores para uma pessoa se apresentam simbolicamente como uma série de convicções originais – muitas delas herdadas de sua história de vida, carregadas de significados oriundos de experiências profundamente

- marcantes –, expressadas por meio de gestos, sutilezas e detalhes que adquirem materialidade mesmo sendo invisíveis.
- Valor é aquilo pelo qual a nossa vida ganha sentido e faz assegurar a nossa singularidade como protagonistas da nossa própria existência como seres únicos.
- Quando nos convidam para alguma coisa ou nos oferecem algo, como um produto ou serviço, se aquilo não tiver uma relação simbólica ou um valor maior para nós, não damos nenhuma atenção ou descartamos, pois não passa de um nada ou de um mero gesto desprovido de significado. [...] Qualquer manifestação que pretenda ser marcante para alguém precisa estar em sintonia direta ou indireta com valores essenciais para aquela pessoa.
- Atribuir valor é uma obrigação de quem recebe, em hipótese alguma de quem entrega alguma coisa (....) só eu sei se algo tem valor para mim e como eu estou me sentindo realizando ou não o que espero que seja realizado. Por aí já dá para se perceber o desastre que acontece quando alguém tenta assumir o nosso papel, a nossa história, e passa a nos dizer quanto de valor tem aquilo para nós! Valor é responsabilidade do cliente. Um fabricante pode dizer quanto custou o produto, mas jamais o valor que ele tem para quem irá comprá-lo.
- No mundo dos negócios a reflexão sobre valor, por ser algo que não é objetivo, algo que não pode ser medido, ficou esquecida. Ela era confundida com preço e com os benefícios tangíveis do produto para o cliente. Eram as próprias empresas que atribuíam valor a seus produtos com base no qual calculavam os preços. As pesquisas sobre valor, no entanto, colocam os preços em sétimo lugar na prioridade dos clientes.

A tarefa de criar produtos de valor (utilidades) começa por identificar quais necessidades – atuais e novas – a empresa tem vocação para atender. Após selecionar as necessidades – que nem sempre estão aparentes –, é preciso criar soluções para atendê-las e transformar essas soluções em utilidades, agregando as características tangíveis e intangíveis: durabilidade, segurança, facilidade de uso, forma, aparência, beleza, serviços, preços e outras, concebidas de acordo com as necessidades a serem atendidas. Em seguida, a empresa precisa produzir e colocar as utilidades à disposição de quem vai utilizá-las, pois enquanto estiverem dentro da empresa, não atendem às necessidades de clientes, e, portanto, não são utilidades. Depois, a empresa precisa saber se as utilidades estão atendendo adequadamente às necessidades dos clientes. Além disso, uma empresa válida está sempre procurando acompanhar a evolução das necessidades, aprimorando e principalmente descobrindo novas utilidades para atendê-las.

Vários autores insistem que a procura para acompanhar a evolução das necessidades dos clientes não é restrita à identificação das tendências das tecnologias, mas que as inovações de produtos devem se basear nas tendências sociais:

> As inovações sociais tendem a ser mais profundas do que qualquer inovação tecnológica isolada, descoberta com relação ao mercado ou novo produto. São as inovações sociais que possibilitam o surgimento de todas as outras inovações. Vou dar alguns exemplos do que quero dizer com "inovações sociais". Para a sociedade, a invenção das eleições livres, do governo representativo, da propriedade privada, do dinheiro como mecanismo de troca e dos sistemas modernos de ensino destacam-se como inovação social significativa que cria condições para o surgimento de outras inovações. As inovações sociais desse tipo têm movido a sociedade mais do que a invenção do telefone, do telégrafo, do trem ou do automóvel. A invenção das empresas de capital aberto contribuiu muito mais para inovações e para o Vale do Silício do que a do microprocessador e a do computador pessoal.[4]

Em síntese, vejamos o que caracteriza os produtos de valor (utilidades).

FOCO NO ATENDIMENTO ÀS NECESSIDADES DOS CLIENTES

Produto é o que a fábrica faz; utilidade é a contribuição do produto para a satisfação de necessidades dos clientes. Utilidade não é descrita por suas características físicas e/ou tecnológicas, mas pelas necessidades que vai atender. O foco da utilidade é, portanto, a capacidade que o produto tem de atender às necessidades dos clientes:

> [...] o que o consumidor compra e considera de valor nunca é um produto. É sempre uma utilidade, isto é, o que o produto ou serviço faz por ele.[5]

Para Philip Kotler, utilidade é "a estimativa do cliente da capacidade total dos produtos em satisfazer suas necessidades", ou seja, para atender suas necessidades o cliente dispõe de um conjunto de produtos dentre os quais haverá um que, no seu julgamento, é o que melhor atende suas necessidades. Este "produto ideal" é a utilidade.[6]

Eis alguns exemplos de empresas que dão ênfase à utilidade em vez de focar os produtos. A Natura, empresa brasileira de cosméticos, define sua razão de ser como "criar e comercializar produtos que promovam o bem-estar/estar bem". Um fabricante de equipamentos para automação industrial, ao pensar nos seus produtos como utilidades, os definia como soluções para aumento da eficiência operacional dos seus clientes. Outro exemplo é o da Asea Brown Boveri, fabricante multinacional de equipamentos para geração, transmissão e distribuição de energia. Quando participei de uma equipe de consultores que desenvolvia um trabalho para esta empresa, buscávamos entender sua operação, e uma das atividades era conhecer os produtos. A linha de produtos era tão extensa, que seu presidente nos sugeriu desistir da ideia de conhecê-la detalhadamente, e nos mostrou a definição da missão da empresa: "suprir demanda de energia elétrica de forma confiável". Sim, a empresa resumia aquela extensa lista de produtos que fabricava em uma única utilidade: energia elétrica confiável.

O conceito de utilidade parece estar intimamente associado aos esforços de criação, invenção, inovação daquelas pessoas especiais que deram enormes contribuições para o progresso da humanidade. Em fins de 1877, o inventor norte-americano Thomas A. Edison criou uma máquina para gravar e reproduzir sons, que chamou de Phonographo, cujo significado era "escritor de sons". Essa máquina continha uma folha de papel estanhado envolvendo um cilindro giratório, montado em um suporte de modo a permitir que se deslocasse lateralmente enquanto girava. Um estilete e um diafragma transferiam as ondas sonoras originais para o cilindro. Este, quando tocava, as reproduzia sem ser necessário qualquer procedimento intermediário. Em declarações à North American Cientific, Thomas Edison não falava sobre as características técnicas da máquina, nem como ela conseguia gravar e reproduzir os sons, mas sobre a utilidade do equipamento, ou seja, sobre os usos que seriam feitos no futuro dos processos de gravação e reprodução sonora:

1. Escrever cartas e toda espécie de ditado.
2. Livros falantes para cegos.
3. Ensino de elocução.
4. Reprodução musical.

5. Registros familiares: anotações de poupança, lembranças de família pelas vozes de seus componentes e mesmo as últimas palavras de pessoas moribundas.
6. Brinquedos: bonecas falantes etc.
7. Relógios falantes.
8. Preservação da linguagem, por meio de reprodução da pronúncia exata.
9. Preservação das explicações faladas de professores de modo que os alunos pudessem recorrer a elas quando desejassem.
10. Conexão com o telefone para fazer deste instrumento um auxiliar na transmissão de gravações permanentes e valiosas em vez de recipientes de momentâneas e fugazes comunicações.[7]

A criação de utilidades acontece nas mais variadas situações e pelos mais diversos motivos. Vejam o exemplo da indústria do turismo. Ela foi inventada por um missionário batista no interior da Inglaterra, no século XIX. Thomas Cook, nascido em 1808 de uma família pobre, morando em Loughborough, vilarejo a 20 quilômetros de Leicester, vivia um desafio: como fazer para que os fiéis preferissem ir mais a igreja do que ao *pub*.

Em uma noite, Cook viu um trem, o primeiro de sua vida, da vida de Leicester e de Loughborough. Ele negociou com o gerente da ferrovia a lotação completa do trem para uma viagem entre Leicester e Loughborough a preços reduzidos. Sua ideia era usar a viagem para um sermão contra o álcool. Deu certo. Mais de mil pessoas estavam presentes para ouvi-lo. O sucesso do evento fez que Cook abandonasse seu futuro como missionário e abrisse uma agência de viagens, a primeira do mundo. Ele passou a promover excursões por toda a Inglaterra. Em 1855, organizou a primeira excursão turística internacional para Paris. Em 1856, levou um grupo de ingleses para fazer o "Grande Tour da Europa", incluindo visitas a França, Bélgica e Alemanha. Em 1866, a agência de Cook já tinha levado mais de um milhão de turistas em excursões pelo continente europeu. Em 1872, ele realizou seu projeto mais ambicioso: a volta ao mundo, uma viagem que levou oito meses e inspirou Júlio Verne em seu célebre livro *A Volta ao Mundo em Oitenta Dias*:

> Ao morrer em 1892, com 84 anos, Cook havia transformado o turismo em uma das mais ricas indústrias de todos os tempos. E tudo porque os

anônimos habitantes de uma certa cidadezinha do interior inglês eram por demais chegados a um copo.[8]

Um ponto me parece comum no esforço de criar utilidades: a extrema dedicação das empresas e das pessoas envolvidas no processo de procura. Sempre que falamos em inovação, nossa tendência é falar em criatividade como algo que "acontece", que é fruto da "inspiração". Mas o que percebo na prática é que se trata de um trabalho intenso, concentrado, incansável e persistente até que surja uma ideia clara, uma solução para o que se está se procurando. É por isso que prefiro chamar esse processo de esforço criativo, em vez de criatividade. Para ilustrar, eis uma declaração de Richard P. Carlton, ex-diretor executivo da 3M, empresa reconhecida como extremamente inovadora:

> É verdade que a nossa empresa já encontrou por acaso alguns de seus novos produtos. Mas nunca se esqueçam de que só se pode encontrar algo por acaso se você estiver em movimento.[9]

Os serviços associados ao produto fazem parte da utilidade, e também são concebidos com foco nas necessidades do cliente. O tempo e o processo de entrega do produto, as formas de pagamento, as garantias, a assistência técnica, os manuais e o treinamento para usar o produto, o contrato de manutenção, a instalação do produto, e outros serviços completam os benefícios que a utilidade traz para o cliente.

SELECIONADOS DE ACORDO COM A VOCAÇÃO DA EMPRESA

As empresas válidas decidem conscientemente quais são as necessidades que pretendem atender por meio de quais utilidades. Esta decisão está relacionada à sua vocação, ao seu campo de negócio, ou seja, aos propósitos definidos na sua filosofia empresarial.

Muitas empresas, focadas no ganho oportunista de dinheiro, entraram em negócios que nada tinham a ver ou guardavam uma relação remota, com seus propósitos originais, e tiveram sérios problemas. Um grande grupo empresarial, cuja vocação era a produção de grãos, ao rever seus negócios em uma situação de crise, descobriu uma série de negócios que davam prejuízo e consumiam recursos e energia da administração, que nada tinham a ver com sua vocação, entre eles uma fábrica de salames. Uma grande rede de supermercados tinha a maior parte de seus ganhos oriundos de aplicações no mercado financeiro, e enfrentou gravíssimos problemas de sobrevivência quando a inflação foi drasticamente reduzida no Brasil. Foi então que "descobriu" que era supermercado, e não banco.

As empresas válidas não fazem "qualquer negócio". Elas sabem que mudar de negócio não é apenas uma questão de estratégia, de dominar a tecnologia, de adquirir os recursos necessários para operar o negócio. Mas que é uma questão de vocação, e isto não se compra pronto. Por isso, as empresas que por circunstâncias especiais precisam se dedicar a outros negócios, mesmo próximos aos seus, optam por se associar a especialistas, em vez de se comprometer com produtos que não têm vocação para fazer. Por exemplo, uma empresa de construção civil que havia investido capital nos prédios de apartamento que construía, percebeu que não tinha vocação para vender imóveis a pessoas físicas. Decidiu então contratar uma corretora para vender os imóveis nos quais tinha feito os investimentos, e não voltou a repetir a experiência.

QUALIDADE = ADEQUAÇÃO ÀS NECESSIDADES DO CLIENTE

Na prática, ainda é mais comum que o conceito de qualidade esteja relacionado às características técnicas e/ou propriedades físicas, químicas e mecânicas do produto: "este produto é bom porque não quebra"; "este produto é bom porque é feito com...".

Ainda é pouca a ênfase à adequação do produto ao uso que o cliente vai fazer dele. E este é o melhor parâmetro para discutir a qualidade.

A identificação das necessidades dos clientes não é uma tarefa fácil. Exige da empresa mecanismos de percepção e conhecimento altamente desenvolvidos. Nem sempre a pesquisa de mercado tradicional, baseada em dados quantitativos, feitas mediante perguntas estruturadas, do tipo, "o senhor compraria um equipamento que...?, são suficientes para conhecer as reais – e nem sempre explícitas – necessidades dos clientes. Vimos, no Capítulo 2, o exemplo do equipamento de fax, inventado pelos americanos, que decidiram não lançá-lo em função dos resultados da pesquisa de mercado que fizeram. Mas os japoneses, sem fazer pesquisa, o tornaram um sucesso de mercado. A Sony, empresa reconhecida pela sua inovação, faz investimentos significativos – 6% a 10% das vendas – em pesquisa e desenvolvimento para criar produtos pioneiros que depois são levados aos clientes:

Nosso objetivo é dar ao público novos produtos, em vez de perguntar o que ele quer. O consumidor não sabe o que é possível fabricar, nós sabemos. Assim, no lugar de fazer ampla pesquisa de mercado, concentramos nossos esforços no produto e na sua utilidade, tentando criar uma necessidade para ele, por meio de educação e comunicação com o público.[10]

Para comprovar a eficácia desta estratégia, Akio Morita dá o exemplo do *walkman*, um dos produtos de maior sucesso da Sony:

[...] não acredito que qualquer grau ou volume de pesquisa de mercado poderia ter nos convencido de que o *walkman* seria um sucesso, para não dizer um golpe sensacional que criaria muitos imitadores. Assim, sem pesquisa alguma, este pequeno produto mudou literalmente o hábito de ouvir música de milhões de pessoas em todos os recantos do mundo.[11]

Perguntar ao cliente o que ele quer, além de não dar indicações corretas sobre suas reais necessidades, inibe a visão sobre novas tecnologias, novos produtos, pois ele tende a falar sobre os produtos atuais. Este foi um dos motivos que fez que a IBM entrasse tardiamente no mercado de computadores pessoais, pois seus clientes eram usuários de computadores de grande porte (*mainframes*), e era sobre eles que falavam quando participavam de pesquisas. Gosto muito de escutar música, e fiquei muito satisfeito quando foi lançado o Compact Disc (CD). Tanto o disco como o equipamento para reproduzi-lo superaram em muito minhas expectativas, que estavam concentradas apenas na qualidade do som e no tamanho do disco. Ninguém fez pesquisa de mercado comigo sobre o CD. Se tivessem feito, eu teria falado sobre o incômodo de ouvir os ruídos vindos dos discos "riscados" e mesmo dos novos, e sobre a falta de espaço para guardar minha discoteca. É muito provável que não falasse sobre um conjunto de necessidades que não percebi que tinha. Como não conhecia as possibilidades que a tecnologia usada oferecia, não teria percebido um conjunto de utilidades que o produto ofereceu quando foi lançado: ouvir o disco sem a necessidade de virá-lo de lado; o controle remoto com várias funções: pausa, avançar ou retroceder de faixa; a possibilidade de selecionar faixas a serem ouvidas; a inserção do disco na gaveta do toca-disco, o que economiza espaço no móvel, por não precisar de espaço para abrir a tampa; informação da faixa que está tocando no visor do toca-disco; as informações sobre o tempo de duração do disco e de cada faixa – nem sempre disponíveis nos discos de vinil – muito úteis principalmente quando se quer gravar o disco em outra mídia.

ATUALIDADE

Criar utilidades significa estar permanentemente atento ao fato de a utilidade continuar sempre suprindo as necessidades. Isto implica: novas soluções; alterações nas soluções atuais para manter os produtos sempre adequados às necessidades. E, ainda, manter o produto como está, pois continua atual, ou seja, continua atendendo adequadamente às necessidades do cliente na forma que se apresenta. O importante é que, mesmo para manter o produto como está, é necessário avaliar constantemente se ele está atendendo as necessidades.

As necessidades básicas não mudam, mas as soluções para atendê-las sim. A tecnologia permite criar novas possibilidades de soluções. Por exemplo, a necessidade de comunicação entre as pessoas foi sendo suprida ao longo da história por cartas, telegramas, fax, telefone fixo, telefone móvel (celular), internet.

Muitas vezes, os próprios clientes ampliam a utilidade do produto, que passa a atender um conjunto de novas necessidades. É interessante, por exemplo, a história das "palhas de aço" produzidas pela Bombril, utilizadas inicialmente para a limpeza de utensílios de cozinha e que, ao longo do tempo, foram tendo seu uso ampliado para uma infinidade de novas finalidades descobertas pelos clientes. A Bombril soube tirar proveito deste fato, e passou a fazer a promoção de sua "palha de aço" com base na ideia das "mil e uma utilidades".

DISPONIBILIDADE

Uma das principais queixas dos clientes – seja de produtos industriais, seja os de consumo – é a existência de produtos na qualidade e quantidade requeridas, e que possam ser entregues nos prazos prometidos. Estes requisitos, aparentemente óbvios, na prática nem sempre são atendidos pelas empresas.

Sei que não é fácil a decisão do tamanho da empresa em termos da capacidade que deve ter para atender à demanda. Mas aqui a discussão é outra; trata-se de cumprir o prometido. Existem empresas que querem vender de qualquer maneira, e prometem um produto e um prazo de entrega que sabem que não vão poder cumprir. As empresas válidas até correm o risco de não vender, mas quando prometem um produto a ser entregue em um determinado prazo, cumprem.

Disponibilidade significa ter o produto onde o cliente vai adquiri-lo. Isto significa dispor de processos de distribuição física eficientes que garantam a existência do produto nos pontos de venda. É comum a defasagem entre a comunicação e a distribuição do produto. Comigo isto já aconteceu muitas vezes no caso de livros e discos. Leio as reportagens e críticas nos jornais, mas, quando vou comprá-los, não os encontro nas lojas. É preciso também dispor de meios de comunicação que permitam a facilidade na aquisição do produto pelo cliente. Hoje, por exemplo, grande parte das vendas já é realizada pela internet.

CONHECIDAS

Outra característica das utilidades é que elas são conhecidas por quem delas necessita. Conhecer significa o cliente saber que a utilidade existe e que atende às suas necessidades. Quantas vezes vamos às lojas ou aos sites das empresas e não encontramos respostas para nossas perguntas sobre o produto? As campanhas promocionais e outros esforços de comunicação da empresa nem sempre fornecem as informações completas sobre as propriedades do produto. Estão mais dirigidos às vendas.

Além da necessidade de o produto ser conhecido pelo cliente, é também fundamental que ele seja conhecido pelo pessoal interno da empresa. Não é raro que as equipes de vendas da empresa e, principalmente, dos canais de distribuição, não conheçam adequadamente o produto para que possam orientar o cliente e auxiliá-lo na decisão de compra.

O PRODUTO PODE SER GLOBAL, MAS O VALOR É LOCAL

As características técnicas, a aparência de um produto, podem ser idênticas no mundo todo, mas o significado do produto tem características peculiares na cultura da sociedade na qual ele é usado. Já citei, no Capítulo 2, os exemplos do McDonald's e do *walkman*. O McDonald's, em Nova York, significa refeição simples para quem não quer gastar muito, mas, em Moscou, é um símbolo de *status*. O *walkman*, para os orientais, era para quem queria ouvir música e não incomodar outros; no ocidente, é para ouvir música sem ser incomodado pelos outros.

Entender o significado local é fundamental para definir a estratégia mercadológica da empresa e adequar o uso do produto em cada uma das culturas nas quais ele será usado. A Starbucks adotou uma estratégia especial e cautelosa para entrar em países europeus com tradição centenária de café.[12] A televisão brasileira, que nos anos 1970, liderada pela Globo, era baseada na transmissão em rede nacional, na qual os canais locais transmitiam a programação da "emissora-mãe", nos últimos anos mudou radicalmente a estratégia, e passou a dar maior espaço para os programas locais a fim de se aproximar mais dos espectadores: "As pessoas precisam sentir que a emissora está próxima delas", diz um diretor da Globo. As peculiaridades locais incluem o tipo e conteúdo dos programas, os horários de ligar e de desligar a TV, os de maior audiência, os apresentadores "estrelas locais". O aumento da participação da produção local na transmissão das emissoras teve impacto também nos anúncios comerciais. Os anunciantes e os períodos para fazer propaganda variam de acordo com o movimento das economias locais.[13]

É comum que grandes empresas, nacionais ou multinacionais, sejam surpreendidas com a perda de liderança para produtos locais ou regionais. Isto, porque esses fabricantes locais ou regionais estão muito próximos dos seus clientes, e conseguem fazer produtos que dão uma resposta mais adequada às necessidades deles do que os "globais".

O VALOR É ATRIBUÍDO PELO CLIENTE

De nada adianta a empresa achar seu produto ótimo e que, na visão da empresa, os clientes são uns "ignorantes", que não sabem avaliar ou apreciar "o que é bom". Esta visão interna nada vale; o que vale é a opinião do cliente; é ele quem vai usar, ficar satisfeito, decidir pagar para adquirir o produto e continuar comprando. E o valor não diz respeito apenas ao produto, muito menos ao seu preço, mas também aos serviços associados a ele e ao atendimento dado ao cliente, e, como já expus acima, a percepção do valor não é baseada em qualidades objetivas, quantificáveis.

Se o produto não está sendo comprado como a empresa espera, um ponto importante de investigação é a avaliação de se e como os atributos de valor da utilidade estão sendo percebidos pelos clientes.

O PREÇO É JUSTO E BASEADO NO VALOR

As empresas válidas não usam os preços como diferencial competitivo. Elas não abusam dos preços quando estão em posição de vantagem em relação aos seus clientes. Por outro lado, não desrespeitam seus clientes nem abrem mão de sua rentabilidade, baixando o nível de qualidade de seus produtos para diminuir os preços ou dando descontos, a fim de não comprometer sua sobrevivência, crescimento e continuidade. Elas estabelecem o preço que remunera de forma justa todo o seu empenho em criar uma utilidade cujo valor é reconhecido pelo cliente.

A concorrência com base nos preços é predatória, pouco imaginativa e iguala as empresas concorrentes. Ela parte da premissa de que os produtos são iguais e que as empresas concorrentes têm a mesma tecnologia; dedicam o mesmo esforço para criar e atualizar os produtos; têm o mesmo cuidado com a fabricação dos produtos; têm a mesma preocupação em criar os serviços associados aos produtos; dedicam a mesma atenção e respeito a seus clientes; empenham os mesmos esforços para desenvolver seus colaboradores. Nessas condições, sem dúvida o único diferencial é o preço.

Mas sabemos que as empresas não são iguais, e que umas se dedicam mais do que as outras na criação de produtos adequados às necessidades dos clientes. E é aqui que as empresas se diferenciam. O preço justo remunera os esforços genuínos da empresa para criar produtos adequados às necessidades dos clientes. O preço não pode igualar as empresas que fazem esforços permanentes de inovação dos produtos com aquelas que copiam os produtos de outras.

Em geral, os preços são calculados com base nos custos, aos quais é somada a margem de rentabilidade que a empresa deseja. As empresas válidas partem de outra visão. Elas focam o preço com base no valor que o produto tem para o cliente. E como "valor é pura percepção", como diz José Carlos Teixeira Moreira,[14] as empresas válidas procuram tornar o valor de suas utilidades percebido pelos seus clientes. Elas desenvolvem seus programas de comunicação e educação de seus clientes ressaltando o valor de suas utilidades, e não dos preços, como vimos na experiência da Sony.

Passei por uma experiência na qual o exercício do preço pago pelo valor percebido foi levado ao extremo. Aconteceu no restaurante Just Around The Corner, em Londres. Em uma de suas aulas na escola de administração de empresas da Fundação Getulio Vargas (FGV) de São Paulo, José Carlos Teixeira Moreira, ao falar sobre valor percebido, foi interrompido por uma aluna que citou esse restaurante como exemplo do que ele estava expondo. Ela então relatou como o restaurante operava, e se tratava realmente de um caso extraordinário. Em uma viagem de férias com minha esposa a Londres, José Carlos pediu-me para ir ao restaurante e ver como funcionava. Fiz a reserva e, em uma noite, eu e minha esposa lá fomos jantar. Era um restaurante pequeno e aconchegante, e estava lotado. Fomos recebidos muito gentilmente por um casal de jovens garçons. Disse-lhes que estávamos ali por dois motivos: para comemorar nossos 25 anos de casados, e para conhecer o dono, pois tínhamos tido referências do restaurante no Brasil. Eles nos disseram que iam conversar com o dono e nos entregaram o cardápio. Ao examinar o cardápio, notamos que nele não havia o preço dos pratos, nem das bebidas. Perguntamos aos garçons, e eles nos disseram que esta era a prática do restaurante. Então, fizemos nosso pedido. A comida era baseada na cozinha francesa, e estava muito boa. Enquanto aguardávamos para conversar com o dono, pedi a conta. A conta chegou, e nela também não constava o valor a ser pago. Ao lado do total da nota tinha uma observação: *você paga o valor que acha que valeu sua refeição*. Este era o diferencial do restaurante: era o cliente quem estipulava quanto iria pagar pelo que havia comido e bebido! Quando o movimento de serviço às mesas diminuiu, fomos chamados para conversar com o dono. Enquanto eu conversava com ele, um imigrante cipriota chamado Vasos Michael, minha esposa acompanhava a conversa e tirava fotos do restaurante, para que eu pudesse ilustrar melhor o relato quando voltasse ao Brasil. Minha primeira pergunta foi desde quando operava daquela maneira e como havia surgido a ideia. Vasos Michael disse que vinha notando que os clientes, para demonstrar sua satisfação, costumavam deixar a gorjeta em valores superiores aos usuais. "Então eu pensei", ele disse, "se o cliente reconhece a boa comida e o serviço pela gorjeta, por que não fazer tudo assim, ou seja, deixar que ele pague a refeição com base na sua satisfação?". Ele me disse que começou essa prática em 1986 e, portanto, na data da minha visita, essa experiência já tinha dez anos. O conceito é baseado no que os clientes sentem: "se estou contente eu pago", explicou Vasos Michael. Contei-lhe que o motorista do táxi que nos trouxe até o restaurante, quando soube do que se tratava, disse que um dia iria lá, comeria e beberia bastante e deixaria somente 1 libra. Vasos Michael disse que isso nunca havia acontecido, mas, que se acontecesse, devolveria o dinheiro e não exigiria nenhum pagamento. Ele me disse que o que acontecia era o contrário, as pessoas pagavam muito bem pelo serviço: "As pessoas são generosas, sempre pagam a mais". Falei que, para mim, tinha sido surpresa encontrar lá grupos de jovens, crianças, famílias, pois achava que os clientes eram principalmente casais. Ele me respondeu que o restaurante era frequentado por todos os tipos de pessoas, e o ponto em comum entre seus clientes é que apreciavam a boa comida. Perguntei-lhe que meios usava para promover o restaurante. Ele me disse que não fazia nenhuma propaganda, todos os clientes vinham por recomendação, e que a promoção era o boca a boca. Ao terminar a conversa com Vasos Michael, voltamos para nossa mesa para pegar nossos pertences, e fomos surpreendidos com dois pratos de sobremesa com profiteroles e velas de comemoração ao nosso aniversário de casamento, gentilmente oferecidos pelo restaurante. Ao sair, vimos que havia uma longa fila de espera. De fato, Vasos Michael nos tinha dito que, mesmo durante a semana, era preciso fazer reserva para não correr o risco de esperar. Já na rua, estávamos em dificuldades para conseguir táxi e, de repente, Vasos Michael surge na porta e diz que tinha percebido nossa dificuldade, e já tinha providenciado um táxi, que em poucos minutos chegaria.

CAPÍTULO 6

CRIAR E MANTER CLIENTES SAFISFEITOS

Para as empresas que atuam com base na visão econômica clássica, o cliente não existe. O que existe é algo chamado "mercado", que é o lugar onde elas vendem seus produtos. É no mercado que acontecem as transações, tradicionalmente chamadas "relações de troca": eu lhe entrego o produto e você me dá o dinheiro. Elas não têm clientes, atendem a segmentos de mercado. O preço do produto, segundo essas empresas, é baseado na lei da oferta e procura. Quando há bastante oferta o preço cai, enquanto, quando há muita procura, o preço aumenta. Por que isso? Porque, segundo elas, seus produtos são iguais aos dos concorrentes – *commodities*, dizem – e, portanto, só conseguem competir se tiverem os preços menores. Em síntese, a estratégia mercadológica dessas empresas é baseada no diferencial de preços: preços "competitivos" (menores do que os da concorrência), formulados de acordo com as oscilações do mercado (oferta e procura). O objetivo é claro: volume de vendas que assegure a máxima rentabilidade. Quando não conseguem atingir suas metas de volumes e lucratividade, e não sabem o que fazer, pois não conhecem seus clientes, buscam respostas nas "pesquisas de mercado" para ver se descobrem o caminho a seguir. Ou, então, adquirem um "software" voltado à gestão de clientes e fazem o que ele manda; e nada acontece, pois uma ferramenta sozinha não resolve nada. Não me lembro de pelo menos uma experiência na qual um software tenha sido eficaz sem uma definição clara do sistema de gestão de clientes. Ainda, para tentar melhorar suas vendas, restam as campanhas do tipo "encantando o cliente", "surpreendendo o cliente", que também não resultam em nada e são logo abandonadas, pois não são baseadas em concepções claras.

98 Empresas válidas

Para as empresas válidas, uma empresa só tem razão de existir se houver pessoas dispostas a usar e pagar pelas utilidades que produz: seus clientes. São estas pessoas que têm necessidades a serem satisfeitas, e que irão atribuir valor às utilidades e pagar por elas. De nada vale uma empresa achar que "meu produto é o melhor do mercado". É importante que ela esteja convencida disto, mas o julgamento definitivo será feito por seus clientes. Estando satisfeitos, eles continuarão comprando, atestando, assim, sua lealdade com a empresa. Para Philip Kotler, um cliente satisfeito:

1. Compra de novo.
2. Fala favoravelmente com os outros sobre a empresa.
3. Presta menos atenção às marcas e à propaganda do concorrente.
4. Compra outros produtos que a empresa colocar no mercado mais tarde.[1]

Uma visão muito simples e clara sobre a importância de criar e manter clientes satisfeitos é dada por Konosuke Matsushita:

> De certa forma, administração é algo bastante simples. Se você admitir que um negócio existe por ser necessário à sociedade – por atender às necessidades das pessoas – a regra básica da administração é evidente por si só: aprender o que as pessoas querem e corresponder à altura. É lógico que é necessário ser consciencioso nos esforços para servir as pessoas e fazer o melhor para satisfazê-las. Fiz disso meu princípio básico desde que fundei a Matsushita Electric há mais de 60 anos.[2]

A tarefa de criar e manter clientes satisfeitos não é apenas uma função do departamento de vendas ou de marketing. É um esforço que envolve toda a empresa, e não se restringe às atividades de vendas, pesquisa de mercado, promoção. Em primeiro lugar, é preciso descobrir quem são os clientes que buscamos, onde eles estão, quais são suas necessidades e o que é valor para eles. Depois, precisamos criar e produzir as utilidades adequadas (de qualidade) para atender a essas necessidades; depois, precisamos saber quais serviços agregaremos às nossas utilidades; depois, precisamos tornar nossas utilidades conhecidas pelos clientes que queremos atender; depois, precisamos tornar as utilidades disponíveis; depois, precisamos conseguir que os clientes comprem as utilidades produzidas por nós. Em seguida, o cliente precisa usar a utilidade, e ficar satisfeito. Se tudo isso acontecer, criamos um cliente que precisamos manter, fazendo todas essas coisas permanentemente. Isto tudo parece óbvio, mas, na prática, nem sempre é assim que acontece. Algumas empresas agem como se os clientes lhes fossem uma amolação; esses "clientes chatos" que só reclamam e que, com "seu comportamento imprevisível", invalidam os planos estratégicos, bagunçam os procedimentos e a organização interna da empresa.

Nas empresas válidas, a tarefa de criar e manter clientes satisfeitos é um esforço que é realizado como foco **do** cliente, e não **no** cliente. A diferença entre esses dois enfoques é bem explicada por José Carlos Moreira Teixeira, no seu livro *Foco do cliente*. Em geral, as empresas procuram saber o que os clientes desejam perguntando-lhes em entrevistas e pesquisas. Este é o enfoque do foco **no** cliente: fazer o que ele diz que precisa. A principal limitação deste enfoque é que as respostas nem sempre traduzem tudo de que realmente necessitam: "o cliente, uma pessoa como nós mesmos, não sabe tudo sobre aquilo que diz que sabe [...] valor para o cliente não é realmente o que ele diz".[3] E isso acontece porque a tendência das pessoas quando entrevistadas é de falar de suas "contrariedades" já vividas em situações que lhes são familiares: "[...] quando o ser humano pede alguma coisa, se baseia no que, de certa forma, já é conhecido por ele, seja no passado ou no presente. O que espera, então, como resposta, é qualquer sugestão para que o conhecido ou aconteça como já era previsto ou não traga os dissabores que provocaram tantos constrangimentos no passado e que ele não quer mais viver. Realmente as pessoas não se sentem confortáveis pedindo algo que não conhecem".[4] Já as empresas que agem com vistas ao foco **do** cliente, procuram entender a realidade que o cliente percebe, para, a partir dela, descobrir o que é valor para ele: "Valor é pura percepção e não tem a ver com o que pode parecer realidade para o outro [...] a empresa afirma que a realidade é aquilo que ela acredita, enquanto, para o cliente, o valor está naquilo que ele percebe e sente, e não exatamente no que ele vê, cheira, ouve ou apalpa".[5] Atuar no foco **do** cliente requer, portanto, uma habilidade especial de se colocar no lugar do cliente para entender a realidade que tem significado para ele e, então, criar as soluções para atender às suas necessidades:

> Foco do cliente é a possibilidade de vislumbrarmos a paisagem que ele vê e somarmos a nossa competência à sua visão das coisas. As chances que temos de efetivamente contribuir são imensamente maiores, porque as oportunidades não serão mais traduzidas para nós pelo relato do cliente; agora nós veremos o que ele está vendo, numa profunda empatia com sua realidade e sem os vieses que o acometem pela assombração das contrariedades.[6]

Pude presenciar em várias empresas fabricantes de produtos industriais que atuam no foco **do** cliente, processos participativos, envolvendo o fornecedor e o cliente, para a criação de utilidades. Por isso, quando se fala em criar valor, e, principalmente, em trabalhos que envolvem cooperação entre fornecedores e clientes, fica difícil encontrar argumentos para sustentar a lei da oferta e da procura:

> [...] um dos motivos pelos quais a lei da oferta e da procura desmoronou: muitos dos fatores intangíveis – pense em consultoria, treinamento, educação, divertimento – são criados em conjunto pelos produtores e clientes; quem é então o comprador e quem é o vendedor?[7]

Usualmente, as empresas dão ênfase nos esforços para conseguir novos clientes, e não cuidam adequadamente daqueles que já são. Elas dão tantos incentivos aos novos clientes, que alguns que já são cancelam seus contratos e fazem novas adesões para usufruir dos benefícios concedidos, como me revelou um amigo sobre uma editora com a qual mantinha assinatura de uma revista.

A tarefa de criar e manter clientes satisfeitos envolve também a seleção de quais podemos e queremos atender. Nem sempre nossos clientes são todos aqueles com potencial para comprar nossos produtos. Mais do que isso, os clientes que nos interessam são aqueles que irão utilizar nosso produto para finalidades válidas, de forma adequada, que mantêm relações significativas conosco, que adotam padrões de conduta válidos e coerentes com os nossos.

Saber quem é o nosso cliente não é uma tarefa fácil. São vários os casos de empresas que perderam bons negócios, não porque seus produtos não tivessem qualidade ou porque custassem caro ou qualquer outro motivo, mas porque insistiram em criar os clientes errados. George Eastman, fundador da Kodak, criou uma solução inovadora na indústria da fotografia ao substituir as pesadas placas de vidro, até então em uso, por filme de papel, bem leve, revestido com uma emulsão e montado em um carretel. Este produto era dirigido aos fotógrafos profissionais, que o rejeitaram porque a qualidade da fotografia produzida não correspondia aos padrões profissionais. Mas o que era rejeitado pelos fotógrafos profissionais, era aceito pelas pessoas comuns. Então, ele desenvolveu uma câmera que pudesse ser operada pelas pessoas comuns, com apenas um botão para o obturador e uma alavanca para rolar o filme. Além disso, Eastman oferecia um serviço também inovador: ao terminar de tirar as fotos, os clientes enviavam a câmera para a sede da Kodak, que a devolvia recarregada com novo rolo de filme junto com as fotografias reveladas. O *slogan* da Kodak era "Você aperta o botão.

Nós fazemos o resto". Ao identificar os clientes certos, Eastman transformou um negócio que quase fora à falência em um dos maiores e bem-sucedidos negócios de todos os tempos.[8]

Nem sempre só uma empresa fornece um mesmo tipo de utilidade no mercado. É mais comum que existam várias empresas oferecendo a mesma utilidade aos mesmos clientes. Por isso, na tarefa de criar e manter clientes está sempre presente a premissa de assegurar a competitividade. Já vimos acima que as empresas de visão econômica, na busca pela competitividade, dão ênfase ao preço. Já as empresas válidas enfatizam a utilidade, o valor do produto para a satisfação das necessidades dos clientes. A tecnologia para fabricar um produto pode ser dominada por mais de uma empresa e, consequentemente, os produtos podem ser iguais, mas as utilidades nem sempre o são. Por isso, o parâmetro preço perde seu significado. Às vezes comparam-se produtos iguais, mas utilidades diferentes. O preço é apenas um componente do valor que os clientes atribuem às utilidades. A qualidade, os serviços, a disponibilidade e continuidade de fornecimento, a garantia, são exemplos de outros componentes do valor de um produto para um cliente.

As empresas válidas consideram também o relacionamento com os clientes como um diferencial em relação à concorrência. Elas buscam relações duradouras, que diferem muito do relacionamento restrito às transações. E, neste aspecto, um grande desafio é que a empresa nem sempre se relaciona diretamente com o cliente final. Isto é feito pelos seus canais de distribuição – atacadistas, varejistas –, e estes, às vezes, tratam mal os clientes, pondo a perder todo o esforço da empresa na tarefa de criar e manter clientes satisfeitos. Algumas empresas acham que seus clientes são os canais de distribuição, e lhes dedicam toda a atenção, em vez de estarem atentas aos clientes finais.

Muitas empresas usam o conceito do "cliente interno", ou seja, um departamento que presta serviço para outro o considera seu cliente, a quem deve dar toda a atenção. O conceito de cliente interno é maléfico, porque induz as pessoas a um erro terrível: achar que se entregar "seu produto" para o departamento X, com a qualidade esperada e no prazo determinado, cumpriu seu dever. Esse enfoque não orienta as pessoas para o cliente e para os resultados globais da empresa. Só há um cliente: o externo. É para ele que toda a empresa deve dirigir seus esforços. Orientar as pessoas para agir pensando apenas no "seu cliente" mais próximo, ou seja, nos departamentos para os quais presta serviço, como se acabasse aí sua responsabilidade, não garante o bom desempenho global da empresa na tarefa de criar e manter clientes satisfeitos.

Esta tarefa requer, em primeiro lugar, que tenhamos uma visão clara de quem são nossos clientes. Então, vejamos quem são.

AQUELES QUE NOS PREFEREM

Muitas empresas confundem os clientes com "todos aqueles que compram de nós". Perguntei ao gerente comercial de um grande fabricante de cimento (Votorantim) quem eram os seus clientes. Ele me respondeu: "Temos 10.000 clientes cadastrados, mas consideramos clientes ativos os que compraram nos três últimos meses". A empresa nada fazia para cuidar dessa enorme massa de 10.000 clientes, a não ser que comprassem no período de 3 meses. Muitas vezes, nas "campanhas de vendas" as empresas se esquecem dessa enorme massa de clientes que um dia compraram seus produtos e vão em busca de novos clientes.

Considerar os "compram de nós" como clientes é perigoso, porque nem sempre o fato de comprar assegura que sejam leais. Muitos deles são oportunistas, que só querem "levar vantagem"; para estes, os produtos são todos iguais, e o que conta é o preço. Eles "não querem nem saber" se os preços que conseguem comprometem ou não a sobrevivência da empresa que os está fornecendo. Fazem exigências absurdas: não entendem do ramo e querem exigir prazos, qualidade e outras condições que não fazem sentido. Usam suas prerrogativas (porte, imagem etc.) para fazer pressões e "realizar bons negócios".

As empresas válidas entendem que seus clientes são aqueles que as preferem, independente do preço, por entenderem que são estes que melhor entendem o valor de suas utilidades. Lembro-me de um fabricante de transformadores, para o qual prestei serviço de consultoria, que tinha um fornecedor para suas tintas de proteção, e não queria nem ouvir falar de outro, não tinha nem a curiosidade de saber o preço das empresas concorrentes quando ia fazer suas compras. Além disso, os clientes leais são os que nos recomendam quando alguém pede alguma indicação sobre um determinado produto ou serviço.

AQUELES QUE ESCOLHEMOS

As empresas válidas escolhem os clientes que se propõem a atender, por mais elitista que possa parecer à primeira vista essa ideia de selecionar os clientes com os quais vão se relacionar. Mas elas sabem o que estão fazendo. Sabem a quem podem atender bem e a quem não podem. Também sabem quem são os clientes que podem comprar delas atendendo a todas as condições que desejam para usar suas utilidades. Como as empresas válidas criam suas utilidades com base no valor percebido pelos clientes, não há como vendê-las para quem não o percebe. A experiência que contei no Capítulo 5, sobre o restaurante Just Around The Corner, de Londres, deixa claro que somente as pessoas que dão valor à boa comida, aos bons serviços, ao ambiente agradável, ao tratamento carinhoso ficarão satisfeitas e pagarão o preço justo. Não podemos nos esquecer de que, para as empresas válidas, os clientes não significam apenas meios para os ganhos imediatos, mas são sua razão de ser, e a principal fonte para sua sobrevivência e prosperidade futura.

Algumas empresas selecionam seus clientes pela sua capacidade de compra; a empresa válida os seleciona pela identidade de valores, percepção e reconhecimento dos benefícios que suas utilidades propiciam, pela natureza das relações que eles mantêm com elas. Estes são os clientes leais, que são capazes de entender o valor criado pela empresa e não deixam de comprar dela porque o preço está mais alto do que os produtos concorrentes. As empresas válidas sabem que atender clientes que não se enquadram nestas condições, só estão interessados na transação econômica, não fazem o mínimo esforço de cooperação, querem tudo para si, é arranjar problemas. E são justamente estes que estão sempre reclamando e fazendo exigências, reivindicando novos benefícios, declarando-se insatisfeitos e, quando lhes convém, compram dos concorrentes. José Carlos Teixeira Moreira propõe um processo de avaliação que permita a classificação dos clientes em quatro quadrantes:

1. **Clientes** – Poderiam ser aqueles que atendem a pelo menos 80% do que julgamos importantíssimo para o crescimento e a rentabilidade da empresa daqui para a frente.
2. **Potenciais clientes** – Aqueles que atualmente respondem por, pelo menos, 20% do que nos é muito importante, mas que mediante um inteligente projeto de marketing, em um horizonte de tempo e recursos razoáveis, poderiam vir a atingir o patamar superior.
3. **Aqueles que aceitamos vender** – São as empresas que só nos atendem no limite inferior do que precisamos, pouco voltadas para o futuro e que também não exigem nada a mais a não ser o trivial. Portando-se dessa maneira nos induzem a limitar o nosso atendimento ao mínimo, evitando despender recursos de outra natureza.

4. **Não clientes** – São empresas que não têm nada em comum conosco. Não compartilham valores, não se preocupam conosco, querem relações apenas utilitárias; fabricam produtos finais sem expressão e assim por diante. Devemos dispensá-los da obrigação de nos terem como fornecedores. Merecem um inteligente processo de *outplacement* de nossa parte. Ao longo desse tempo, temos registro de vários casos em que abrir mão desses clientes representou ganhos fantásticos para as organizações. Não só pelo restabelecimento de margens e imagem como, principalmente, pela eliminação de custos de administração, antes ocultos.[9]

A seleção de clientes não é apenas uma "estratégia mercadológica" para vender mais. É uma importante decisão que assegura a sobrevivência e continuidade da empresa, pois alguns clientes agregam credibilidade à da empresa, outros a tiram; alguns dão orgulho, outros dão vergonha. Há inúmeros estudos mostrando que os verdadeiros clientes das empresas, aqueles que elas escolheram atender, além de entender e reconhecer o valor das suas utilidades, são os que propiciam melhores margens de lucro.

AQUELES QUE RECONHECEM O VALOR DE NOSSAS UTILIDADES

Nossos clientes verdadeiros avaliam o valor do produto pelo grau de satisfação de suas necessidades, e não apenas pelo preço. Um fabricante de tintas especiais (Sumaré Tintas), que tinha como princípio um alto nível de qualidade do produto e de prestação de serviços aos clientes, certa vez começou a questionar se todo esse esforço valia a pena, pois estava achando que "o negócio do cliente é preço mesmo, não adianta a gente ficar falando em qualidade, serviço e outras coisas". Então, ela fez um exercício de analisar a rentabilidade dos clientes comparando com a "daqueles que compram de nós", e chegou à conclusão de que as maiores margens vinham dos seus verdadeiros clientes, aqueles que valorizavam a qualidade e os serviços prestados. Neste caso, as empresas podem decidir fornecer para "aqueles que compram de nós", porém, devem adotar um tratamento diferente daquele dado aos verdadeiros clientes, como propõe José Carlos Moreira Teixeira no seu sistema de classificação de clientes que citei acima.

Muitas empresas estão descobrindo que muitos clientes – alguns com expressivo volume de compras – não são tão clientes assim. Estão sempre exigindo preços menores, prazos de entrega cada vez mais curtos, mais serviços; nunca estão contentes; nunca reconhecem os benefícios de suas utilidades. Estes clientes são os mais intolerantes com relação aos preços e, o que é pior, como reclamam muito, recebem mais atenção do que os verdadeiros clientes. Muitas empresas deixaram de fornecer para o governo e empresas estatais pelo fato de o preço ser o fator decisivo da compra.

Muitas vezes, há a possibilidade de converter os "que compram de nós" em clientes. Um fabricante de embalagens fez um trabalho de avaliação de clientes e decidiu não fornecer mais para vários, que não estavam em condições de entender toda a atenção que ela dava à qualidade dos produtos e à prestação de serviços e atribuir valor a isto. Após tomar a decisão, surgiu a complexa questão: como chegar aos clientes e dizer que não mais lhes forneceria? A saída foi aumentar os preços. Ao visitar esses clientes a fim de lhes explicar a decisão, muitos daqueles que só pediam preço aceitaram as novas condições, e passaram da categoria dos "que compram de nós" para a de clientes.

Para encerrar, é sempre bom lembrar que as empresas líderes de mercado não são as que vendem mais barato. E, ainda, que não são todas as pessoas que decidem a compra de um produto pelo preço. E mais, ter em mente alguns ditados populares que atestam com sabedoria o terrível equívoco das decisões baseadas em preço: "o barato sai caro", "economia é a base da porcaria".

CAPÍTULO 7

PROMOVER A CAPACIDADE DE EVOLUÇÃO DELIBERADA

Tem sido fantástico o progresso da humanidade, e a cada dia novas descobertas surgem em todos os campos do conhecimento, realimentando e tornando contínuo e dinâmico este processo de evolução social. A necessidade de assegurar a sobrevivência, crescimento e continuidade exige que as empresas estejam em um processo permanente de evolução, mantendo-se atualizadas em relação ao mundo que as rodeia. Aquelas que não acompanharam esse progresso social ficaram para trás, e algumas desapareceram. E as empresas que, além de acompanhar, estiveram à frente dessa evolução, estimulando-a, ocupam posições de destaque em seus negócios. Não basta, portanto, acompanhar o progresso social, atualizando e alterando seus produtos, seus serviços e suas práticas administrativas. Mais do que se adaptar, é preciso antecipar-se e ser um agente do progresso social. Por isso, as empresas válidas incluem na sua tarefa empresarial a atividade de **promover** permanentemente sua **capacidade de evolução deliberada**.

Ao contrário, as empresas de visão econômica clássica são mobilizadas quando enfrentam problemas e correm atrás para resolvê-los. Elas **se adaptam às mudanças** que são necessárias para resolver esses problemas.

Comentarei, a seguir, as principais características dos processos de evolução deliberada praticados nas empresas válidas.

CRIANDO O FUTURO

A essência dos **processos tradicionais** de desenvolvimento empresarial é a possibilidade de **prever o futuro**. Usualmente, são baseados em projeções de dados do passado ajustados pelas previsões das tendências do ambiente no presente, principalmente das variáveis econômicas que afetam seus negócios.

A **evolução deliberada** fundamenta-se na capacidade da empresa em *criar o futuro*. As empresas válidas acreditam que a possibilidade de criar o futuro é mais eficaz para orientar seu processo de desenvolvimento do que as previsões, que, sabemos, cada vez mais têm menos chances de se realizar.

Ao contrário dos processos de desenvolvimento reativos, nos quais o futuro da empresa é caracterizado pelas respostas às mudanças que lhe são impostas, o processo de evolução deliberada é proativo. É a própria empresa que decide seu futuro, definindo para onde, como e quando quer ir. Elas são donas do seu destino. Não são os outros que lhes impõem o futuro. Então, criam processos saudáveis de evolução, mobilizando e entusiasmando sua equipe para trabalhar em direção a esses estágios futuros. A empresa é um agente que ativa as mudanças, e não um paciente que reage a elas.

A diferença entre os processos tradicionais e a evolução deliberada é bem caracterizada por Matsushita:

> A década de 1980, como qualquer outra década, tem sua parte de futurólogos que nos bombardeiam com previsões. Estadistas, também, estão preocupados com o futuro, mas sua abordagem é diferente. Enquanto futurólogos são analistas e utilizam informações do passado e do presente para predizer o futuro, os verdadeiros estadistas são construtores que visualizam uma sociedade melhor para o futuro e tentam tornar suas visões realidade. Os administradores de hoje podem contribuir mais ao criar uma visão e trabalhar em sua direção como os estadistas, do que ao agir com base em dados analisados.[1]

Sei que não é uma tarefa fácil criar o futuro. Vivi várias experiências orientando empresas para as quais prestei serviços de consultoria, e não foi em todas que consegui êxito. Nem sempre foi possível mudar os modelos mentais baseados nos tradicionais processos de fazer planos fundamentados em projeções dos dados conhecidos do passado, presentes na grande maioria das empresas. Criar o futuro significa refletir sobre algo que não nos é conhecido, e realmente requer um esforço criativo persistente para chegar a uma visão clara do estágio futuro desejado, e uma decisão corajosa de assumi-lo e de comprometer-se com ele. No dia 25 de maio de 1961, o presidente dos Estados Unidos, John F. Kennedy, declarou: "este país deve se comprometer a atingir a meta, antes do fim da década, de colocar um homem na lua e trazê-lo de volta à terra a salvo". Esta declaração representava um compromisso extremamente ousado, porque foi feita quando as chances de sucesso da missão à lua eram de 50% – a maioria dos especialistas estava pessimista –, mas tornou-se uma força importante para impulsionar a missão americana à lua.[2]

Apesar das dificuldades, as empresas têm de insistir na intenção de criar o futuro desejado, porque ele é uma poderosa ferramenta de desenvolvimento. A área de planejamento corporativo da Shell, muito respeitada mundialmente, no esforço de procurar entender a dificuldade das empresas em ver claramente o que está acontecendo com o ambiente à sua volta e antever os sinais de mudança, chegou ao trabalho de David Ingvar, chefe do departamento de neurobiologia da Universidade de Lund, Suécia. Em sua pesquisa, Ingvar descobriu que o cérebro humano está sempre criando estados futuros para os próximos minutos, próximas horas, próximos dias, próximas semanas, próximos meses, próximos anos. Essa atividade mental ocorre durante todo o dia, e de forma ainda mais concentrada à noite, enquanto dormimos. Um dado curioso do estudo de Ingvar é que, entre as pessoas que ele chama de "normais", 60% desses estados futuros são positivos, e 40% ruins. Se esse equilíbrio for alterado, haverá mais otimistas ou mais pessimistas, dependendo do que prevalecer: estados futuros positivos ou ruins. E, mais, quanto mais saudável o cérebro, mais estados futuros ele cria. E, além de criá-los, o cérebro os armazena. E a pergunta é: Por quê? A resposta mais óbvia é para nos lembrar de agir quando o momento chegar. Mas Ingvar sugere outra finalidade mais interessante: como temos uma infinidade de sentidos – olhos, ouvidos, nariz, paladar e todas as partes da pele –, e cada um deles envia ao cérebro sinais sobre o mundo a sua volta, isto significa um volume tal de informações que o cérebro não consegue dar a todas igual prioridade. Então, ele utiliza os estados futuros que armazenou para determinar a relevância da informação; uma informação é relevante se estiver relacionada aos estados futuros armazenados. Ingvar dá um nome sugestivo para esse local onde o cérebro armazenou os estados futuros: memória do futuro.[3]

Esse estudo de David Ingvar demonstra a importância de se ter uma visão de futuro para orientar o desenvolvimento. Ao pensar no uso deste mecanismo pelas empresas, a fim de criar sua memória de futuro, elas passam a dispor de uma importante ferramenta para orientar seu processo de evolução, pois se concentram nos sinais que têm significado para os planos que nela estão armazenados, e não se dispersam com sinais que não estão relacionados com esses planos. A memória de futuro, para a empresa, constitui, portanto, um importante dispositivo de percepção dos sinais com significado relevante. A empresa não tem mecanismos instintivos, como as pessoas, para criar sua memória de futuro, por isso precisa implementar processos dirigidos a esta finalidade.

Uma experiência interessante sobre criar o futuro é a da Método Engenharia, empresa brasileira de construção civil. Vejamos como ela evoluiu nos seus primeiros 20 anos de existência com base no depoimento de seu fundador, Hugo Marques da Rosa.[4] Ela iniciou suas atividades no início da década de 1970, e definiu o crescimento como objetivo do seu primeiro estágio de evolução. Para atingir este objetivo, sua direção voltou a atenção para: divulgação da empresa, suportar o crescimento com recursos próprios e manter um clima organizacional capaz de motivar os colaboradores. Nessa fase, a empresa dava ênfase aos resultados, tinha determinação e disposição para aceitar riscos e mantinha a centralização das decisões. Tendo atingido o primeiro estágio, e enfrentando a necessidade de capitalizar a empresa, definiu o lucro como objetivo do segundo estágio. Nessa fase, continuou reinvestindo os lucros na empresa, mas diminuiu sua disposição de assumir riscos, principalmente os financeiros. Sua direção deu ênfase ao controle e iniciou um grande esforço de informatização. A fim de reduzir os riscos, selecionou os clientes e passou a dedicar especial atenção à administração dos contratos e à gestão financeira dos clientes, assegurando que as obras a serem iniciadas teriam os recursos necessários. Iniciou o processo de profissionalização com a contratação de executivos para os níveis mais altos da organização. Buscou a diversificação, também como alternativa de diminuir os riscos. Tendo atingido o objetivo do segundo estágio, a alta administração sentia-se incomodada pelo fato de seu produto ser igual ao do concorrente, e que só valeria a pena continuar se houvesse um desafio para se tornar diferente. Então, definiu o objetivo a ser alcançado no terceiro estágio: "realizar uma coisa melhor que o concorrente". Para tanto, foram definidas novas metas: produtividade, qualidade, agilidade e flexibilidade. A produtividade era a forma de a empresa ser mais competitiva. A qualidade visava à diferenciação a fim de evitar a concorrência com base no preço. A flexibilidade era necessária para ter capacidade de se adaptar às novas situações, e agilidade para se adaptar a elas com a velocidade necessária.

O ponto fundamental, porém, foi que a direção da Método chegou à conclusão de que a cultura da indústria da construção civil era o principal obstáculo para atingir seu objetivo. Uma cultura influenciada por um mercado fácil e favorável, que pouco exigia, dominado por empresas nacionais, conquista esta que não foi conseguida pela competência, mas por mecanismos de reserva de mercado. Além disso, era uma cultura autoritária, na qual se sobressaía o mestre, o responsável pela execução da obra. O engenheiro tinha um papel figurativo; quem determinava como proceder, que impunha o ritmo e a organização da obra era o mestre. Em consequência, o operário só trabalhava se tivesse alguém acima exigindo o trabalho. O mestre era alguém que havia se iniciado na construção civil como ajudante, e tinha seguido aprendendo observando os outros. A alta direção da Método concluiu que seu objetivo e suas metas só poderiam ser atingidos se conseguisse mudar esta cultura. E isto ela fez explicitando sua filosofia empresarial, que contradizia a cultura do setor, a qual foi amplamente disseminada entre seus colaboradores.

MANTENDO O SUCESSO

O que mobiliza a empresa para criar seus estágios de evolução não é o fracasso, mas o sucesso. As empresas válidas não decidem promover mudanças porque estão indo mal. Decidem mudar porque estão indo bem, mas querem ir melhor. Isso não quer dizer que não estejam sujeitas às mudanças, que estão fora de seu controle e exigem adaptação. Não quer dizer também que não tenham problemas. Elas os têm, mas não é a resolução de problemas nem a necessidade de adaptação que orienta seu processo de desenvolvimento, como acontece com as empresas que não têm a visão clara sobre o seu futuro.

> [...] o ônus de uma grande reestruturação e reengenharia é simplesmente a multa que uma empresa tem que pagar por não ter previsto o futuro.[5]

Meus trabalhos de consultoria que obtiveram melhores resultados foram nas empresas que estavam preocupadas em buscar soluções para atingir seus estágios futuros. Naquelas em que fui procurado para resolver problemas, os resultados nem sempre foram satisfatórios. As soluções de problemas são, em geral, desgastantes, exigem grande energia e nem sempre produzem os efeitos desejados. Quando não se tem uma visão de futuro clara, é difícil, inclusive, saber o que é problema e o que não é. Se uma coisa vai mal, é preciso saber se está relacionada a algo que a empresa estabeleceu para seu futuro. Se estiver, pode representar um problema, mas, se não, não deve desviar a atenção da empresa do que é relevante para o seu futuro. E isso vale também para os processos de planejamento que identificam os "pontos fortes" e os "pontos fracos".

O FUTURO EM DIFERENTES HORIZONTES DE TEMPO

A necessidade de assegurar, além da sobrevivência, o crescimento e a continuidade faz que o futuro tenha, para as empresas válidas, diferentes horizontes. Por um lado, estão preocupadas em garantir o desempenho a curto prazo para assegurar a sobrevivência, mas, ao mesmo tempo, estão preocupadas em tomar decisões de longo prazo para garantir seu crescimento e continuidade. Dimensionar e priorizar a atenção e os investimentos no presente e no futuro não é tarefa fácil. A decisão da Kodak sobre o caminho a tomar em relação à fotografia digital é muito boa para ilustrar este desafio:

> Equilibrar o presente e o futuro é o dilema que a Kodak, com 120 anos, enfrenta enquanto se prepara para entrar na nova era da fotografia digital. A questão não é se a Kodak fará a transição, mas como e quando. Em 1999, mais de 80% do rendimento da Kodak e praticamente todo o seu lucro vinham de câmeras tradicionais. Quando as câmeras digitais começaram a ser vendidas em grandes quantidades, e enquanto o crescimento acelerava, a Kodak está gastando US$ 500 milhões anuais em P&D digital, contratando novos executivos com experiência relevante, e retraçando suas linhas organizacionais. Seu desafio real é posicionar-se para a era digital sem descartar seus lucrativos negócios tradicionais tão cedo.[6]

Charles Handy apresenta uma ideia que ajuda as empresas a lidar com os diferentes horizontes de tempo na criação do futuro.[7] Ele usa a curva sigmoide, em formato de S, ilustrada na Figura 7.1, para explicar a falácia de se tentar predizer o futuro olhando para o passado, e para afirmar que os caminhos que nos levaram aonde estamos hoje raramente são os que nos manterão nesse lugar. A curva sigmoide, explica Handy, resume a própria história da vida. Começamos de forma lenta, experimental e hesitante, depois nos desenvolvemos, e depois definhamos. A curva explica também o ciclo de vida dos produtos, a ascensão e queda de vários impérios e de diversas empresas. Para manter o crescimento, Handy sugere que devemos começar uma nova curva sigmoide antes que a primeira se esgote, conforme ilustrado na Figura 7.2. E o lugar certo para esta segunda curva é no ponto **A,** onde há tempo, recursos e energia para enfrentar os tropeços iniciais antes que a primeira comece a se inclinar. É um jeito de construir o novo futuro enquanto se mantém o presente. Handy lembra que no ponto **A** os indivíduos ou as instituições estão ainda em processo de desenvolvimento, o que significa que parece prematuro fazer as mudanças, já que a sensação é de que tudo está indo bem, e nada precisa ser mudado, pois, tradicionalmente, enxergamos a necessidade de mudança quando algo está indo mal, ou seja, quando já estamos no ponto **B** da primeira curva. A fim de assegurar que estamos caminhando para um novo futuro, e não continuando no caminho do passado, a segunda curva tem que ser diferente da primeira e, por isso, Handy sugere que ela seja conduzida por pessoas diferentes daquelas envolvidas com a primeira. A área tracejada entre as curvas representa um momento de confusão, pois diferentes ideias e diferentes pessoas coexistem.

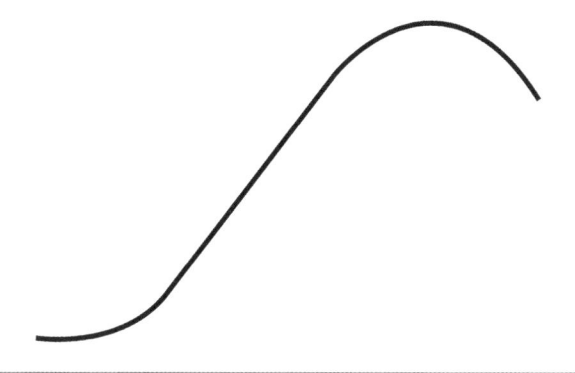

Figura 7.1 – A curva sigmoide

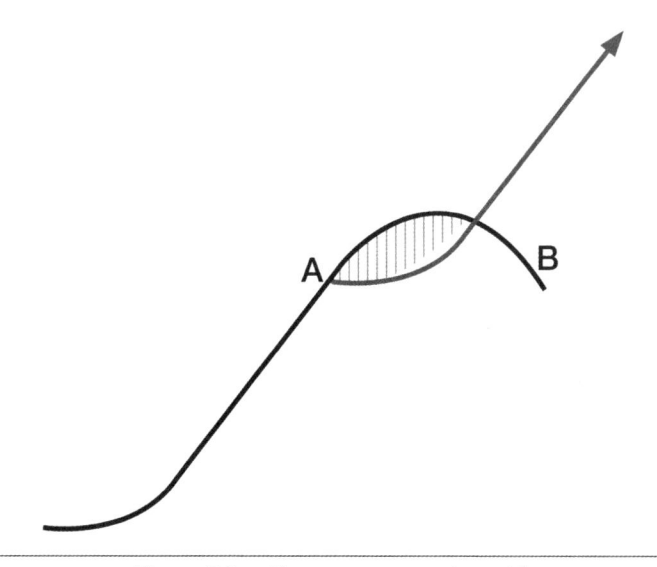

Figura 7.2 – Uma nova curva sigmoide

Ken Blanchard e Terry Waghorn[8] usam as duas curvas de Charles Handy para sugerir uma maneira de cuidar do presente e do futuro ao mesmo tempo. A primeira curva, dizem, representa o presente. O ponto em que está na primeira curva até que chegue ao ponto **A**, onde deve começar a segunda curva, a empresa tem um espaço para promover um conjunto de melhorias na maneira como trabalha hoje para atender aos mercados atuais com os produtos atuais: decisões mais ágeis, processos operacionais mais eficientes, relações com os clientes aprimoradas, por exemplo. A segunda curva representa o futuro. O esforço, nela, é conceber inovações, criar o futuro com base na visão do que serão os novos produtos e os novos mercados. A primeira curva é designada **Melhorias do presente,** e representa fazer **melhor** o que a empresa faz hoje; a segunda, **Inovações futuras,** significa fazer **diferente** do que a empresa faz hoje. Elas estão ilustradas na Figura 7.3. Temos assim **dois horizontes de futuro:** o **futuro do presente,** que é ser melhor do que somos hoje, e o **futuro do futuro,** que é ser diferente do que somos hoje. Considerando que os esforços de melhorias são diferentes dos de inovação, os autores afirmam, como Handy, que é necessário alocar diferentes pessoas para cuidar de cada curva. Para exemplificar esses esforços:

Ken Blanchard e Terry Waghorn

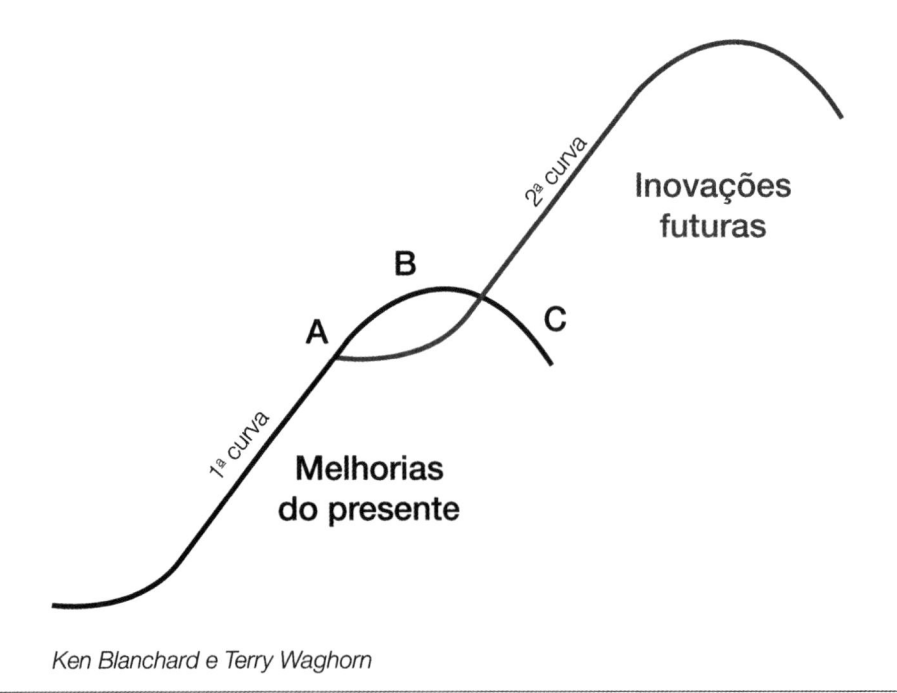

Figura 7.3 – As curvas do futuro e do presente

Quando a empresa está, ao mesmo tempo, desenvolvendo melhorias para os produtos atuais (primeira curva) e pesquisando novas ideias para produtos novos completamente diferentes dos atuais (segunda curva), a fim de assegurar que o gerenciamento do presente e, ao mesmo tempo, a criação do futuro, seja um processo de transformação participativo, Blanchard e Waghorn sugerem que as pessoas a serem envolvidas sejam escolhidas entre os colaboradores da empresa, que, assim, terão duas responsabilidades básicas: cuidar de suas funções rotineiras e participar de uma das equipes organizadas para promover as melhorias e as inovações: as equipes P, que cuidarão do presente, ou as equipes F, responsáveis por cuidar do futuro. Também como Handy, enfatizam que a segunda curva deve começar no ponto **A**, e que, se a empresa esperar até que cheguem aos pontos **B** ou **C**, terão pouca probabilidade de reverter a situação, porque, para cada experiência de sucesso, duas falham.

DECISÃO CONSCIENTE DE MUDANÇA

Uma decisão consciente de mudança significa compromisso efetivo de fazê-la acontecer. Isto quer dizer que não basta criar o futuro e esperar que os passos em direção a esse estágio futuro desejado aconteçam naturalmente. As empresas que pensam assim esquecem-se de que entre a decisão de mudar e obter os resultados há uma distância grande a ser percorrida em uma estrada na qual há, sem dúvida, trechos bons, mas onde há também os ruins e obstáculos a serem vencidos com perseverança.

A decisão da empresa de sair do estágio em que se encontra hoje para ir a um estágio futuro implica começar hoje ações efetivas, algumas das quais podem levar anos para trazer os resultados esperados. Isto exige determinação, disciplina, dedicação de tempo e energia para conceber e implementar as mudanças, e para superar as dificuldades que emergem desses processos. Por isso, as decisões tomadas na evolução deliberada são conscientes, baseadas em processos estruturados de reflexão que antecedem a ação. Estes processos são, por vezes, cansativos e demorados, porém, amadurecem a decisão a ser tomada e fortalecem a disposição de implementar as ações necessárias.

Por isso, os processos de evolução deliberada são planejados, com objetivos e resultados esperados explícitos, alocação de tempo e recursos adequados à complexidade do processo, envolvimento de equipe integrada por pessoas com as competências requeridas pelo processo, e metodologias adequadas ao estudo, criação e implementação das mudanças.

TEMPO E VELOCIDADE DAS MUDANÇAS

Um dos principais desafios das empresas é promover as mudanças necessárias no tempo certo. Nem antes, nem depois. É muito comum que elas justifiquem que não têm tempo para pensar no futuro, que há coisas mais urgentes a fazer. Por isso, estão sempre atrás dos acontecimentos, sempre correndo para resolver problemas intermináveis. Essas situações caracterizam os processos reativos de desenvolvimento, e nós sabemos quais são suas implicações:

- A adaptação da empresa às transformações exige grande esforço em um curto espaço de tempo, e não é possível avaliar todas as implicações das decisões e das mudanças efetuadas.
- Essas mudanças, no máximo, asseguram a sobrevivência no curto prazo, mas nem sempre contemplam o crescimento e a continuidade, que usualmente dependem de decisões cujos resultados acontecem a longo prazo.
- Se houver muitas mudanças em intervalos curtos de tempo, esse quadro tende a se agravar, pois nenhuma empresa consegue absorver várias mudanças, muitas vezes profundas, de forma contínua, em um curto espaço de tempo.
- A postura "pragmática" de promover ações sobre o que aconteceu é mais confortável e não exige esforço criativo, mas também não promove as oportunidades de inovação e evolução.
- As adaptações exigem soluções rápidas que nem sempre permitem avaliar com clareza as causas, e, por isso, geram ações que combatem os efeitos.

Como uma das principais características da evolução deliberada é a postura ativa, que implica antecipação, as empresas têm o tempo necessário para conceber e implementar as mudanças. São esforços planejados que permitem avaliar com clareza as alternativas e as respectivas implicações, analisar a capacidade de absorção das mudanças, definir requisitos para a implementação e o momento mais oportuno. Por isso, os processos de desenvolvimento baseados na evolução deliberada são contínuos, predefinidos, equilibrando o tempo e a velocidade das mudanças.

VISÃO SISTÊMICA

Ao selecionar aqueles aspectos que requerem ações mais urgentes, os processos reativos de mudança são incapazes de promover o desenvolvimento integral da empresa. Eles não conseguem abranger com clareza todos os aspectos envolvidos a cada estágio dos processos de evolução. Usualmente, concentram-se no "aspecto predominante" da mudança – uma nova estratégia comercial, uma nova tecnologia, o aumento da capacidade de produção, melhorias de qualidade, produtividade etc. – e no momento da implementação é que se percebe que a solução está incompleta.

Os processos de evolução deliberada buscam a integração de todas as variáveis – técnicas e humanas – que interferem no desempenho da empresa como um todo. Por isso é comum que as empresas que os adotam, em vez de mobilizarem apenas os especialistas, organizam equipes multidisciplinares, promovendo uma efetiva sinergia do conhecimento disponível da empresa. Essas equipes são alocadas não só na implementação, mas também na concepção dos estágios futuros e na definição dos caminhos para se chegar lá.

O QUE DEVE MUDAR E O QUE NÃO DEVE

Uma condição que está sempre presente quando falamos em processos de desenvolvimento empresarial é a necessidade de mudar. Mas a prática demonstra que, inadvertidamente, muitas empresas fazem mudanças onde não deveriam, em pontos que foram e continuam sendo os pilares do seu sucesso. As empresas válidas fazem uma distinção importante quando estabelecem seus processos de evolução deliberada: distinguem o que deve mudar do que deve permanecer fixo. Dentre este último, está a sua filosofia empresarial. Por isso elas não mudam a sua razão de ser (missão), nem o que pretendem fazer no seu campo de negócio (propósito), e muito menos suas crenças e valores (princípios). Já seus objetivos, metas, estratégias e outras práticas de negócio, elas estimulam que estejam em constante mudança para tornar a empresa capaz de se antecipar e dar conta das transformações do ambiente onde operam. Tratei disto no artigo "Deixe a filosofia empresarial fora do seu 'planejamento estratégico'",[9] no qual analisei duas diferentes abordagens adotadas nas mudanças da filosofia e práticas de negócio:

> Na prática há dois modelos predominantes adotados para integrar a Filosofia Empresarial com o planejamento das operações. No primeiro a Filosofia

Empresarial está **dentro** do processo de planejamento. Este modelo pressupõe que a equipe executiva deve tomar e/ou propor decisões de qualquer natureza sobre o futuro, inclusive novos campos de negócio, princípios, valores etc. Neste modelo, a cada ciclo de planejamento a filosofia empresarial é repensada juntamente com os objetivos, metas, estratégias de produtos, mercados, tecnologia, recursos, investimentos, rentabilidades etc. No outro modelo, as definições sobre a Filosofia Empresarial **antecedem e orientam** as decisões tomadas no processo de planejamento das operações. Ou seja, a Filosofia Empresarial não é uma variável do planejamento. É uma premissa.

Collins e Porras constataram essa prática nas empresas visionárias, que mantinham intacta sua ideologia central – o que chamei de filosofia empresarial – e, ao mesmo tempo, promoviam mudanças para se adequar à evolução do seu ambiente de negócios. Elas adotavam o princípio de "preservar o núcleo e estimular o progresso" que os autores assim resumem:

> As companhias que desfrutam um sucesso duradouro têm valores centrais e propósito central que permanecem fixos enquanto suas estratégias e práticas de negócios continuamente se adaptam ao mundo em mudança. A dinâmica de preservar o núcleo enquanto estimulam o progresso é a razão de empresas tais como Hewlett-Packard, 3M, Johnson & Johnson, Procter & Gamble, Merck, Sony, Motorola, e Nordstrom tornarem-se instituições de elite capazes de se renovar e atingir desempenho superior a longo-prazo.[10]

UM PROCESSO PERMANENTE

A evolução deliberada é um processo permanente de desenvolvimento. Quando atingem o estágio que buscavam, as empresas válidas já estão prontas para definir o próximo estágio e caminhar para ele. É dessa forma que mantêm um processo contínuo, sem fim, de melhorias e inovações para orientar seu desenvolvimento.

O exemplo da Ford ilustra muito bem a necessidade de estabelecer sucessivos estágios de evolução para assegurar um processo permanente de desenvolvimento. Quando Henry Ford definiu o objetivo de "democratizar o automóvel", causou uma verdadeira revolução na indústria automobilística nos Estados Unidos, e "transformou o estilo de vida norte-americano para 15 milhões de pessoas com o Modelo T (o 'carro popular'), principalmente devido à redução de preços em 58% de 1908 a 1916. Naquela época, a Ford recebia mais pedidos do que podia atender e poderia ter *aumentado* os preços. Contudo o senhor Ford continuou baixando os preços, mesmo com um processo dos acionistas contra esta prática".[11] Porém, depois que atingiu esse objetivo, Ford não tinha vislumbrado o novo estágio de evolução da empresa. Eis o que aconteceu:

Em maio de 1927, Henry Ford fez uma coisa muito extraordinária. Ele fechou sua linha de montagem e enviou os trabalhadores para casa enquanto voltava à prancheta. Isso ainda é uma das ironias colossais da história, o homem que mais do que qualquer outro indivíduo inventou o futuro, ficou amarrado ao passado. Ele fracassou em perceber que o próprio sucesso do Modelo T iria torná-lo obsoleto. Se Ford tivesse sido menos próximo de sua criação, teria visto a onda da mudança chegar. Em vez disso, ele foi forçado a fechar a instalação industrial mais famosa do mundo. O que Ford não imaginava é que depois de apresentar às pessoas a propriedade de automóveis, ele mudaria suas vidas para sempre. Lembre-se, Ford tornou os carros acessíveis para o mercado de massas. Isso significava que alguém comprando um carro estava, quase que certamente, comprando seu *primeiro* carro. Ford nunca imaginou que quando chegasse a hora de um *segundo* carro ou um *terceiro*, as pessoas desenvolveriam um gosto por carros melhores, por mais conforto, potência e estilo, que foi exatamente o que aconteceu. E a crescente prosperidade de nação acoplada ao crescimento do mercado comprador significava que mais pessoas poderiam comprar esses carros melhores. Isso também significava que seus primeiros carros agora estavam disponíveis para revenda como carros usados. Então o Modelo T, que havia dominado o extremo de transporte básico do mercado, foi desalojado por uma onda de carros usados com preço ainda menor.[12]

Alfred P. Sloan, então o principal executivo da General Motors, uma das principais concorrentes da Ford, descreve assim a nova situação do mercado de carros dos Estados Unidos:

> Quando os compradores de primeiro carro voltaram ao mercado para a segunda compra, com o carro velho dado como entrada do novo, eles estavam vendendo transporte básico e exigindo mais do carro novo. Os compradores de renda média, auxiliados pela troca e pelo financiamento, criaram a demanda, não por transporte básico, mas por progresso nos novos carros, conforto, conveniência, potência e estilo. Era essa a tendência da vida americana e aqueles que se adaptaram a ela prosperaram.[13]

TRÊS REQUISITOS FUNDAMENTAIS: CONHECIMENTO, INOVAÇÃO E MOBILIDADE

Para criar um processo de evolução deliberada, a empresa deve ter capacidade de satisfazer a três requisitos simultaneamente: estar em busca permanente do ***conhecimento***, dispor de criatividade para ***inovar***, e ter predisposição para estar em constante movimento, ou seja, ***mobilidade***.

O ***conhecimento*** é cada vez mais um dos recursos fundamentais das empresas. À medida que o trabalho manual vem vendo substituído pelas máquinas gradativamente, mas com velocidade cada vez maior, o fator de desempenho baseado nas habilidades manuais ou na energia física é transferido para a capacidade de conhecimento que uma empresa dispõe. O conhecimento é utilizado em todos os aspectos da vida empresarial. É fundamental para fazer melhor o que a empresa faz hoje e para aprender a fazer diferente o que for necessário amanhã. É necessário para identificar as necessidades da sociedade e criar as utilidades que vão satisfazê-la; para saber quais devem ser os nossos clientes e o que fazer para atraí-los e mantê-los; para utilizar adequadamente os recursos e transformá-los em utilidades; para manter e fazer os talentos crescerem, além de todas as outras competências exigidas para cumprir eficientemente a tarefa empresarial. O conhecimento empresarial é obtido, em parte, pela educação e, em parte, pela experiência obtida na prática da tarefa empresarial. Somente a educação não é suficiente para aprimorar o desempenho da tarefa empresarial; sozinha, ela não garante a sabedoria que as empresas válidas conseguem ao longo de sua vida. A prática, por sua vez, sozinha, também não assegura a eficácia na consecução dos resultados empresariais, pois dificulta a percepção e o entendimento dos fenômenos e exige mais tempo para atuar sobre eles, além disso, não auxilia a empresa a tirar todo proveito do aprendizado que o exercício prático propicia. Portanto, a educação e a prática se complementam, e é delas que a empresa extrai sua sabedoria. Isto caracteriza um ciclo contínuo de estudo–concepção–implantação–prática–avaliação–estudo–concepção, e assim por diante. É, em síntese, um processo permanente de aprendizagem. E é este processo de aprendizagem que gera e aprimora a capacidade de percepção e a criação de estágios de evolução da empresa. É ele que permite que a empresa válida crie seu próprio processo de desenvolvimento baseado nas suas peculiaridades, ao contrário daquelas empresas que procuram evoluir imitando experiências de outras. É ele que possibilita que a empresa válida seja o que Peter Senge chama de "organização de aprendizagem":

é uma organização que está continuamente expandindo sua capacidade de criar seu futuro. Para ela não basta apenas sobreviver – ela precisa de "aprendizagem de sobrevivência", mais conhecida por "aprendizagem de adaptação", e de "aprendizagem generativa", que estimula nossa capacidade criativa.[14]

Outro requisito para a empresa promover um processo de evolução deliberada é a **capacidade de inovar**. As necessidades da sociedade estão em constante evolução. Cada vez mais ela reclama bens e serviços melhores e mais econômicos. Isso exige que as empresas, além de ter a capacidade de identificar essas necessidades, tenham capacidade para transformá-las em utilidades e também acrescentar algo novo ao que já produz. A capacidade de *inovar* é essencial para quem deseja estar à frente dos acontecimentos, condição que exige criatividade e antecipação, e não apenas adaptação. A inovação não está restrita à capacidade da empresa em criar as utilidades requeridas para atender às necessidades da sociedade em constante evolução. Ela está presente em todas as outras atividades da tarefa empresarial das empresas válidas: nas ações inovadoras para criar e manter clientes satisfeitos, na criação e uso produtivo de recursos, na construção de relações significativas, na descoberta de oportunidades para o desenvolvimento dos talentos, na permanente adequação dos princípios de conduta à evolução da sociedade, na concepção de alternativas que assegurem a rentabilidade justa. A inovação contribui, assim, de forma significativa para a competitividade, produtividade, rentabilidade, e outros itens, com impacto direto nos resultados empresariais.

A capacidade de inovar exige a coragem de acreditar em novas ideias, por mais absurdas que possam parecer à primeira vista, e, neste sentido, é bastante auxiliada pelo trabalho em equipe multidisciplinar. A inovação não acontece ao acaso, por força da inspiração; ela exige um esforço criativo permanente para gerar novas ideias. Peter Drucker sugere que haja um processo sistematizado, planejado, com definições de resultados esperados, para produzir as inovações:

> A inovação sistemática consiste na busca deliberada e organizada de mudanças, e na análise sistemática das oportunidades que tais mudanças podem oferecer para a inovação econômica e social.[15]

Mudança e risco são palavras que fazem parte do dia a dia das empresas que mantêm um processo permanente e deliberado de evolução. Constantemente, vemos as pessoas reclamando das mudanças nas empresas. Mas as mudanças, em vez de problemas, são requisitos das empresas válidas. A empresa ativa e em permanente desenvolvimento está sempre identificando e atendendo a novas necessidades. Isso envolve mudanças e, estas, novos riscos. Tudo pode ser traduzido na palavra **mobilidade**, a capacidade de estar em permanente movimento, outra característica das empresas válidas. Mobilidade é a capacidade consciente que a empresa deve ter para promover as mudanças e aceitar os riscos inerentes a elas.

ASPECTOS COMPORTAMENTAIS

A evolução deliberada não é uma abordagem de natureza técnica apenas. Para ser eficaz, ela depende também da existência de um conjunto de aspectos de natureza comportamental capazes de entusiasmar e mobilizar a equipe de colaboradores.

O primeiro desses aspectos comportamentais é acreditar na possibilidade de criarmos nosso futuro. Como esse futuro é algo intangível, algo que foge da realidade do nosso dia a dia, algo que, para ser realizado, precisa de muitos instrumentos que ainda não temos, é preciso que as pessoas tenham uma forte crença na possibilidade de a empresa sonhar e realizar sonhos.

Outro aspecto diz respeito à predisposição para mudar, principalmente quando tudo está indo bem. Já disse acima que é o sucesso, e não o fracasso, o agente de mobilização da evolução deliberada. Já vimos que quando estamos indo mal, quando há um problema a ser resolvido, parece que a compreensão da necessidade de mudança é "natural", mas quando o cenário é bom, as pessoas têm uma dificuldade maior para entender e aceitar a necessidade de mudança.

O trabalho em equipe multidisciplinar também é um aspecto que tem implicações comportamentais. Quando se trabalha em equipe especialista, ainda que haja divergências, o pensamento grupal é mais comum e há menor probabilidade de conflito. Já na equipe multidisciplinar, surgem diferentes visões que nem sempre são facilmente aceitas pelos especialistas no assunto que está em discussão. Estas diferentes visões, às vezes aparentemente sem sentido, trazem grandes oportunidades de inovação, mas constituem dificuldades nos trabalhos em equipe.

Aceitar trabalhar em processos planejados, ordenados, baseados em reflexão antes da ação, é também uma dificuldade comportamental comum na prática da evolução deliberada. Ainda é muito comum que a ansiedade de "fazer acontecer" induza processos sem objetivos claros, sem métodos adequados, sem a reflexão necessária, sem o envolvimento de pessoas representativas, que, quando conseguem chegar ao seu final, produzem soluções pobres.

SISTEMA DE GESTÃO

A evolução deliberada precisa de mecanismos para ser colocada em prática. Processos de planejamento baseados na criação de estágios futuros de evolução, envolvimento de pessoas nesses processos, com as competências requeridas e a definição clara de papéis e responsabilidades sobre os resultados, mecanismos de avaliação e controle do progresso do processo de evolução, organização de trabalhos em equipes multidisciplinares, são alguns exemplos do que precisa estar incorporado nos sistemas de gestão da empresa.

É importante enfatizar que os sistemas de gestão adequados aos processos de evolução deliberada são bastante diferentes daqueles requeridos por outras abordagens de desenvolvimento empresarial. Para ilustrar, o sistema de planejamento que dá suporte à evolução deliberada fundamenta-se no processo de criação de futuro, usa o passado como conhecimento (aprendizado), e baseia-se na capacidade de percepção e de inovação da empresa sobre as tendências sociais, contempla as duas curvas: a do presente, que leva a empresa a ser melhor, e a do futuro, que a leva a ser diferente. Já o planejamento incremental, aquele que dá suporte aos processos tradicionais de desenvolvimento, é fundamentado em previsões de futuro, feitas com base em projeções de dados do passado e em previsões de tendências das variáveis econômicas do ambiente de negócios atual. Esses dois sistemas são profundamente divergentes nas suas premissas, nos seus conceitos, e requerem competências diferentes para serem praticados.[16]

UMA OPÇÃO BASEADA NA FILOSOFIA EMPRESARIAL

Se compararmos os diferentes processos de desenvolvimento empresarial, veremos que todos eles apresentam vantagens e desvantagens. Infelizmente, não é possível escolher o que é bom de cada processo, descartar as desvantagens e montar um "processo ideal". Os processos são consistentes, integrais, cada um tem a sua lógica, cada um tem pressupostos não só de natureza técnica, mas também comportamental, que lhes são próprios. Tirar uma parte de um deles para colocar em outro é desfazer o todo, é criar algo artificial que certamente não irá funcionar. Por exemplo, as variáveis intangíveis são mais presentes nos processos de evolução deliberada do que em outros. Tentar incluir variáveis tangíveis nesses processos com o objetivo de "simplificá-los" é introduzir mudanças estruturais que alteram sua natureza e desfazem sua integridade.

Cabe, então, saber qual processo consegue – sem modificações – resolver melhor alguns desafios, algumas restrições e, mesmo, alguns paradoxos inerentes aos processos de desenvolvimento empresarial, tais como: que ênfase colocar na sobrevivência, no crescimento e na continuidade? Como lidar, ao mesmo tempo, com o que deve mudar e o que deve permanecer fixo? Quando abandonar o "fazer melhor o que já se faz" e adotar o "fazer diferente"? Como equilibrar o desempenho de curto e de longo prazo? Como manter a empresa "acesa", em permanente estado de evolução e sintonizada com seu ambiente, sabendo que, como dizem Hamel e Prahalad:

> [...] qualquer empresa que se comporte mais como passageira do que como motorista na estrada do futuro descobrirá que seus valores e habilidades se tornarão progressivamente menos sintonizados com a realidade em constante mutação do setor.[17]

Parece-me que o processo de evolução deliberada, considerando os resultados que consegue na prática, é o mais eficaz para dar respostas a essas questões. Por isso, ele é a abordagem de desenvolvimento praticada nas empresas líderes em seus setores, naquelas que trazem as contribuições mais significativas para o progresso social, que conseguem resultados duradouros. Mas a evolução deliberada não é uma simples estratégia que funciona isolada e em qualquer ambiente. Na empresa válida, ela traz resultados, porque decorre da filosofia empresarial, é parte de um todo, é uma atividade que está sintonizada com as demais atividades que compõem a tarefa empresarial.

CAPÍTULO 8

ATRAIR, DESENVOLVER E MANTER TALENTOS

É muito difícil encontrar um texto sobre administração que não reconheça a extrema importância das pessoas para o sucesso das empresas. De fato, são as pessoas que criam, desenvolvem e mantêm as empresas. Porém, a visão sobre o papel das pessoas difere nos diferentes modelos de empresa.

No conceito econômico clássico, as pessoas que integram as empresas são vistas como "fatores de produção", "insumos", "recursos", como a matéria-prima, os equipamentos, os materiais; portanto, como custos. Por isso, nas empresas cujo modelo é baseado na visão econômica clássica, quando se trata de pessoas, a tarefa empresarial é **otimizar a mão de obra**. Elas enfatizam a capacidade física de trabalhar das pessoas e buscam usar essa capacidade ao máximo. Dimensionam a capacidade de sua equipe em número de pessoas e horas trabalhadas ("normais" e "extras"). Enfatizam o conhecimento técnico para realizar o trabalho específico, e é com base nesse critério que recrutam, treinam e remuneram as pessoas. Elas controlam quanto tempo as pessoas trabalham, e seus horários de entrada e saída. Usam sua equipe até o máximo de sua capacidade física, muitas vezes colocando em risco a segurança física e emocional das pessoas. Avaliam a contribuição das pessoas com base em índices de produtividade, tais como: faturamento por funcionário, produção por hora trabalhada, volume de vendas por vendedor e outros. Mas nem sempre reconhecem essa contribuição. Como me disse um gerente de uma grande empresa brasileira: "A remuneração tem teto, mas os resultados a serem alcançados não". Nesta mesma empresa, outro gerente afirmou: "Falo para o meu pessoal que o que conta é o valor profissional de cada um, independente da empresa; não podemos ser mão de obra. Aqui a postura é de auditoria; só se critica, não se conversa, não se trocam ideias", mostrando que quando a empresa não dispõe de estímulos adequados, cada executivo procura uma forma particular de motivar seus subordinados, nem sempre vinculada aos desafios e resultados esperados da empresa.

Essa visão reflete ainda a era em que a principal parcela do esforço empresarial estava concentrada no trabalho físico. Com a invenção de máquinas e a crescente automação dos processos industriais e de escritório, os trabalhos rotineiros realizados por pessoas vêm sendo drasticamente reduzidos em quantidade e em importância para os resultados finais. Em seu lugar, as empresas passaram a depender cada vez mais de outra classe de colaboradores, aqueles que dominam o conhecimento e cuja competência não está no esforço físico, nas habilidades manuais, mas na capacidade de identificar e implementar as ações que permitem a realização dos resultados coerentes com as finalidades empresariais. Em vez de geradores de custos, são promotores de resultados. É uma habilidade que se realiza por meio do trabalho intelectual, do conhecimento, da experiência, da criação, da inovação e da mudança. As empresas válidas perceberam essa evolução, e passaram a reconhecer seus colaboradores como talentos, em vez de mão de obra. Elas perceberam que, em lugar de otimizar a mão de obra, sua tarefa é a de **atrair, desenvolver e manter talentos**.

Para realizar esta tarefa, a administração empenha-se em assegurar um ambiente interno que favoreça as oportunidades de desenvolvimento dos talentos. Mas não é só isso. Ela está permanentemente promovendo esforços de educação de seus talentos, pois sabe que dificilmente encontrará alguém pronto e moldado para suas necessidades e peculiaridades técnicas, administrativas e culturais, que, não vamos esquecer, estão em constante evolução. Além disso, a administração está preocupada em conseguir a compatibilização entre os objetivos individuais de seus talentos e os empresariais. Vimos, no Capítulo 3, que os colaboradores têm motivos, expectativas e convicções quando decidem prestar sua contribuição a um empreendimento. A satisfação destas necessidades constitui um dos requisitos para atrair, manter e desenvolver os talentos.

A tarefa de atrair, manter e desenvolver talentos não é, portanto, uma simples atividade de "administração de pessoal", restrita aos registros de funcionários, descrição de cargos, cálculos de folha de pagamento etc. A gestão de talentos é um desafio completamente diferente, que envolve os mecanismos de atração baseados na adesão à filosofia da empresa e critérios de seleção que usam meios para identificar o raciocínio lógico dos candidatos, mais do que respostas "certas" ou "erradas"; a integração cuidadosa; políticas de remuneração baseadas em contribuição, processos de avaliação baseados em desempenho, e não em horas trabalhadas, que auxiliam a identificação de necessidades de orientação e treinamento, horários flexíveis de trabalho, programas de educação concebidos de acordo com as necessidades específicas da empresa e dos colaboradores. A gestão de talentos exige, portanto, um esforço a ser feito pela administração da empresa como um todo, em todas as áreas e em todos os níveis, buscando mobilizar e orientar a energia intelectual dos colaboradores em direção aos resultados empresariais. Quando estes acontecem, ela reconhece a contribuição de seus colaboradores, não só pela remuneração, mas também pelas oportunidades de carreira, desenvolvimento e realização de suas necessidades. A perda de colaboradores que saem das empresas para criar empreendimentos próprios ou buscar de alternativas em outras empresas que oferecem melhores oportunidades de crescimento – e não apenas de salários – vem aumentando de maneira surpreendente no Brasil nos últimos anos. A preservação e o crescimento de seu patrimônio de talentos exigem que a empresa propicie oportunidades de crescimento para seus colaboradores por meio da educação, da prática, do uso e do desenvolvimento de suas potencialidades. Contratar e despedir quando convém certamente não é a prática de empresas válidas.

Um dos mais importantes mecanismos que as empresas válidas utilizam para atrair talentos não é falar de seus produtos e de seus mercados, do seu tamanho, suas políticas de remuneração e benefícios. É, em primeiro lugar, falar de sua missão e do desafio de realizá-la, e, em seguida, assegurar-se de que a missão faz sentido para o potencial colaborador e se está disposto a assumir o compromisso de contribuir para a empresa cumpri-la.

A tarefa de criar, manter e desenvolver talentos não é um esforço em uma só direção: da empresa para as pessoas. Ela depende também do empenho e compromisso das pessoas que se propõem a trabalhar com a empresa. A empresa propõe uma missão, e as pessoas que a aceitam se comprometem a cumpri-la. A empresa deve propiciar as oportunidades, mas as pessoas têm de se empenhar e saber aproveitá-las. Uma das características dos talentos é que eles são os primeiros a se preocupar e cuidar de seu desempenho; eles buscam seu autodesenvolvimento, não ficam esperando a iniciativa da empresa para o seu desenvolvimento, não esperam que isso seja uma responsabilidade apenas daqueles que os contrataram.

A tarefa de criar, manter e desenvolver talentos está ficando cada vez mais complexa, porque várias atividades não são desenvolvidas pelos funcionários, mas por colaboradores externos, sejam parceiros, fornecedores de materiais ou serviços, como já vimos no Capítulo 3. E esta tendência de usar colaboradores externos está se intensificando cada vez mais. Por isso, as empresas válidas já estão dando um tratamento especial para esses colaboradores externos, incluindo-os, por exemplo, nos programas de capacitação dirigidos aos colaboradores internos, nos esforços internos de criação de utilidades, naqueles voltados à satisfação dos clientes, ao uso produtivo de recursos e outros, à eficiência na execução da tarefa empresarial.

Em síntese, eis o que caracteriza os talentos:

DOMINAM O CONHECIMENTO

Ao contrário da mão de obra, as habilidades dos talentos não estão na sua energia física e/ou aptidões manuais, mas, sim, no domínio do conhecimento. Ao entrar no meu primeiro emprego, no Banco do Brasil, fui destacado para um trabalho típico de mão de obra, que consistia em preencher formulários para remessa de duplicatas a serem cobradas pelas agências do banco distribuídas pelo país. A competência fundamental para realizar esse trabalho era a habilidade em datilografar, incluindo rapidez e precisão. Em épocas de acúmulo de serviço, nosso chefe estabelecia "prêmios de produção". Ele determinava uma quantidade de formulários a serem preenchidos; quem atingisse tal quantidade poderia ir embora, sem precisar esperar o horário de saída. O único que conseguia atingir a meta era um colega que tocava acordeão muito bem. Diziam que vinha daí sua extrema habilidade com os dedos. Não é preciso dizer que era um trabalho enfadonho, que não exigia nenhum conhecimento especial, do qual, na primeira oportunidade, me livrei.

O trabalho baseado no conhecimento é de natureza diferente daquele com base no esforço físico e nas habilidades manuais. As empresas têm feito grande esforço no sentido de entendê-lo, em toda sua amplitude, para buscar instrumentos adequados às novas características e exigências desse trabalho. De fato, é um perigo usar as mesmas ferramentas aplicadas na gestão de mão de obra para administrar o trabalho dos talentos, fundamentado no conhecimento. O trabalho em equipe, o uso da informação, a educação continuada, a gestão de projetos, são algumas das exigências deste trabalho. Antes, o progresso na carreira não dependia tanto da educação. A pessoa começava nos níveis inferiores e simplesmente ia subindo. Hoje, sem os esforços continuados de educação desenvolvidos pela empresa, mas principalmente pelo colaborador, é muito difícil que haja sucesso na carreira. Atualmente, é muito comum encontrarmos nas empresas equipes multidisciplinares desenvolvendo esforços de melhorias e inovação cujos resultados são inegavelmente superiores aos conseguidos mediante trabalhos individuais isolados. São trabalhos que, para ser bem-sucedidos, exigem novas tecnologias de gestão, incentivos e posturas comportamentais diferentes dos rotineiros. Normalmente, são trabalhos conduzidos de acordo com a metodologia de projetos, e que, por serem desenvolvidos em equipe, exigem que a empresa incentive a participação das pessoas nas equipes, que seus integrantes adotem uma postura de contribuição e disponibilidade, e que estejam abertos às oportunidades de realização e de aprendizado que esses trabalhos proporcionam. Engana-se quem pensa que o trabalho em equipe impede a expressão individual. Um trabalho em equipe bem estruturado propicia que cada integrante aporte suas competências individuais e contribua para a sinergia que resulta do trabalho conjunto. Um bom exemplo é um time de futebol. Imagine se cada jogador quisesse decidir sozinho o jogo. Tostão, o magnífico jogador que nos encantou com sua técnica e inteligência ao jogar futebol, hoje, para nossa tristeza, não é mais jogador, mas, para nossa felicidade, continua inteligente, falando sobre o individual e o coletivo no futebol. Ele nos presenteia com algumas preciosidades que devemos usar para refletir sobre o trabalho em equipe:

> Um atleta precisa ocupar várias posições em campo, porém, ele só será um grande solista, um craque, se, além de talento, participar de uma afinada orquestra e encontrar o seu lugar, o seu jeito de jogar, que é só dele. Aí ele deslancha [...] (isso) ocorre em um tempo variável e também não necessariamente uma única vez na carreira [...] Às vezes esse encontro nunca acontece, por falta de oportunidade, de apoio e de achar o seu lugar e o seu jeito [...] Os grandes encontros acontecem por acaso, mas não se tornam espetaculares e duradouros por acaso. É preciso cuidar bem desses momentos, engrandecê-los e vivê-los com intensidade, como acontece em todas as relações afetivas [...] Qualquer profissional, solista, além de encontrar o seu lugar, precisa ter cumplicidade com o seu trabalho, com a orquestra [...] Não é apenas uma relação de deveres e de direitos [...] não são os solistas que afinam as orquestras. Estas é que dão condições para os solistas brilharem. Às vezes as duas coisas acontecem juntas, de repente, sem se saber o porquê.[1]

Manter seus talentos constitui um grande desafio para as empresas cujo trabalho é baseado no conhecimento, pois este, diferente do capital, dos equipamentos, das instalações, não é um recurso que pertence à empresa, mas ao colaborador.

Perder um colaborador pode significar estar perdendo uma parcela importante do patrimônio intelectual da empresa. No trabalho baseado na força física e na habilidade manual, substituir um colaborador não tem um impacto tão grande no desempenho da empresa como um todo, pois não é tão difícil conseguir outro com as mesmas habilidades para colocar em seu lugar.

SEU TRABALHO É INTELECTUAL

A essência do trabalho do talento não é uma quantidade de produtos físicos produzidos, mas o esforço intelectual para promover ações e mudanças inteligentes. Este esforço não exige energia física nem habilidade manual, mas, sim, as competências básicas do talento: conhecimento, inovação, aprendizagem.

Isso não quer dizer que o talento é daquele que só fica pensando. Na prática, as pessoas tremem cada vez que se fala da necessidade de reflexão. "Precisamos trabalhar mais e pensar menos", elas dizem. Mas o talento reflete, concebe e implementa as ações que tornam os resultados empresariais mais eficazes.

Por ser de natureza intelectual, o trabalho do talento não pode ser medido em termos quantitativos: horas trabalhadas, volumes vendidos e produzidos etc. Mas os resultados de seu trabalho podem: margens de rentabilidade melhores, índices excelentes de eficiência operacional, clientes satisfeitos e leais, utilidades inovadoras, competitividade e liderança etc.

FOCO NOS RESULTADOS

Uma grande diferença entre mão de obra e talento é que os primeiros entendem que a finalidade de sua função é executar as tarefas, e os últimos focam a execução das tarefas como meio para atingir resultados. Isso vale para todos os níveis da empresa, não só para os de direção. Nos vários lugares que frequentamos em nosso dia a dia, percebemos claramente aqueles que simplesmente fazem seu trabalho e os que se destacam. Nos restaurantes, nos bares, no cinema, nos supermercados, nas lojas, há sempre aqueles que são mais simpáticos, mais eficientes, mais competentes, mais prestativos do que os outros. Estes são os talentos, e é por eles que voltamos a esses lugares. Nos "serviços de atendimento aos clientes" há aqueles que nos atendem, mas não resolvem nossos problemas, e há aqueles que resolvem e nos orientam sobre como proceder nos problemas futuros. Nas empresas, há os funcionários que simplesmente mandam entregar os produtos ao cliente na data marcada, e há aqueles que, antes, entram em contato com o cliente para se certificar de que ele está disponível para receber o produto e saber qual é o melhor horário para entrega, contribuindo para a satisfação do cliente. Há gerentes que punem os erros dos subordinados, e há aqueles que aproveitam os erros como oportunidades de aprendizado.

Os que estão focados nas tarefas preocupam-se com o "como", e os que focam os resultados estão preocupados, primeiro, com o "o que", e depois com o "como". Muitas vezes encontro executivos muito preocupados com prazos, preços etc., e pouco com os resultados. Mas por que você precisa disso nesse prazo?, você sabe o que está comprando para poder avaliar o preço? São algumas perguntas embaraçosas, e sem respostas convincentes, nessas situações.

Em geral, os processos de recrutamento e seleção de pessoal dão ênfase aos conhecimentos técnicos, a escolaridade dos candidatos, mas pouco exploram seu potencial na obtenção de resultados. Um interessante artigo tratando disso afirma que, se uma empresa avaliasse a ficha de Moisés pelos padrões usuais de recrutamento – níveis de escolaridade, domínio de ferramentas, aparência, experiência profissional –, ele não arranjaria emprego hoje, pois não se enquadraria em uma moldura rígida chamada "perfil desejado". No entanto, se a empresa considerasse as seguintes realizações de Moisés, ele estaria apto para ser seu principal executivo:

> Moisés negociou com o faraó a libertação dos israelitas – 600 mil homens, mais mulheres e crianças – da escravidão no Egito. Conduziu e alimentou essas pessoas no deserto por 40 anos, treinando-as para vencer batalhas. Delegou autoridade e poder aos chefes das tribos. Contribuiu enormemente para a divulgação do nome e das doutrinas de um deus que, com o passar dos anos, veio a se tornar líder no mercado de fiéis. Preparou o seu sucessor, Josué, para continuar seu trabalho de construção da nação de Israel.[2]

VÍNCULO COM A EMPRESA BASEADO EM REALIZAÇÃO

A cada estudo sobre o vínculo do colaborador com a empresa, a remuneração ocupa uma posição cada vez menos relevante. E a prática parece comprovar a conclusão desses estudos. As empresas que mais têm conseguido atrair talentos são as que fornecem perspectivas de evolução e crescimento aos seus colaboradores. Cada vez mais as pessoas dão preferência para empresas com propostas de missão estimulantes e desafiantes, que oferecem oportunidades de desenvolvimento e realização, ambiente agradável de trabalho e qualidade de vida. E o interessante é que essas empresas, que não enfatizam a remuneração para atrair talentos, são as que oferecem as melhores condições de remuneração. A cada dia que passa, encontro um número maior de pessoas que não querem nem ouvir falar em voltar a ser empregado, principalmente aqueles que dedicaram grande parte de suas vidas às empresas em que trabalharam, cujas reclamações não são relacionadas aos salários, mas à falta de oportunidade de realização.

Quando se fala em realização, é preciso sempre lembrar que uma empresa não é um clube ou um parque de diversões, voltado apenas ao bem-estar de seus frequentadores. É uma instituição com importantes finalidades sociais a cumprir, que envolve grandes responsabilidades e exige trabalho árduo. A realização implica, portanto, assumir compromissos, aceitar obrigações, cumprir objetivos. A diferença é que, para o talento, tudo isso é negociado e aceito, nada é imposto.

As pessoas engajadas em oportunidades de realização parecem estar bastante motivadas para realizar seu trabalho, não necessitam de tantos estímulos externos como a mão de obra, e as empresas inteligentes incentivam e reconhecem sua contribuição, o que acaba sendo bom para as empresas e para os colaboradores.

SERES HUMANOS NORMAIS

Quando nos referimos aos talentos e às suas características, a impressão é de que estamos falando de seres extraterrestres. Os talentos não são gênios, são seres humanos normais. Eles podem, portanto, ser desenvolvidos, desde que tenham oportunidade de aprender e de exercitar seus pontos fortes. Usualmente, nos meus trabalhos de consultoria, utilizo pessoas da organização do cliente para integrar a equipe que desenvolve os estudos e implementa as soluções. Em praticamente todas as experiências houve surpresa, por parte dos meus clientes, sobre o desempenho de alguns de seus colaboradores, que até então não tinham revelado essas competências no seu trabalho rotineiro. E é bom lembrar que, em geral, eles são envolvidos em equipes responsáveis por estudos cujo conteúdo não sejam sua especialidade. Simplesmente lhes foi dada a oportunidade de atuar dentro de processos estruturados com orientação e metodologia adequadas.

Para desenvolver talentos é preciso propiciar oportunidades para que eles possam se desenvolver e exercitar seus pontos fortes. É preciso também não "punir" os erros. Conta-se uma história de um executivo da IBM que, depois de uma decisão errada que envolveu a perda de alguns milhares de dólares, foi procurar o presidente para pedir demissão, e recebeu a seguinte resposta: "Agora que você está ficando mais experiente acha que vou deixá-lo ir embora?". Ao contrário, em uma empresa em que realizei trabalho de consultoria, um gerente, considerado muito competente pelos colegas e pelo chefe, declarou: "Em 15 anos de empresa não fui elogiado mais de três vezes pelo meu chefe. Não estou reclamando para diminuir as críticas, mas para aumentar os elogios". É preciso que a empresa dê incentivos e desenvolva esforços de educação. É preciso tempo para que o talento demonstre suas habilidades. Às vezes, vejo empresas exigindo resultados de alguém que está há poucas semanas em uma nova função, mas empresas experientes sabem que o processo de desenvolvimento é permanente, e pode levar anos para que ele ocupe posições de relevância.

CAPÍTULO 9

CONSTRUIR E MANTER RELAÇÕES SIGNIFICATIVAS

A operação de uma empresa pode ser definida como o exercício de um conjunto de relações, internas e externas, com todos os agentes que afetam e são afetados por ela: clientes, empreendedores, investidores, funcionários, distribuidores, fornecedores, parceiros, empresas concorrentes, entidades representativas de classe e da comunidade, governo e outras instituições sociais. A natureza e o significado dessas relações, porém, variam conforme o modelo de empresa.

Para as empresas válidas, o sucesso de um empreendimento depende em grande parte de ser capaz de **construir e manter relações significativas** com esses agentes, e esta não é uma tarefa de "relações públicas". É uma tarefa que envolve selecionar os agentes internos e externos que são válidos para a empresa, construir e desenvolver as relações com estas entidades e torná-las permanentes. A importância das relações válidas está se tornando tão evidente como um requisito para a sobrevivência, crescimento e continuidade das empresas, que várias delas estão ampliando suas fronteiras organizacionais para incluir no seu ambiente interno seus fornecedores, clientes, distribuidores; estabelecendo com eles relações efetivas de parcerias, que constituem poderosos processos de cooperação e aprendizado, e ultrapassam em muito as relações econômicas de compra e venda.

Essa rede de relações que as empresas válidas conseguem construir e manter com seus agentes constitui um eficaz elemento de autoproteção, porque resultam em vínculos baseados em lealdade.

Nas empresas com foco na visão econômica clássica, essas relações com clientes, fornecedores, funcionários, acionistas e outros se dão mediante transações de natureza econômica: eu forneço o produto e você me paga; você trabalha para mim e eu pago o seu salário; você investe seu capital e eu o devolvo sob a forma de lucro, eu uso os recursos da sociedade, mas pago impostos. Pronto, os compromissos acabam por aí. Não há mais nada sustentando as relações dessas empresas. Como relações baseadas em transações não criam vínculos, elas têm que procurar alternativas que as protejam dos "perigos", que lhes possibilite **assegurar medidas de proteção ao seu negócio**, atividade que faz parte de sua tarefa empresarial. Em grande parte, a base de sustentação dos negócios das empresas com foco na visão econômica está em um conjunto de medidas que impedem que sejam ameaçadas: preços protegidos, reserva de mercado, barreiras tarifárias, restrições comerciais, acordos com concorrentes (cartel), influência na legislação e nas decisões e políticas industriais, comerciais e econômicas do governo para assegurar vantagens apenas para si, tráfico de influências ou cooptação, junto ao governo e aos políticos, para impedir a entrada de empresas estrangeiras e obter subsídios e financiamentos em condições extremamente favoráveis, e outras ações desta natureza. As empresas "protegidas" não precisam se esforçar para ser competitivas, eficientes, pois não enfrentam a concorrência e são lucrativas. Mas isso as torna frágeis quando a situação muda e se lhes exige a competitividade, como aconteceu no Brasil no início dos anos 1990.

Dois exemplos ilustram essa diferença entre empresas válidas e as de visão econômica. Uma importante empresa mundial de alimentos, quando teve as embalagens de um de seus produtos violadas e os produtos infectados, em uma atitude corajosa, que implicava correr o risco de perder vendas, fez um comunicado aos seus clientes, alertando-os do perigo, e estes, solidários, além de continuarem comprando, passaram a ser verdadeiros parceiros da empresa, fiscalizando e denunciando os casos de embalagens violadas que encontravam. Já no caso de uma empresa de engenharia, que faliu e deixou milhares de pessoas sem suas moradias, ocorreu o oposto. Além dos protestos dos clientes, os próprios funcionários saíram às ruas exibindo faixas pedindo a prisão de seus proprietários e diretores.

As relações significativas promovem resultados maiores do que aqueles que seriam produzidos isoladamente. Esses resultados são compartilhados por todos os envolvidos nas relações, mas envolvem perdas e ganhos das partes. Não só ganhos, porque, na maioria das vezes, implicam fazer concessões. Não é uma relação na qual cada parte obtém tudo o que deseja para si. Não é baseada na unanimidade, mas no consenso. Unanimidade é chegar a um acordo somente após conseguir tudo o que se deseja. Consenso é negociar os pontos em que há discordância, fazer concessões e chegar a um acordo bom para ambas as partes, mesmo que não haja concordância em todos os pontos. Como diz Charles Handy:

> A busca de nossa própria vantagem a curto prazo e o desejo de ganhar tudo que pudermos somente irá perpetuar animosidades, destruir alianças e parcerias, frustrar o progresso, e produzir advogados e a burocracia da sanção [...] O benefício próprio, desequilibrado, só pode levar a uma selva na qual qualquer vitória significará a destruição daqueles de quem a nossa própria sobrevivência, no final das contas, irá depender.[1]

Falei em perdas porque esta é a sensação que temos quando fazemos concessões. Isso porque, como diz Handy, os dilemas que enfrentamos não são aqueles da escolha entre o certo e o errado, o que seria fácil. Mas, sim, são mais complicados, porque envolvem escolhas entre o certo e o certo: quero dedicar mais tempo ao meu trabalho e à minha família; nós queremos confiar nos nossos subordinados, mas precisamos saber o que eles estão fazendo.[2]

A construção e manutenção de relações significativas dependem também da confiança entre os parceiros. Esta confiança significa que as partes vão assumir e cumprir os compromissos, independente da existência dos contratos escritos, dos acordos formais.

A construção e manutenção de relações significativas dependem também de processos de comunicação eficazes. Hoje, há uma quantidade enorme de meios de comunicação, e grande parte deles usa recursos fornecidos pelos computadores e telefones celulares, que possibilitam nossos relacionamentos até no âmbito mundial. Cada vez mais as pessoas usam esses meios para se comunicar com outras ou com grupos de pessoas participando das chamadas "redes sociais". As empresas têm tirado grande proveito desses mecanismos em seus processos de comunicação interna e externa. No entanto, esses meios têm se mostrado eficientes para transmitir informação, mas não são suficientes, sozinhos, para construir e manter relações significativas, porque, como sabemos, os processos de comunicação acontecem em contextos que são carregados de significado e emoções para as pessoas envolvidas, e esses meios não conseguem transmitir essa carga de emoções que a comunicação, por meio do contato direto entre as pessoas, promove. Por isso, as empresas válidas mantêm encontros, rituais, reuniões, para que as pessoas internas e externas tenham a oportunidade de manter um contato direto. A este respeito é interessante a observação de Jean François Chanlat:

Reduzir então a comunicação humana nas empresas a uma simples transmissão de informação, visão diretamente inspirada pela engenharia, como se pode ver com frequência nos manuais de comportamento organizacional, é elidir todo problema do sentido e das significações. É esquecer que todo discurso, toda palavra pronunciada ou todo documento escrito se insere em maior ou menor grau na esfera do agir, do fazer, do pensar e do sentimento. É condenar-se a não poder apreender em profundidade nem o simbólico organizacional nem a identidade individual e coletiva.[3]

As relações significativas não focam resultados apenas no presente, mas principalmente no futuro. Equilibrar decisões no curto e no longo prazos não é um desafio fácil de ser vencido pelos parceiros envolvidos nas relações. Muitas vezes, implica renunciar ganhos no curto prazo para assegurá-los no longo prazo, porque é comum que haja muitas pressões para priorizar os resultados de curto prazo. O curto prazo é visível, enquanto o longo é promessa.

Em síntese, eis o que são relações significativas:

PROCESSOS DE INTERAÇÃO INTENSOS E DURADOUROS

Relações significativas nada têm a ver com transações de natureza econômica com clientes, fornecedores, colaboradores e outros agentes. Também não são interações superficiais e temporárias, mas processos de interação humana intensos e permanentes, que se consumam após um intervalo de tempo significativo. Theodore Levitt dá um bom exemplo disso quando se refere à relação entre a empresa e seus clientes:

> O relacionamento entre um vendedor e um comprador raramente termina após a venda; [...] sabemos que o relacionamento não termina com o pedido assinado com o cliente [...] não é um caso, é um casamento [...] administrar relacionamento com clientes exige mais do que um "bom marketing" [...] é o tempo que caracteriza singularmente um relacionamento. A esse respeito a teoria econômica de oferta e procura é totalmente falsa. Ela presume que o trabalho do sistema econômico pouco depende do tempo e ignora as interações humanas – uma transação de venda instantânea, isolada, que se consuma na intersecção da oferta e demanda.[4]

Richard Sennett, falando sobre as pressões da sociedade moderna para o curto prazo, sobre o caráter transitório das instituições que se desfazem ou são reprojetadas continuamente, destaca o impacto que isso causa no caráter das pessoas. Para os escritores antigos, ele diz, "caráter" significava "o valor ético que atribuímos aos nossos próprios desejos e às nossas relações com os outros". Cita também Horácio, para quem o caráter de uma pessoa "depende de suas ligações com o mundo". A exigência que o que se deseja aconteça no imediato, reflete no caráter e, portanto, nas relações:

> O termo caráter concentra-se sobretudo no aspecto a longo prazo de nossa experiência emocional. É expresso pela lealdade e pelo compromisso mútuo, pela busca de metas a longo prazo ou pela prática de adiar a satisfação em troca de um fim futuro. Da confusão de sentimentos em que todos estamos em algum momento em particular, procuramos salvar e manter alguns; esses sentimentos sustentáveis servirão a nossos caracteres. Caráter são os traços pessoais a que damos valor em nós mesmos, e pelos quais buscamos que os outros nos valorizem.[5]

APRENDIZADO MÚTUO

Uma das características das relações significativas é a de que promovem um processo efetivo de aprendizagem para as partes envolvidas, mas este aprendizado nem sempre tem a ver com o produto em si. Está se tornando muito comum, na prática, fornecedores visitarem seus clientes, e vice-versa, para conhecer sistemas de gestão, práticas mercadológicas, políticas de recursos humanos. Várias empresas patrocinam encontros e seminários com seus clientes e fornecedores para debater questões macroeconômicas, administração, sistemas de gestão etc. A relação das empresas com seus colaboradores está cada vez mais baseada no aprendizado mútuo: ambas as partes ensinam e aprendem.

RESULTADOS COMPARTILHADOS

Usualmente, as empresas válidas envolvem os agentes com os quais se relaciona em trabalhos conjuntos que resultarão na criação de soluções, de melhorias, de inovação. Esses processos exigem não apenas a "participação", mas dedicação, disponibilidade e uma postura de contribuição das partes envolvidas. E, para que haja a efetividade da prática de relações significativas, há o reconhecimento da contribuição efetiva de cada parte e o compartilhamento do resultado final.

As empresas sábias estão compartilhando com seus clientes as melhorias nos produtos e processos em que ambos estão envolvidos.

As políticas simplistas de "participação nos lucros" parecem estar fadadas ao fracasso, sob o ponto de vista da motivação. Resultado é mais do que lucro. Às vezes, a empresa tem prejuízo em um determinado período, mas decide reconhecer a dedicação e o envolvimento de seus colaboradores e distribuir recursos econômicos, porque sabe que os esforços feitos naquele período somente resultará em lucro no futuro.

IDENTIDADE DE VALORES

Para que uma relação significativa prospere, é fundamental que as partes comunguem dos mesmos valores. É muito difícil pensar que possa haver uma relação significativa entre partes que sejam orientadas por diferentes valores. Pelo contrário, a divergência de valores tem sido a causa da dissolução de parcerias. Como pode haver uma relação significativa entre uma empresa focada em qualidade, serviços, criação de valor, e outra que só quer "levar vantagem": obter descontos abusivos, exigir condições inaceitáveis etc.? Essas empresas jamais chegarão a um consenso. Em várias partes deste livro falei em processos de seleção de clientes, de colaboradores, que nada mais são do que escolhas que a empresa faz de parceiros que compartilham dos mesmos valores que os seus. Somente com a identidade de valores os parceiros encontrarão uma causa comum que justifique os esforços, as concessões, a dedicação de tempo e os investimentos que uma relação significativa exige.

Nos trabalhos de consultoria de que participo, os clientes sabem que os valores que serão utilizados no trabalho serão lastreados nos conceitos das empresas válidas. Se eles querem minha ajuda em trabalhos voltados para uma empresa que opera com base na visão econômica clássica, respondo que não poderei ajudá-los.

CAPÍTULO 10

USAR OS RECURSOS PRODUTIVAMENTE

Como o objetivo das empresas que atuam com base na visão econômica clássica é o lucro máximo, e este depende das receitas e dos custos, elas trabalham nas duas pontas: aumentando os preços até o máximo que conseguem vender e diminuindo os custos a "qualquer custo". Quando vão contratar alguém ou comprar alguma coisa, têm um critério de decisão altamente objetivo: contrata aquele que estiver pedindo o salário mais baixo, não importando a competência ou a experiência, e compra de quem oferecer mais barato, não importando a qualidade, a segurança de fornecimento ou a credibilidade do fornecedor. Um gerente de suprimentos de uma grande empresa brasileira, falando sobre a orientação da empresa em relação aos fornecedores, me contou: "A cultura era só fechar o negócio quando estivesse certo que o fornecedor estava perdendo dinheiro". Na visão econômica clássica, o uso dos recursos produtivos é visto pelo que custam e não pelo que contribuem para os resultados. Por isso sua tarefa empresarial é **cortar custos e comprar barato**.

O uso produtivo tem um significado mais amplo do que o baixo custo dos recursos. Significa usar os recursos adequados, e fazer mais com os mesmos recursos e com menor esforço. O uso produtivo envolve todos os recursos que contribuem para os resultados empresariais, e não apenas daqueles que são mais visíveis: materiais, equipamentos, instalações, dinheiro etc. Há fatores "invisíveis", e eles estão em toda a empresa. São aqueles relacionados ao conhecimento, à experiência, à produção intelectual, às inovações, ao tempo, às relações etc. Tradicionalmente, a produtividade estava voltada para a medida do trabalho físico e para o produto desse trabalho quantificado em volumes, peso, valor, tempo gasto:

consumo de matérias-primas, uso de energia, volumes de produção, análises de custo x benefício, retorno sobre investimento etc. Sobre estes recursos já temos um considerável conhecimento, e dispomos de vários parâmetros e formas de medi--los. A complexidade maior está naqueles menos tangíveis, que vêm emergindo à medida que o progresso vai liberando o homem do esforço físico e exigindo a concentração de seu esforço na capacidade intelectual, porque o "saber produzir bem" não é mais o principal fator de sucesso empresarial. Hoje, fala-se em "era da informação", "economia do conhecimento", "capital intelectual", que se baseiam em recursos intangíveis, difíceis de serem quantificados. Antes, a ênfase era dada à fabrica, porque nela estava concentrada a maior massa de trabalhadores, era o maior fator de custo, e a tecnologia dos processos produtivos precisava ser dominada. Hoje, depois do domínio dos processos produtivos, com a tremenda evolução do conhecimento, a crescente automação, a produção de um volume maior de informações e a facilidade de acesso e velocidade na sua transmissão, há importantes funções – ainda chamadas em algumas empresas "funções meio", que usam "mão de obra indireta" ou, o que é pior, "mão de obra improdutiva" – que concorrem com maior eficácia para a melhoria de produtividade. São esforços dedicados à criação e ao desenvolvimento de mercados e clientes, à criação de produtos de valor e a outras atividades que exigem mais a inovação, a criatividade e o talento, e menos as habilidades manuais ou a força física. E essas novas competências "intangíveis" têm um impacto profundo no uso de recursos, cuja quantidade vem sendo diminuída cada vez mais graças à evolução do conhecimento. O desenvolvimento da lata de cerveja, relatado por Thomas A. Stewart,[1] é um bom exemplo. Na década de 1950 seria natural que fosse feita de aço, mais barato que o alumínio, porém, era mais fácil de trabalhar com alumínio do que com aço; para superar a vantagem do preço do aço, a lata de alumínio teria que usar menos material do que as de aço. Este desafio envolveu anos de desenvolvimento de diversos fabricantes, até que, em 1963, a Reynolds Metals conseguiu uma forma de produzir em massa uma lata de 283 ml. Seu primeiro cliente foi uma cervejaria do meio oeste dos Estados Unidos. Em 1967, a Coca-Cola e a Pepsi-Cola começaram a usar, e hoje têm o domínio total do mercado. Ao longo dos anos de pesquisas, houve uma significativa substituição de matéria-prima e o desenvolvimento de propriedades propiciadas pelo uso do conhecimento:

- Pesa a metade da lata de aço; a economia de metal significa também a economia em energia; a lata contém menos material e mais ciência.

- Hoje, a lata pesa 14 gramas, três quartos do peso da lata da Reynold, graças ao uso aperfeiçoado dos processos de fabricação de alumínio, mudanças nas ligas usadas e outros investimentos em capacidade intelectual.
- Duas em cada três latas são feitas de material reciclado, que utiliza apenas 5% da eletricidade necessária à fabricação do lingote de alumínio.
- A lata pode ser amassada com a mão quando vazia, mas, quando cheia, é suficientemente forte para ser empilhada a quase dois metros do chão de um supermercado, colocada na carroceria de um caminhão de entregas, chacoalhada de um lado para outro em estradas esburacadas, derrubada pelos carregadores e levada a quase zero grau em um congelador ou aguentar o sol escaldante. O que a mantém rígida, forte o suficiente para resistir a uma enorme pressão, não é o metal, mas o gás usado em seu interior.

A contribuição desses recursos intangíveis para o resultado não é fácil de ser quantificado, pois não há correlação entre o custo do produto final e o dos insumos:

> [...] quando se trata do trabalho criativo, não existe correlação econômica significativa entre o insumo do conhecimento e o produto do conhecimento: o valor do capital intelectual não está necessariamente relacionado ao custo de sua aquisição, o que impossibilita o uso de uma medida do que você faz como um meio de revelar como você está se saindo.[2]

Por isso, hoje, os fatores de produtividade mais críticos para a consecução dos resultados empresariais estão relacionados ao uso produtivo de recursos, tais como tempo, inovação, criatividade, conhecimento, relações, comportamento etc. Não sabemos lidar muito bem com esses fatores, nem sabemos claramente como medir sua eficácia para os resultados empresariais. Devemos exercitar e aprender a considerá-los, pois a produtividade deve ser medida pela contribuição de todos os fatores que afetam os resultados empresariais, e não só por aqueles que são mais "tangíveis". A tradicional divisão das atividades em "áreas fim" e "áreas meio" não tem mais sentido. É preciso que se ache um fim para as atividades meio, caso contrário, elas têm de ser eliminadas. Essa divisão tradicional contribui para que as "atividades meio" fiquem esquecidas e não se consiga identificar como suas ações interferem e contribuem para os resultados empresariais.

Um exemplo de como envolver fornecedores nos esforços de reduzir os preços de fabricação de um produto, em vez de simplesmente obrigá-los a baixar seus preços, nos é dado por Konosuke Matsushita. Ele diz que a maneira mais simples de conseguir isso é pedir aos fornecedores que reduzam seus preços, mas ele não acredita ser este um procedimento satisfatório, preferindo obter a cooperação dos fornecedores envolvendo-os no processo. E conta que, em um caso concreto, depois de o fornecedor dizer que não podia reduzir seus preços, pediu para visitar sua fábrica e sugeriu vários melhoramentos que possibilitaram ao fornecedor reduzir os preços sem prejudicar suas margens de lucro. Mas o que é mais interessante nessa história são os outros resultados, que servem para ilustrar não só a tarefa de uso produtivo dos recursos como também a construção e a manutenção de relações significativas:

> Conseguimos muito mais que simplesmente redução de preços. Percebendo que levei seus interesses em consideração tão cuidadosamente quanto os nossos, chegando até mesmo a fazer sugestões, nosso fornecedor ficou impressionado e agradecido. Sabendo que nos preocupávamos com sua prosperidade, isto o motivou ainda mais para iniciar melhoramentos por si próprio. Sem que lhe fosse solicitado, começou a pensar em todo tipo de melhoramentos a fim de cortar gastos e reduzir preços de outros produtos. Cooperação completa entre o fabricante e o fornecedor assegura prosperidade de ambas as partes. Cheguei à conclusão de que comprar é realmente uma arte, e sua execução depende inteiramente das habilidades humanas – e discernimento. [3]

Uma empresa válida, além de estar preocupada em usar os recursos produtivamente, está também procurando permanentemente criar recursos. Ela sabe, por exemplo, que dificilmente encontrará talentos adequados a suas peculiaridades disponíveis no mercado e que, por isso, precisará desenvolver esforços para propiciar educação, desenvolvimento e oportunidades para seus colaboradores. Muitas vezes, o recurso está disponível, mas não estava sendo utilizado por não termos encontrado uma função para ele:

> Não existe algo chamado de "recurso" até que o homem encontre um uso para alguma coisa na natureza e assim o dote de valor econômico [...] Há não muito mais que cem anos, nem o óleo mineral jorrando do solo nem a bauxita, o minério do alumínio, constituíam recursos. Eram coisas aborrecidas, pois ambos tornavam o solo improdutivo.[4]

Antes de pensar em obter e usar um recurso, a empresa válida pergunta se realmente precisa do recurso, por que precisa, se as quantidades estão bem dimensionadas e se o momento que vai precisar deles está adequadamente programado. Depois, ela pensa qual é a maneira mais produtiva de obter o recurso e, então, toma decisões importantes sobre os requisitos de qualidade, as fontes de fornecimento, as alternativas de investir em fábricas. Ela é austera, pensa sempre que os recursos são escassos e finitos e, por isso, prioriza o uso de recursos para o que considera ser mais importante.

A seguir, alguns destaques sobre o uso produtivo dos recursos:

FOCO NA CONTRIBUIÇÃO AOS RESULTADOS

Nas empresas com foco na visão econômica clássica, as decisões sobre o dimensionamento, a aquisição e a alocação de recursos são baseadas nos custos dos recursos. Esta é uma herança da época em que o desafio das empresas era a produtividade, tornar o processo produtivo mais eficiente para atender à demanda ao menor custo. Depois de longos anos, as empresas o venceram, e, hoje, o desafio que enfrentam é outro. Além da eficiência, que já dominam e devem manter, elas buscam também a eficácia quando decidem sobre o uso dos recursos: qual é a contribuição que darão aos resultados empresariais. Este enfoque, usado nas empresas válidas, envolve um processo decisório mais complexo do que aquele baseado em custo, pois exige que se avalie o valor efetivo do recurso para a obtenção do resultado que se espera, o que, por sua vez, obriga a refletir profundamente sobre o resultado que se quer. Já tive vários serviços de consultoria rejeitados pelo preço. Nem sempre esta era a razão apresentada, mas, na maioria das vezes, pude constatar depois, o cliente não sabia claramente o que queria. Quantas vezes compramos produtos e serviços mais baratos que não conseguem atender completamente nossas necessidades? Isso significa que jogamos dinheiro fora.

RECURSOS TANGÍVEIS E INTANGÍVEIS

Nas empresas válidas, resultados empresariais não estão relacionados aos esforços de criar produtos de valor (utilidades), criar e manter clientes satisfeitos, mas também a todas as outras atividades que constituem sua tarefa empresarial, pois, como já disse acima, elas dependem não só dos recursos tangíveis, mas também dos intangíveis para assegurar sua sobrevivência, crescimento e continuidade.

Tradicionalmente, o foco do uso dos recursos está naqueles que são visíveis, tais como: materiais, equipamentos, pessoal, instalações, dinheiro etc. Vimos que já dispomos de bons sistemas de gestão para cuidar desses recursos. O desafio agora é como cuidar daqueles recursos que estão ficando cada vez mais importantes, mas são "invisíveis": conhecimento, experiência, capacidade intelectual, inovação, relações, iniciativa, liderança etc. São estes que estão se tornando os diferenciadores da excelência empresarial. Foram estes que constituíram as maiores perdas nas empresas que implementaram processos mal planejados de reengenharia, *downsizing*, terceirização e outros programas. Demitiram executivos que levaram consigo uma preciosa rede de relações com clientes, fornecedores, entidades representativas etc. Outros, tecnologia e conhecimento. Outros, ainda, a "cabeça pensante" que os remanescentes não tinham. Porém, quando implementaram esses programas, as empresas só pensaram na economia proveniente da redução de custos, mais visível que o impacto negativo nos resultados provocado pela perda dos recursos invisíveis. Só depois de certo tempo é que elas puderam perceber essas perdas.

Apesar de difíceis de serem medidos, as empresas válidas fazem significativos esforços para criar e usar esses recursos "intangíveis". A 3M, por exemplo, tem um conjunto de práticas que incentivam a inovação, como a de conceder uma parcela do tempo do pessoal de Pesquisa & Desenvolvimento para se dedicar a projetos pessoais, sem a preocupação de se vão ser úteis ou não à empresa; se for criado um projeto que interessa à empresa, a 3M paga pela ideia.

USO PRODUTIVO = QUALIDADE + QUANTIDADE + TEMPO CERTO

O uso produtivo de recursos envolve o atendimento equilibrado de três requisitos fundamentais: qualidade do recurso, dimensionamento correto da quantidade, e tempo certo em que ele deve estar disponível

Qualidade é a adequação do recurso ao uso que vai ser feito dele. A qualidade "excessiva" é um desperdício. Isto, leitor, é fácil você comprovar: basta avaliar as capacidades do seu computador pessoal e o uso que faz delas. Pagamos por um conjunto de itens que não usamos. Mas qualidade inferior do recurso produzirá um resultado que ficará abaixo das expectativas.

Quantidade é o volume adequadamente dimensionado para produzir o resultado desejado. Se for menor, afeta a qualidade; se maior, afeta o custo. Uma questão fundamental no dimensionamento e uso dos recursos é o conceito de *austeridade*: pensar sempre que os recursos são escassos e, por isso, seu uso deve ser adequadamente dimensionado. Quantidade a mais também significa desperdício.

Mas, se menor, afetará a qualidade do que se produzirá. Muitas vezes, conseguem-se reduções significativas de quantidade pelo uso de recursos de melhor qualidade. Aqui vale o enfoque de decidir pelo uso de recursos pela sua contribuição aos resultados, e não pelo seu custo.

Tempo certo significa dispor do recurso no momento em que se vai precisar dele, nem antes nem depois. Um dos conceitos que teve grande impacto nos processos industriais foi o *just-in-time*, que provocou grandes mudanças nos sistemas de planejamento das fábricas, gestão de suprimentos, logística. Em uma empresa, na qual eu prestava serviços de consultoria, a área de logística constatou que um cliente estava demorando dois dias para liberar o caminhão que fazia a entrega dos produtos. Ela foi verificar as razões e descobriu que o cliente estava usando o caminhão como almoxarifado, retirando os produtos à medida que eram necessários na linha de produção. A empresa, então, combinou com o cliente que abastecesse automaticamente seu almoxarifado de acordo com seus programas de produção.

Esses três fatores – qualidade, quantidade e tempo certo – são complementares, e só conseguem contribuir para o uso produtivo de recursos se forem atendidos em conjunto, de forma integrada. Não adianta conseguir índices de excelência na qualidade e cometer falhas na quantidade ou no tempo.

FONTES EXTERNAS E INTERNAS

Já faz muito tempo que as empresas têm a opção de obter seus recursos interna ou externamente. Hoje, fala-se com tal intensidade em "terceirização" que se tem a impressão de que se trata de uma estratégia recente. Mas, já na década de 1950, as indústrias automobilísticas, principalmente, já dominavam as técnicas para tomar as decisões de "comprar ou fazer" (*make or buy*).

A decisão sobre as fontes de fornecimento tem a ver com as competências consideradas fundamentais para o negócio, e não, como aconteceu em vários casos – se não com a maioria –, de corte de custos. Esta decisão baseada em custos pode levar a vários enganos. Um deles é que, às vezes, a análise pura e simples de custo revela que o trabalho de terceiros é mais caro, mas um estudo mais profundo pode revelar o contrário. Conversando com o gerente de sistemas de uma grande empresa brasileira, sobre a decisão de contratar fontes externas para a execução dos serviços de informática da empresa, ele me contou que, no início, o custo externo dos serviços era mais alto do que os internos. Mas, com o tempo, os externos ficaram mais baixos, e por uma razão: os custos dos serviços passaram a ser apropriados aos departamentos usuários, e os pedidos de alterações de sistema, relatórios etc. passaram a ser orçados antes de serem feitos pela empresa de *outsourcing*. Com isso, muitos pedidos eram cancelados pelos próprios departamentos em razão de seus custos. Além disso, a área de informática, antes ocupada em operar, manter e desenvolver sistemas, não tinha tempo para dar suporte efetivo à empresa na otimização do uso dos sistemas vigentes nem na identificação dos requisitos futuros de sistemas de informação. Ao transferir essas atividades para terceiros, esta área ficou com o tempo liberado para este suporte, o que resultou ganhos expressivos.

Mas o engano mais grave quando se tomam decisões sobre o uso de fontes externas com base em custos é que esse critério não revela quanto a empresa ganha quando transferem para terceiros a execução de operações rotineiras que envolvem habilidades conhecidas e mantêm consigo as operações estratégicas, que constituem seu diferencial competitivo. Em muitos casos, os ganhos adicionais compensam em muito os custos mais altos do fornecimento externo dos recursos.

O fundamental é que, sejam originados de fontes internas ou externas, é a empresa a responsável final perante os clientes, colaboradores, empreendedores. Já mencionei as várias experiências em que a empresa tem transferido para "terceiros" a culpa pelo seu mau desempenho e a responsabilidade pelas providências para a solução de problemas.

ESFORÇO PARA CRIAR RECURSOS

Quando uma empresa se esforça para desenvolver seus talentos, está criando um recurso que dificilmente achará pronto no mercado. Criação de recursos é uma fonte impressionante para promover resultados superiores. Usualmente, as empresas estão repletas de oportunidades para criar recursos, basta que tenham capacidade de enxergá-las. É possível desenvolver esta capacidade se a empresa colocar o objetivo de criar recursos na sua "memória de futuro". O Pacto de Cooperação desenvolvido no Ceará na década de 1990 é um bom exemplo de criação de recursos. Este Pacto foi um esforço conjunto de empresários, sindicatos, instituições de ensino e pesquisa, SEBRAE, poder público, que resultou em uma série de ideias inovadoras para criação de recursos, todas tirando proveito dos já existentes. Alguns dos resultados conseguidos foram:

- A terra seca era considerada o flagelo, mas debaixo dela foi encontrado granito. Implantou-se o Polo de Granito, com introdução de tecnologias para aperfeiçoamento do produto final, passando da exportação de blocos para pedras polidas com 3 mm de espessura; o Ceará passou a ser o único estado brasileiro a dominar a tecnologia de cortar o granito em determinadas dimensões.
- A constatação de que o Ceará tinha vocação têxtil estimulou a implantação de um programa de revitalização da cotonicultura, mediante o Programa Pró-algodão, que gerou um aumento de 500% na produção. Como um dos princípios do Pacto era a visão da educação como base para o desenvolvimento, foi criado o Curso Superior de Moda na Universidade Federal do Ceará, e conseguido o incremento das vendas no Festival da Moda de Fortaleza por meio da ação integrada do setor.
- O sol, que era visto como inimigo, passou a ser visto como amigo, e com isso foi incrementado o turismo. O Ceará é hoje um dos estados do nordeste mais desenvolvidos em termos de turismo.
- Descobriu-se que todos os móveis escolares eram comprados de outros estados; foram desenvolvidos microempresários, com o programa Empresários para o Futuro, e hoje o Ceará é autossuficiente na fabricação de móveis.

Outro exemplo interessante é o de Campina do Monte Alegre, um pequeno município ao sul do estado de São Paulo. O novo prefeito adotou um conjunto de medidas que se mostraram extremamente eficazes para criar recursos:

- Foram despedidos todos os funcionários, e a despesa com pessoal, que significava 70% da receita, passou a ser de apenas 30%, pois os serviços passaram a ser prestados por cooperativas – formadas pelos ex-funcionários da prefeitura –, as quais eram remuneradas por contribuição. Por exemplo: parte do salário que o professor recebia era com base no número dos alunos educados, e parte na qualidade do ensino, avaliada por uma comissão de professores da Universidade de São Paulo (USP).
- Foi implantada a gestão municipal participativa: a população faz sugestões sobre onde aplicar o dinheiro, que são avaliadas e priorizadas por comissões especialistas (saúde, educação, transportes etc.) e coordenadas pelos

vereadores (que assim passaram a trabalhar em tarefas mais úteis do que ficar sugerindo nomes para as ruas).

- Com os recursos obtidos pela economia das despesas de pessoal, foi possível promover melhorias dos serviços de saúde, educação etc., e, ainda, asfaltar a cidade toda e as estradas de ligação com os municípios vizinhos; as redes elétrica e telefônica foram estendidas, abrangendo a cidade e as propriedades rurais próximas.

Além da capacidade de descobrir oportunidades para criar recursos, a empresa precisa desenvolver mecanismos para tornar esses recursos produtivos, ou seja, tem de descobrir os recursos e colocá-los para produzir resultados. Peter Drucker diz: "a inovação é especialmente importante para os países em desenvolvimento. Esses países possuem os recursos. São pobres porque lhes falta a capacidade de fazer com que esses recursos produzam riquezas".[5]

CAPÍTULO 11

PRATICAR PRINCÍPIOS DE CONDUTA ACEITOS

Já vimos que as empresas mantêm um conjunto de relações, internas e externas, com todos os agentes que as afetam e são afetados por ela: clientes, empreendedores, investidores, funcionários, fornecedores, distribuidores, parceiros, empresas concorrentes, entidades representativas de classe e da comunidade, governo, e outras instituições sociais. Seu comportamento em relação a esses agentes é regido por princípios, formais ou não, explícitos ou não, que orientam sua conduta e são moldados de acordo com a razão de ser da empresa.

Para aquelas que atuam no modelo baseado na visão econômica clássica, suas obrigações sociais estão satisfeitas quando pagam os impostos e encargos exigidos pelas leis comerciais, tributárias e trabalhistas. Atender às formalidades legais é o máximo que enxergam na sua relação com os funcionários, os investidores, a sociedade em que operam. Essas empresas entendem que sua tarefa empresarial é **cumprir a legislação**.

As empresas válidas entendem que, como instituições sociais, devem respeitar as limitações estabelecidas pela sociedade na qual atuam, orientando seu comportamento por preceitos válidos. Por isso, estabelecem como uma das suas tarefas a necessidade de **praticar princípios de conduta aceitos** pela sociedade e pelos seus empreendedores e colaboradores.

Sei que é não fácil a discussão sobre princípios de conduta. Quais são e quais não são princípios válidos de conduta? Qual é o parâmetro significativo para defini-los? Nossa tendência é recorrer à ética, mas sabemos que não é universal nem exata a definição do que é certo ou errado. Sabemos que os seres humanos são sujeitos a cometer falhas, que cada um quer ter a liberdade de escolha sobre como agir: "ética, liberdade de escolha e falibilidade são conceitos ligados entre si de modo inextrincável".[1]

As empresas válidas se valem de três parâmetros para estabelecer seus princípios de conduta, dois deles do ambiente externo – legislação e cultura –, e um do interno – crenças e valores dos empreendedores.

No ambiente externo, há regras e padrões de comportamento estabelecidos formalmente por meio da Constituição, das leis, dos decretos e regulamentos e de outras regras formais. Estas regras, porém, podem ter diferentes interpretações, e nem sempre refletem o que a maioria da sociedade pensa. No Brasil, já se tentou até mesmo eliminar a inflação mediante decretos. Mas, de qualquer forma, o atendimento à legislação constitui uma premissa e uma das bases para a caracterização dos princípios válidos de conduta das empresas válidas. Mas não é a única, ao contrário das empresas com foco na visão econômica, que entendem que sua responsabilidade social está restrita ao cumprimento da legislação. Há vários exemplos de empresas que se anteciparam à legislação, adotando práticas que depois vieram a se tornar leis. Um exemplo é o da Procter & Gamble, que em 1887 introduziu um plano de participação nos lucros para seus funcionários; em 1892, um plano de participação acionária para seus funcionários; em 1915, um plano de benefícios, incluindo: seguro-saúde, contra invalidez, de vida, e aposentadoria.[2] No Brasil, quando foi aprovada a lei sobre a participação nos lucros, grande parte das empresas já a praticavam. O mesmo aconteceu com a legislação sobre capacitação técnica dos empregados, alimentação e saúde.

Além da legislação, outro parâmetro externo que as empresas válidas consideram para fixar seus princípios de conduta é a cultura da sociedade na qual opera. Cultura, de acordo com o dicionário de Aurélio Buarque de Holanda Ferreira, é:

> o complexo dos padrões de comportamento, das crenças, das instituições e doutros valores espirituais e materiais transmitidos coletivamente e característicos de uma sociedade.[3]

A cultura é talvez mais forte do que as leis e as regras formais para a caracterização dos princípios de conduta, porque reflete com maior significado o que a sociedade aceita como padrões válidos de comportamento. Porém, a cultura da sociedade precisa ser conhecida objetivamente pela empresa. Esta precisa desenvolver esforços para dispor de mecanismos que a auxiliem a conhecer e interpretar com clareza os traços culturais predominantes na sociedade na qual atua. Hoje, este desafio é ainda maior, tendo em vista que grande parte das empresas tem atuação mundial, mantendo operações em uma grande quantidade de países. Gert Hofstede desenvolveu um interessante trabalho sobre as diferenças culturais, agrupando-as em quatro dimensões, reveladas por uma pesquisa empírica que ele realizou em mais de cinquenta países com funcionários da IBM: (1) *Distância hierárquica*: mostra os padrões das relações de dependência; mede o grau de aceitação por aqueles que têm menos poder de uma repartição desigual de poder;[4] (2) *Coletivismo ou individualismo*: mostra a tendência da sociedade para o individualismo (os laços entre os indivíduos são pouco firmes, cada um cuida de si mesmo e da sua família mais próxima) ou para o coletivismo (as pessoas são mais integradas em grupos fortes e coesos);[5] (3) *Masculinidade* x *feminilidade*: mostra a diferenciação dos papéis sociais conforme o sexo;[6] (4) *Controle da incerteza*: mede o grau de inquietude dos seus habitantes em face de situações desconhecidas ou incertas.[7]

Esses dois parâmetros externos – legislação e cultura – não esgotam, porém, os fatores a serem considerados para a fixação dos princípios de conduta das empresas válidas. Existem também os internos, constituídos por crenças e valores dos empreendedores. Eles têm uma forma particular de pensar, convicções pessoais que são fundamentais na fixação dos princípios de conduta da empresa.

Duas questões me parecem relevantes a ser destacadas na questão da conduta empresarial: responsabilidade social e ética.

RESPONSABILIDADE SOCIAL NAS EMPRESAS VÁLIDAS

Não é de hoje que as empresas sofrem pressão para ser "socialmente responsáveis", para usar um termo que ganhou atenção no Brasil nos últimos anos. Ao longo da história, a responsabilidade social empresarial foi algo com significado amplo, que evolui permanentemente, incluindo cada vez mais uma enorme variedade de questões.

O movimento dos consumidores é um bom exemplo para mostrar como os temas relacionados à responsabilidade social surgem e evoluem. O primeiro desses movimentos surgiu nos Estados Unidos, no final do século XIX, e focava a defesa dos direitos dos trabalhadores. Surgiu, então, a Liga de Consumidores de Nova York, a primeira organização civil de defesa do consumidor que estimulava o consumo de produtos fabricados e distribuídos em conformidade com os direitos dos trabalhadores. Esta liga divulgava quais eram esses produtos, no que chamaram de "listas brancas". À medida que obtinham sucesso, e muitas das suas conquistas passavam a ser amparadas por leis, os movimentos dos consumidores evoluíram da obediência aos direitos dos trabalhadores, passando a se concentrar na qualidade dos produtos e serviços e, mais recentemente, nas relações entre os hábitos de consumo e os problemas ambientais e sociais, dentre eles o desenvolvimento sustentável que garanta a preservação dos recursos naturais. Passaram a focar também o respeito aos direitos humanos, trabalhistas e dos consumidores; normas de prevenção ambiental; ética na publicidade e nas práticas empresariais; promoção do bem-estar social; transparência das empresas sobre seus produtos e suas práticas.[8]

Esta é a dinâmica da responsabilidade social empresarial. Vão surgindo novos temas à medida que a sociedade resolve seus problemas, evolui e novos conhecimentos, preocupações e evidências de novos problemas surgem, gerando demandas para solucioná-los. Assim, a responsabilidade social empresarial passou a incluir outros temas além daqueles que estavam relacionados mais diretamente à produção e consumo de bens e serviços, às relações da empresa com os clientes, com os trabalhadores e os diversos públicos com os quais a empresa se relaciona. Os perigos decorrentes da deterioração do meio ambiente têm exercido grande pressão por ações de proteção ambiental, tanto por parte do governo como da sociedade. As desigualdades sociais têm gerado pressões para acesso à moradia, saúde, educação das classes mais pobres. Essas pressões acabam gerando novas instituições dedicadas a buscar soluções para os problemas sociais emergentes. Temos visto, por exemplo, o enorme crescimento de ONGs que vêm se dedicando às inúmeras questões sociais: preservação do meio ambiente, inclusão de deficientes, educação infantil, juvenil e adulta, tratamento de doenças e qualquer outra questão que você pense.

As empresas têm sido chamadas a participar deste movimento e promover ações destinadas a solucionar os problemas sociais. A própria legislação tributária tem oferecido incentivos para as ações filantrópicas e de apoio à produção cultural. Hoje, a maior parte das empresas tem projetos sociais, e algumas, inclusive, publicam seus "balanços sociais", nos quais reportam seus investimentos e resultados de suas ações sociais. Estas são ações voluntárias das empresas, que visam contribuir para a solução de problemas sociais que surgem da própria sociedade em áreas, tais como assistência social, alimentação, saúde, educação e cultura.

A questão crucial sobre a responsabilidade social empresarial é saber até aonde ela vai, é distingui-la claramente das ações sociais que a empresa realiza, por iniciativa própria, em áreas que não estão relacionadas diretamente às suas atividades. A responsabilidade social das empresas só pode ser atribuída às ações que sofrem impactos diretos de suas atividades e sobre as quais elas têm controle e obrigação. E podem ser agrupadas em duas áreas de responsabilidade: (1) cumprir eficazmente as finalidades sociais para as quais foram criadas, e (2) preservar a integridade do sistema social, promovendo, por meio de suas atividades naturais, impactos positivos que contribuem para a sobrevivência e a prosperidade da sociedade em que atuam.

1) Cumprir eficazmente as finalidades sociais para as quais foram criadas

Já vimos, no Capítulo 2, que as sociedades modernas são integradas por instituições que foram sendo criadas à medida que as necessidades sociais foram surgindo. Cada instituição social tem suas finalidades, um papel a cumprir na sociedade. A igreja, as forças armadas, os tribunais, os sindicatos, o governo, os partidos políticos, são exemplos de instituições sociais, cada qual com uma tarefa social específica a cumprir. As empresas válidas, como já vimos também são instituições sociais e, portanto, sua primeira responsabilidade social é cumprir, muito bem, as finalidades sociais para as quais foram criadas, ou seja: suprir continuamente a sociedade com as utilidades que ela necessita para sobreviver e evoluir. A sociedade fiscaliza suas instituições para verificar se estão efetivamente realizando as finalidades sociais para as quais foram criadas. Se não estiverem cumprindo suas finalidades, as instituições são punidas por meio de mecanismos formais, normalmente leis ou informais, como danos à sua imagem, resultando em prejuízos morais e/ou econômicos e, nos casos mais graves, em encerramento de suas atividades. No caso das empresas, essas punições são, por vezes, dramáticas, e aplicadas pelos próprios clientes. Quando era criança, vivenciei uma experiência dessas, ocorrida com a empresa que fornecia energia elétrica para a cidade do interior paulista onde morava. A queda e a falta de energia eram constantes, até que a população não aguentou mais tamanha falta de empenho da empresa para resolver o problema, e incendiou o prédio onde estava localizado seu escritório. Até hoje me lembro da revolta da população ao pôr fogo no prédio. Lembro-me também do sentimento de vingança misturado com espanto da multidão que, como eu, assistia ao espetáculo. São sensações nada agradáveis.

As instituições se estruturam de acordo com suas finalidades sociais. Elas estabelecem sua missão, seus princípios, se organizam, escolhem seus membros, definem suas atividades, de acordo com o que devem fazer para que possam cumprir adequadamente suas finalidades sociais. Por isso, entendem que devem ter definições claras sobre suas finalidades. A importância de ter esta visão clara pode ser ilustrada pela visita do Papa Bento XVI ao Brasil, em 2007. Em vários momentos de sua visita, o Papa enfatizou que, antes do compromisso social, a Igreja tinha o compromisso com a fé, os sacramentos, a liturgia: "Essa é finalidade, e não outra, a finalidade da igreja, a salvação das almas, uma a uma", declarou o Papa. O interessante é que ele não fez essa declaração para neófitos, mas em um encontro com os integrantes de um nível importante da Igreja: os bispos. Com essa declaração, procurava eliminar de vez qualquer dúvida sobre a missão da Igreja. "Isso marca o enquadramento pela Santa Sé da CNBB (Conferência Nacional dos Bispos do Brasil), entidade tradicionalmente mais engajada na transformação social e econômica do que nos assuntos propriamente morais e religiosos".[9] Outro exemplo, para ilustrar o fato de que as instituições se estruturam de acordo com suas finalidades, é o das forças armadas. Toda vez que se discute seu envolvimento nas questões de segurança urbana, os militares insistem em dizer que atuar como força policial não é seu papel, e por isso não são treinados para atuar nesse tipo de ação. São treinados para a guerra, e não para combater o crime: "Em combate são preparados para eliminar o inimigo, não para detê-lo. São treinados para atuar em equipe, em pelotões, não individualmente ou em dupla, como costuma ocorrer na guerra policial urbana".[10]

As empresas válidas cumprem suas finalidades atendendo às necessidades dos clientes e se mantendo saudável, ou seja, em permanente desenvolvimento. E fazem isto atuando dentro de sua competência, fazendo o que está dentro de sua vocação, e não agindo com oportunismo, envolvendo-se em aventuras para aproveitar uma oportunidade que surgiu e, quando essa oportunidade deixar de existir, abandoná-la. Fazem isso mantendo os custos que são inerentes às suas atividades nos níveis adequados, e auferindo um lucro justo que lhes permite sobreviver, se desenvolver e ter continuidade na contribuição que fazem à sociedade. Fazem isso dando remuneração e tratamento justos aos colaboradores, permitindo a consecução dos objetivos dos empreendedores e retorno aos investidores. Se fizerem tudo benfeito, conseguirão contribuir efetivamente com a sociedade, suprindo-a com os bens e serviços que atendem perfeitamente às suas necessidades, entregues no tempo certo, com preços justos, fáceis de acessar, nas quantidades necessárias, e sendo lucrativas, evitando prejuízos, que são antissociais.

Para as empresas de visão econômica, a responsabilidade social empresarial está relacionada à sua finalidade de maximizar o lucro para seus proprietários. Por isso, em seu famoso livro, *Capitalism and Freedom*, lançado em 1962, Milton Friedman, importante economista americano, ganhador do Prêmio Nobel de 1976, discutindo a responsabilidade social das empresas, ao constatar que vinha ganhando aceitação comum a visão que os dirigentes das empresas tinham uma "responsabilidade social" que ia além de trabalhar para atender aos interesses de seus acionistas, afirmava:

> Essa ideia mostra um equívoco fundamental em relação ao caráter e à natureza de uma economia livre. Nesse tipo de economia, existe uma e somente uma responsabilidade social da empresa – usar seus recursos e desenvolver atividades destinadas a aumentar seus lucros [...] Poucas tendências podem minar tão completamente as bases da sociedade livre como a aceitação, por parte dos dirigentes de empresas, de uma responsabilidade social outra que não seja a de ganhar tanto dinheiro quanto possível para os seus acionistas.[11]

E, para demonstrar que é o interesse individual que resulta no benefício social, Friedman cita Adam Smith, o pai da economia clássica:

> Ao buscar realizar seus próprios interesses, o indivíduo, quase sempre, promove os interesses da sociedade mais eficientemente do que quando pretende realmente promovê-los. Jamais soube que tanto bem tenha sido realizado por aqueles que fingem fazer negócios visando ao bem público.[12]

Ao definir a maximização do lucro como sua finalidade, as empresas que atuam com base na visão econômica clássica não conseguem estabelecer com clareza suas finalidades sociais, seus vínculos com a sociedade na qual atuam. Por isso, consideram a legislação como o principal e único elemento regulador de suas relações com ela. E também por isso, essas empresas, quando querem justificar sua contribuição para a sociedade, costumam falar em pagar corretamente os impostos, gerar empregos, contribuir com o governo na consecução de metas macroeconômicas de exportação, investimentos e outras. O respeito às leis e o pagamento de impostos são obrigações sociais inerentes às atividades empresariais, que devem ser cumpridas, caso contrário seus infratores são punidos. Não são responsabilidades sociais no sentido que estamos discutindo aqui. Desrespeitar as leis ou sonegar impostos não é deixar de cumprir uma responsabilidade social. É praticar um crime.

A criação de empregos é muito comumente citada como a principal finalidade das empresas. Muitas, em momentos de crise ou quando são flagradas cometendo alguma irregularidade, usam a geração de emprego para tentar se defender e justificar sua contribuição social. A criação de empregos não é uma responsabilidade social, mas uma condição inerente à atividade empresarial. É muito difícil uma empresa existir sem ter a ajuda de outras pessoas além do dono. Mesmo uma empresa individual precisa de fornecedores para poder operar. Isto é uma condição natural das empresas. Por isso, países economicamente desenvolvidos têm taxas de desemprego baixas. A empresa tem de ter os colaboradores certos (em quantidade e competência) para realizar bem sua função social: prover a sociedade com as utilidades adequadas. Se mantiver um emprego a mais do que seria necessário para produzir as utilidades, estará incorrendo em custos desnecessários, que terão impacto no preço de suas utilidades – afetando os clientes – ou no seu lucro – afetando os colaboradores e empreendedores. As empresas válidas são extremamente responsáveis quando decidem admitir pessoas, pois sabem que, apesar de as demissões não serem incomuns, são processos que geram muito desgaste para a empresa e, principalmente, para as pessoas demitidas.

Ainda que não seja fácil prever os impactos sociais de suas utilidades na sociedade, principalmente quando se trata de novas tecnologias, como especialista no que faz, a empresa deve estar sempre alerta a esses impactos, mesmo que sejam potenciais, que ainda não tenham acontecido nem sejam ainda visíveis para público. A história mostra injustiças com empresas que alertaram sobre eventuais impactos relacionados a suas utilidades, mas que tiveram de abandonar suas ações preventivas por não terem conseguido sensibilizar os clientes, o governo e os concorrentes, e depois foram punidas quando os impactos ficaram visíveis, como foi o caso da Ford com os cintos de segurança nos carros:

> No final dos anos 1940 e no começo dos anos 1950, uma companhia automobilística americana tentou conscientizar o público americano quanto à segurança. A Ford introduziu no mercado carros com cintos de segurança. Porém as vendas caíram catastroficamente. A companhia precisou recolher os carros com cintos e abandonar a ideia. Quando, quinze anos depois, o público motorizado americano tornou-se consciente da necessidade de segurança, os fabricantes de carros foram atacados duramente pela sua "total falta de preocupação e interesse pela segurança" e por serem "mercadores da morte". E as regulamentações resultantes foram feitas tanto para punir as empresas como para proteger o público.[13]

2) Preservar a integridade do sistema social

Outra responsabilidade social das empresas válidas é fazer com que os impactos de suas atividades sejam positivos na sociedade em que atuam. Vimos, no Capítulo 2, que as sociedades são apoiadas em um sistema social, composto pelos subsistemas político, cultural, econômico, legal e ecológico. As empresas válidas estão permanentemente preocupadas com o fato de que, ao cumprir suas finalidades sociais, suas atividades não afetem negativamente cada um dos subsistemas sociais da sociedade na qual estão inseridas. Além de não degradar, as atividades da empresas devem contribuir para manter o equilíbrio e desenvolver o sistema social.

Já tratei, nos Capítulos 2 e 3, da preocupação que as empresas válidas têm em praticar os princípios de conduta aceitos pela sociedade, e a necessidade de preservar o sistema social em equilíbrio. E, também, da complexidade que é atuar dentro dos padrões sociais praticados em cada sociedade, principalmente quando há divergências entre seus princípios de conduta e aqueles aceitos por ela. Os comentários a seguir complementam as preocupações das empresas válidas em relação à preservação do sistema social.

Apesar de não terem toda autoridade e poder para resolver as questões sociais mais amplas, as empresas válidas conseguem prestar grande contribuição para o desenvolvimento social ao considerar, dentro dos seus limites de atuação, questões voltadas aos direitos humanos, justiça social, corrupção, preservação ambiental e outras, quando estabelecem seus objetivos, suas estratégias, suas políticas. Por exemplo, elas privilegiam relações fundamentadas na ética; condenam ações predatórias contra o meio ambiente; respeitam a diversidade de raças, de religião, de sexo; estimulam a contratação de deficientes físicos; exigem transparência nas relações com os diversos públicos; adotam práticas justas de remuneração; não aceitam o trabalho escravo e o infantil. Ou seja, uma empresa em particular não é responsável, por exemplo, pela existência do trabalho infantil na sociedade, mas se cada uma fizer sua parte, este tipo de trabalho será eliminado.

Quando se discutem os impactos sociais das atividades empresariais, usualmente a ênfase é colocada nas questões ecológicas. Mas há danos sociais causados por outras questões que são tão importantes quanto a degradação ambiental. A corrupção, por exemplo, provoca danos morais e econômicos de enorme magnitude; corrói a confiança nos políticos, nos funcionários públicos, nos executivos, e promove um sentimento de descrença na população, nas instituições, nos partidos políticos, no governo, nas empresas, o que não ajuda em nada o desenvolvimento da sociedade. A degradação moral e o retrocesso econômico causados pela corrupção impedem a existência de instituições saudáveis e a prosperidade da sociedade. Seus efeitos negativos levam anos para ser superados, quando são. No campo político, o apoio aos regimes ditatoriais impede o amadurecimento da democracia e os benefícios que os regimes democráticos trazem a todas as camadas da população. Os programas de comunicação das empresas interferem nos hábitos das pessoas e, portanto, têm impacto nos padrões culturais da sociedade. O que se espera é que as empresas promovam hábitos saudáveis. Mas a discussão sobre o que são hábitos saudáveis não é uma tarefa fácil, principalmente quando envolve assuntos polêmicos, como a bebida alcoólica e o tabaco. Em quase todas as minhas apresentações e discussões sobre as empresas válidas essas questões surgem. A pergunta é: as empresas que fabricam e vendem tais produtos que fazem mal à saúde são empresas válidas? A questão é complexa, porque ambas as atividades são permitidas por lei. A legislação impõe restrições a esses produtos, mantém carga tributária elevada sobre eles, mas não impede o seu consumo. Os representantes dessas empresas não aceitam as restrições colocadas, e argumentam que informam seus clientes quanto aos riscos, e que estes são maduros o suficiente para tomar as decisões que julgam as melhores para si.

Outra área também difícil diz respeito às armas, tão importante que sua proibição foi objeto de plebiscito. A discussão é se são para o bem (defesa) ou para o mal (ataque). Bebidas alcoólicas, tabaco e armas são áreas polêmicas tradicionais, mas agora, com a pressão do que se convencionou chamar de "politicamente correto", outros setores vêm sofrendo críticas, pressões e restrições, tais como os transgênicos, a indústria de peles de animais, os videogames (pelo estímulo ao comportamento agressivo das crianças), as refeições tipo *fast-food* (por provocar a obesidade e estilo de vida pouco saudável), o petróleo (problemas ambientais) e os carros (emissão de dióxido de carbono). Essas empresas têm de se preocupar com as críticas e as pressões que sofrem se quiserem se manter vivas e evoluir. Não podem justificar sua existência com razões como o pagamento correto dos impostos, a geração de empregos diretos e indiretos, em fornecedores, atacadistas e varejistas. Algumas empresas estão diversificando seus negócios; outras, buscando mercados em outros países; algumas, explorando opções para seus produtos – o McDonalds (*fast-food*) tirou de linha refeições extravagantes e incluiu saladas e frutas; fabricantes de cigarros implantaram a linha *light* –; e outras, ainda, fazendo altos investimentos em campanhas para comunicar seus esforços para tornar os produtos mais adequados ou alertando sobre os riscos de seus produtos.[14] Penso que, enquanto forem permitidas pela legislação, essas empresas devem ser tratadas como aceitas pela sociedade, independente se concordamos ou não com os produtos que vendem. Mas, se forem empresas válidas, a discussão vai além. É preciso ver se agem de acordo com a filosofia deste modelo empresarial.

AÇÕES SOCIAIS

Com frequência, as sociedades apresentam problemas que requerem soluções urgentes, mas que não recebem a atenção adequada por parte das instituições responsáveis por cuidar deles. Há sempre pressão para que as empresas se envolvam em ações sociais para a solução desses problemas, mesmo que não tenham relação direta com as atividades empresariais. Por isso, uma grande questão sobre a responsabilidade social é saber até que ponto as empresas devem se envolver para a solução desses problemas. A empresa deve se limitar a atuar nos impactos diretos de suas atividades na sociedade ou também se envolver na solução de problemas sociais que não são resultados diretos de suas atividades, tais como assistência social, alimentação, saúde, educação, cultura e outros, seja através de doações, seja participando diretamente na execução das ações destinadas a buscar soluções para esses problemas

Sabemos que há uma relação entre a prosperidade da sociedade e o desenvolvimento empresarial, e, portanto, qualquer problema que afete a sociedade deveria ser de interesse da empresa. "Uma empresa sadia e uma sociedade doente dificilmente são compatíveis [...]. A saúde da comunidade é um pré-requisito para uma empresa crescer e ser bem-sucedida."[15] Sabemos que o desempenho empresarial é diretamente beneficiado quando a sociedade dispõe de pessoas saudáveis e educadas, meio ambiente preservado, materiais disponíveis, equipamentos e tecnologia adequados, infraestrutura eficiente, capital acessível, poder aquisitivo alto, instituições democráticas, liberdade de expressão, estabilidade política, justiça social. Mas, ao longo da história da humanidade, as sociedades desenvolvidas resolveram isso criando um conjunto de instituições especializadas, destinadas a atender às diferentes necessidades sociais. São instituições políticas, religiosas, governamentais, econômicas, legais, militares, trabalhistas, ecológicas, cada qual destinada a atender uma determinada necessidade social. São elas que, cumprindo bem suas finalidades sociais, devem resolver os problemas sociais pelos quais são responsáveis. Mas sabemos que não é assim que acontece na prática, que o mau desempenho de algumas dessas instituições, principalmente as governamentais, contribuem para o agravamento dos problemas sociais. Quando esses problemas chegam a uma situação de crise ou se tornam mais visíveis aos olhos da sociedade, ocorre uma pressão social para sua solução. Daí decorrem as demandas para as empresas participarem de ações sociais a fim de solucionar esses problemas. Hoje, a maioria das empresas faz doações ou mantém programas de ações sociais, nas mais diversas áreas carentes, onde fazem investimentos significativos. Muitas delas têm criado instituições próprias ("institutos", "fundações") para cuidar de suas ações sociais.

É realmente muito difícil ficar indiferente a esses problemas, principalmente quando atingem níveis críticos. Mas isto não justifica o envolvimento das empresas em ações que não estão relacionadas diretamente com suas finalidades na sociedade. Sua ajuda seria mais eficaz e duradoura se, em vez de assumir as responsabilidades das instituições que não estão desempenhando seu papel adequadamente, as empresas apontassem suas ineficiências e contribuíssem nos esforços feitos para que funcionem e cumpram sua função social com competência. Assim, em vez de tentar substituir essas instituições, as empresas devem procurar meios de fortalecê-las.

O grande perigo no envolvimento das empresas nas ações sociais é que isso venha afetar seu desempenho no cumprimento das finalidades para as quais existem. Elas não podem permitir que seu envolvimento em qualquer atividade que não esteja diretamente relacionada à sua finalidade desvie sua atenção do que deve fazer para a sociedade. Não pode também incorrer em custos que não estejam relacionados diretamente às atividades necessárias para cumprir suas finalidades específicas. Esses custos podem afetar seu desempenho como um todo, impactando os preços de suas utilidades, a remuneração dos seus colaboradores, os lucros de seus empreendedores. Seus clientes, colaboradores e empreendedores pagarão por algo que pode lhes interessar como cidadãos, mas que, como agentes empresariais, não lhes diz respeito. Por isso esta preocupação:

> Uma praça deveria ser conservada pela prefeitura. Se uma empresa gasta dinheiro para conservá-la, só para depois poder colocar uma plaquinha com propaganda, então todos saímos perdendo.[16]

Outro perigo no envolvimento com as ações sociais diz respeito à competência que a empresa tem para realizá-las. Apesar de manter organizações para tanto dedicadas, integradas por profissionais com as competências necessárias para executá-las, como essas ações não fazem parte de sua vocação, estão sempre sujeitas a não atingir os resultados a que se propõem.

Empreender tarefas para as quais não se tem competência é um comportamento irresponsável. É também cruel. Cria expectativas que serão frustradas. (....) Conhecimento e habilidades são relativamente fáceis de se adquirir. Mas não é nada fácil mudar de personalidade. Ninguém tem muita chance de se sair bem em áreas pelas quais não tem respeito. Se uma empresa ou qualquer outra instituição enfrentar tal área porque existe uma necessidade social, é improvável que ela designe seus indivíduos mais capazes para a tarefa e que dê a elas apoio adequado. Dificilmente compreenderá o que a tarefa envolve. Irá quase com certeza fazer as coisas erradas. Como resultado, causará mais danos do que benefícios.[17]

Talvez, a questão mais crítica do envolvimento das empresas em ações sociais diz respeito ao caráter genuíno do objetivo. Em muitos casos, trata-se de estratégias de comunicação mercadológicas. Algumas empresas confundem patrocínios voltados a reforçar sua marca com ações sociais. Outras, usam ações sociais para obter credibilidade, para "limpar" pontos negativos que "mancham" sua imagem. Essas empresas não deixam de citar seus "projetos sociais" em suas comunicações, visando tirar proveito mercadológico dessas ações sociais. E vão se apropriando, nas suas campanhas publicitárias, dos temas de responsabilidade social que estão "na moda". Quantas não citam a transparência como uma prova de sua seriedade! Outras, ainda, usam a sustentabilidade, e assim vai... As empresas que desenvolvem ações com o objetivo genuíno de contribuir para a solução dos problemas sociais não ficam alardeando seus feitos para deles tirar partido econômico.

Uma alternativa que tem servido àqueles que querem ter um envolvimento ativo com causas sociais, é desenvolver ações sociais como pessoas físicas, envolvendo-se pessoalmente ou fazendo doações, porém, usando seu próprio dinheiro. Nos Estados Unidos, onde a filantropia é uma prática muito desenvolvida, esta foi a alternativa escolhida por grandes empresários, como John Rockefeller e o co-fundador da HP, David Packard, ou, mais recentemente, Bill Gates e Warren Buffett.

John Rockefeller, o "primeiro barão global do petróleo", já no século XIX, iniciava a prática de contribuir com causas nobres. David Packard deixou sua participação de US$ 4,3 bilhões para uma instituição de caridade.[18] A Fundação Gates (note que não se chama Fundação Microsoft) não é dirigida por executivos contratados pela Microsoft, mas por Bill e sua mulher, Melinda, e, desde que foi fundada, em 2000, até 2006, investiu 6 bilhões de dólares em saúde de países africanos, e 1 bilhão de dólares nos Estados Unidos. Warren Buffet anunciou, em 2006, que estava doando 85% de sua fortuna de 44 bilhões de dólares a instituições filantrópicas.[19]

Pode ser que, no futuro, as responsabilidades sociais que hoje não têm a ver com suas atividades diretas sejam atribuições das empresas, mas certamente isto implicará revisões profundas nos papéis sociais e nas estruturas atuais das empresas e de outras instituições sociais. Atribuir às empresas responsabilidades sociais em áreas que não estão relacionadas diretamente às suas finalidades sem lhes dar autoridade para tomar as decisões e promover as ações necessárias, é pedir que os problemas não sejam resolvidos. Por outro lado, aceitar novas responsabilidades sem integrá-las à sua vocação nem adquirir as competências necessárias para administrá-las é também pedir para que não sejam tratadas como devem.

RESPONSABILIDADE SOCIAL NÃO É ESTRATÉGIA

As empresas válidas consideram a responsabilidade social como um princípio, como parte integrante de sua filosofia empresarial, e não uma estratégia de negócios. Para essas empresas, preservar a integridade do sistema social é uma preocupação inerente à atividade empresarial, como diz uma propaganda da Volvo:

> Responsabilidade é aquela obrigação que ninguém precisa dizer que temos. A responsabilidade social está intimamente ligada aos valores da Volvo e a seu compromisso com a sociedade na qual está inserida.[20]

Assim, as empresas válidas não se preocupam em procurar "vantagens" que justifiquem o fato de serem socialmente responsáveis, tais como redução de custos, melhorias de imagem, maior motivação dos funcionários, aumento do volume de vendas, lealdade dos clientes, melhorias de produtividade e qualidade, e outras usualmente citadas em artigos sobre responsabilidade social. Também não se preocupam em justificar sua responsabilidade social pelos resultados econômicos que irão obter, como sugerem alguns. Pelo contrário, às vezes, a prática da responsabilidade social pode prejudicar diretamente os resultados empresariais, como aconteceu com a Johnson & Johnson, no conhecido caso ocorrido em 1982 com o Tylenol. Nos arredores de Chicago, sete pessoas morreram envenenadas quando alguém violou as embalagens do remédio e colocou cianeto:

> A J&J imediatamente removeu todas as cápsulas de Tylenol do mercado norte-americano – apesar de as mortes terem ocorrido apenas nas redon-

dezas de Chicago – arcando com um custo estimado de US$ 100 milhões e colocou 2.500 pessoas em ação para alertar o público e lidar com o problema. O *Washinton Post* escreveu sobre a crise, dizendo que a "Johnson & Johnson tinha demonstrado ao público que era uma empresa que estava disposta a fazer o que é certo, independente dos custos"[21]

Eu vejo que, na prática, nas empresas em que a responsabilidade social é encarada como estratégia, são necessários esforços extraordinários para incorporá-la às atividades rotineiras. Vejo também que esses esforços são temporais, pontuais, e desaparecem quando a responsabilidade social deixa de ser uma preocupação dominante. Assim como aproveitam de forma oportunista as diversas ondas que surgem, muitas empresas tiraram proveito da responsabilidade social como se fosse apenas isto, uma onda. É nessas empresas que vejo também a preocupação em medir os ganhos que obtêm com suas ações sociais. Eles querem saber o retorno direto dos seus investimentos sobre seus resultados econômicos, sobre sua imagem. Nas empresas válidas, como se trata de uma filosofia, a responsabilidade social é parte integrante do sistema de gestão, e está incorporada nas ações do dia a dia e nas decisões empresariais.

RESPONSABILIDADE SOCIAL NÃO É RETRIBUIÇÃO

É muito comum que se associe a responsabilidade social a uma forma de retribuição da empresa à sociedade pelos benefícios auferidos. Esta é uma visão que desvirtua completamente a função da empresa, porque não reconhece sua contribuição social quando atua de acordo com as finalidades para as quais for criada e, pior, coloca a empresa como não tendo feito nada, apenas enriqueceu tirando proveito dos recursos fornecidos pela sociedade. A relação é clara: a sociedade delega às empresas a produção dos bens e serviços que precisa para sua sobrevivência e prosperidade e, para tanto, fornece os recursos que elas precisam e estabelecem um conjunto de limitações que deve ser atendido pelas empresas. E, estas, fornecem os produtos de valor (utilidades) que atendem às necessidades dos clientes e às limitações sociais praticando padrões de conduta aceitos pela sociedade. Fazendo isso bem-feito, as empresas promovem a prosperidade da sociedade e também prosperam.

Cumprir suas finalidades sociais exige um grande esforço das empresas para descobrir necessidades; criar os produtos para atendê-las; obter e dominar a tecnologia para fabricá-los; identificar e conseguir clientes leais; manter uma equipe de pessoas talentosas e comprometidas com a sua missão; conseguir altos níveis de eficácia e produtividade em todas as suas atividades; manter relações significativas com os clientes, colaboradores, empreendedores, acionistas e com todos os públicos com os quais se relaciona; estar sempre em movimento, buscando manter padrões de desempenho que garantam sua sobrevivência e desenvolvimento; adotar padrões éticos que orientem seu comportamento; obter remuneração justa, por meio dos lucros, pela sua contribuição. As empresas, portanto, não recebem nada de graça. Seus ganhos são fruto de seu trabalho benfeito. A sociedade também tem seus ganhos decorrentes do bom desempenho das empresas. E assim se estabelece uma relação justa entre as empresas e a sociedade, com cada uma tendo um papel e ganhando a parte que lhe cabe.

Se a empresa não fizer seu papel, o prejuízo social será imenso, e todos pagarão, não só aqueles responsáveis por causá-los. Querem um exemplo? A Encol, empresa de engenharia dedicada a construir edifícios residenciais, acusada de estelionato, fraude, sonegação fiscal, apropriação indébita, empresas fantasmas no exterior, venda de apartamentos fantasmas, compra e venda de empresas do grupo sem registro contábil, distribuição disfarçada de lucros e suspeita de evasão de divisas, mantém um poderoso caixa 2, deu sumiço em R$ 380 milhões do balanço. Tem 710 obras paradas em todo o país; 42 mil pessoas compraram imóveis e não receberam, e muitas delas colocaram nas mãos da empresa tudo o que haviam poupado durante a vida inteira. Para recuperar suas perdas na justiça, estima-se que levarão 20 anos;11 mil funcionários não recebem há 4 meses. Esta empresa vendia apartamentos fantasmas. Erguia um edifício com dinheiro de um lançamento futuro, depois precisava fazer dois novos lançamentos, depois três, quatro, e cada vez mais. A empresa internacional de auditoria contratada, depois de examinar a documentação, recusou o trabalho por entender que jamais chegaria a um diagnóstico, tamanha a baderna.[22]

A ÉTICA NAS EMPRESAS VÁLIDAS

Ética é outra questão que merece um tratamento específico na discussão sobre a conduta das empresas. A ética empresarial emergiu, com bastante força nos últimos anos no Brasil, junto com a responsabilidade social. Não sei se devido às denúncias de fraudes e de corrupção estarem se tornando frequentes nos meios de comunicação; se pelas implicações negativas que o comportamento não ético produz à imagem e ao desempenho empresarial; se pelo amadurecimento das empresas, que estão tomando consciência sobre a necessidade de agir como cidadãs; ou se por todas essas razões. Sabemos que o comportamento ético fora dos padrões é desastroso para o indivíduo, e mais ainda no mundo empresarial, onde provocam danos morais e econômicos que, na maioria das vezes, destroem a empresa, sem contar os prejuízos que causam para os clientes, colaboradores e empreendedores.

Sabemos da dificuldade em lidar com a ética; diariamente, na padaria, no trânsito, no bar, no restaurante, no cinema, no trânsito, no trabalho, enfrentamos situações corriqueiras que nos obrigam a tomar decisões em que nossos padrões éticos são postos à prova: devolver o dinheiro que nos foi dado a mais no troco; evitar "furar a fila" do cinema, do restaurante, do estacionamento; obedecer às regras e os sinais de trânsito. Ao analisarmos essas situações, parece fácil avaliar quais as decisões certas a tomar e quais as erradas, mas, na prática, as decisões não são tão claras assim. Há o contexto, o conjunto de condições em que essas situações ocorrem, o que torna a avaliação complexa. Em muitas situações, nosso comportamento é orientado por definições previstas em lei, mas, em outras, a orientação vem dos padrões culturais representativos da sociedade em que vivemos, o que torna ainda mais difícil o julgamento sobre o certo e o errado, sobre o bem e o mal. Há sempre um grande dilema entre o interesse próprio x o interesse comum. Indagamo-nos se estamos certos ao ser ético, quando enfrentamos situações nas quais ficamos com a impressão de que os desonestos, os "espertos", são os que ganham. Sentimo-nos frustrados em situações em que somos passados para trás pelos "espertos". Passei por uma situação assim quando trabalhava em uma empresa profundamente ética. Um supervisor do setor de treinamento apropriou-se de uma apostila, que eu havia preparado para distribuir aos alunos de um curso que ministrava na empresa, e a publicou em seu livro; literalmente copiou o texto, sem mudar uma vírgula. Quando descobri, denunciei o fato ao meu chefe – que também era chefe dele –, uma pessoa extremamente honesta, mas que não tomou nenhuma providência a respeito, deixando-me profundamente decepcionado. Mas, apesar dessas experiências que nos desestimulam, precisamos ter convicção e acreditar que o comportamento ético vale a pena, e que, como um amigo meu dizia: "O tempo vem a favor da verdade". Tempos depois, esse supervisor foi demitido por desviar dinheiro da empresa. A empresa, e principalmente meu chefe, deveriam saber que quem rouba ideias rouba qualquer outra coisa.

Assim como a responsabilidade social, as preocupações éticas evoluem. É claro que padrões fundamentais, como honestidade, justiça, confiança, permanecem, mas devem ser formulados especificamente para as novas necessidades. Por exemplo, produtos confiáveis quanto à sua eficácia e qualidade sempre foram padrões éticos desejados, mas, hoje, o cliente exige especificações às quais alguns anos atrás nem se davam conta, como, por exemplo, informações corretas e detalhadas sobre os ingredientes dos produtos nos rótulos e embalagens. Nos alimentos, além destas, exigem a informação nutricional. Antes, falava-se sobre o assédio sexual no trabalho; hoje, além disso, a preocupação é com o assédio moral, que inclui o fato de o chefe obrigar os subordinados a fazer determinada tarefa usando a ameaça de demissão; induzir os outros a mentir, impedir a liberdade de expressão, de escolha. A crescente preocupação com a ética é refletida no surgimento de instituições destinadas a controlar os padrões éticos. Muitas dessas instituições são mantidas pelos próprios setores empresariais, como, por exemplo, as que controlam a ética na propaganda, mantidas pelas próprias agências.

A legislação vem se aprofundando cada vez mais nas questões éticas. Há uma grande discussão se o governo deve intervir ou deixar o mercado livre, mas cada vez mais duvida-se da capacidade de o "mercado" ser um regulador ético competente, e, por isso, exige-se uma regulamentação cada vez maior. Os argumentos a favor da regulamentação ganham força principalmente quando ocorrem crises como a que aconteceu em 2008, que começou nos Estados Unidos e atingiu o mundo todo.

A definição da ética a ser praticada pela empresa não é, portanto, uma questão fácil de ser abordada. Sua complexidade decorre principalmente dos seguintes aspectos:

1. A ética é baseada em valores morais: " certo" e "errado", "bem" e "mal"; envolve escolha, convicções, e controvérsias. É, portanto, uma questão de natureza humana; não é algo lógico ou que possa ser tecnicamente justificado, cientificamente provado. Já presenciei, por exemplo, discussões acaloradas sobre a correção da prática de acordo de preços entre empresas concorrentes, nas quais havia argumentos fortes dos dois lados: uns defendendo outros reprovando.

2. Ética não é uma questão retórica, tem de estar refletida na prática. É comportamento, não atitude. Ela orienta a conduta empresarial tanto interna como externamente. Portanto, a ética é avaliada pelas suas práticas, "boas intenções à parte", como diz o título do livro *Ética nas empresas*, de Laura L. Nash.[23] Manuais ou quadros na parede nem sempre são suficientes para

refletir a real conduta da empresa. A prática dos padrões éticos torna-se ainda mais crítica nas crises pelas quais a empresa passa. Manter os padrões éticos nas situações adversas é o verdadeiro teste da legitimidade das intenções éticas da empresa.

3. A complexidade da ética empresarial deve-se também ao seu amplo escopo de atuação. Princípios morais que se aplicam aos indivíduos, como honestidade e justiça, também se aplicam às empresas, mas têm que ser abordados no contexto do ambiente empresarial, que envolve criação de produtos, transações econômicas, concorrência, vínculos empregatícios, legislação. Já vimos que as empresas válidas são sistemas técnico-humanos e, portanto, envolvem um conjunto variado de questões de natureza técnica e de natureza humana, e em todas elas a ética está presente: na concepção, fabricação, promoção e venda de produtos; na obtenção e uso de recursos; na ampla gama de relações que mantêm com seus clientes, colaboradores, acionistas, concorrentes, instituições da sociedade; nas alianças com parceiros locais e mundiais; nos processos de comunicação; na atribuição de funções, responsabilidade e autoridade; na atração, integração, motivação e desenvolvimento dos seus talentos humanos; e em todos os outros aspectos aos quais as empresas precisam se dedicar para assegurar a consecução de seus objetivos.

4. A ética empresarial depende da conduta individual de seus colaboradores. A empresa não age, quem age são as pessoas, como vimos no caso que relatei sobre a apropriação da minha apostila. A empresa precisa se assegurar de que seus colaboradores aceitam os padrões éticos estabelecidos e encorajá-los a praticá-los. É engano pensar que o comportamento ético é "óbvio". A ética envolve sutilezas em uma quantidade enorme de questões, conforme já vimos. Muitas vezes, as pessoas cometem erros, não porque querem, mas porque, como seres humanos, são falíveis, e também porque não têm consciência de que estão diante de situações que envolvem questões éticas. Também é um erro confiar no "bom-senso"; agir com base no "bom-senso" é perigoso, porque isto é algo que todos acham que têm, como afirma um pensamento atribuído a Descartes: "O bom-senso é a coisa mais bem repartida do mundo, porque todos acreditam possuí-lo em quantidade suficiente". Por isso, o comportamento ético exige esforço para ser explicitado, comunicado, compreendido e, principalmente, aceito.

5. Já vimos que uma das preocupações fundamentais das empresas válidas é agir de acordo com princípios de conduta aceitos pela sociedade a que servem. Isto implica considerar os padrões sociais nas decisões sobre os princípios de conduta a serem praticados pela empresa. Já vimos, no Capítulo 2, que conseguir este equilíbrio é um desafio, principalmente quando há discordâncias entre crenças e valores da sociedade e os da empresa.

As empresas válidas entendem que considerar esta complexidade não é desanimador, mas desafiante. É enfrentar com consciência e maturidade um tema que merece reflexão profunda e decisão corajosa.

A questão econômica é um quesito chave da ética no mundo empresarial. Parece que as questões éticas e econômicas são irreconciliáveis. Parece que não é possível "fazer negócios" dentro de padrões éticos de conduta. A impressão é de que, no mundo dos negócios, há regras, não escritas, que aceitam a mentira, a desonestidade, a corrupção, as fraudes. Parece que é impossível sobreviver no mundo dos negócios tendo respeito pelos outros, sendo honesto, confiável, justo, leal. Esses valores morais parecem ingenuidade no "jogo do mercado". Por isso não gosto do uso do termo *player* para caracterizar empresas que atuam em um setor. Porque dá a impressão de que fazer negócios é jogar, com todas as implicações negativas que isto traz: o importante é a vitória, é preciso derrotar o adversário, qualquer que seja o meio. O negócio é competir, não cooperar. Nesse mundo, os negócios requerem um comportamento lógico-racional que não dá lugar às questões humanas, morais. Esta visão confunde e desencoraja a discussão da conduta empresarial, e conduz a um aparente e insuperável paradoxo: **ou lucro ou moral**. Parece que não é possível conciliar o lucro e empresas eticamente saudáveis. De onde vem essa dicotomia? Nessas empresas, a visão, consistente com o modelo que praticam, é que a única ciência capaz de dar as respostas "objetivas" para as demandas que recaem diariamente sobre os administradores é a economia. E, para elas, economia e moral são temas que nada têm entre si. É interessante notar que Adam Smith, importante referência na formulação da teoria econômica, era professor da cadeira de Moral na Universidade de Glasgow quando já escrevia os primeiros esboços do seu famoso livro *A Riqueza das nações*.[24] Mas parece que este vínculo se perdeu, e a teoria econômica atual realmente não tem auxiliado muito na discussão da questão da conduta nas empresas:

[...] a julgar pela literatura mais recente sobre o assunto verifica-se que existe hoje um questionamento crescente da separação que se instaurou, principalmente nas últimas décadas, entre ética e teoria econômica.[25]

Mas, ainda bem que "a ética lida com aquilo que pode ser diferente do que é".[26] Por isso, como já vimos no Capítulo 2, muitas empresas conseguem conciliar o lucro e sua contribuição social com a atuação ética, em vez de considerar esta situação um paradoxo. Elas estão mais focadas nos clientes do que nos concorrentes; mais preocupadas em produzir utilidades cada vez melhores para seus clientes do que jogar contra seus adversários concorrentes. Laura L. Nash propõe o que chama de Ética Convencionada de Negócios como um meio de obter esta conciliação:

> A Ética Convencionada fornece uma combinação coerente de motivação do lucro e valores altruístas que ajudam a confiança e a cooperação entre as pessoas. Ela tem três aspectos essenciais: 1) percebe, como objetivo primário, a criação de valor em suas muitas formas; 2) percebe o lucro e outros retornos sociais não como objetivos dominantes, mas como resultado de outras metas; 3) aborda os problemas empresariais mais em termos de relacionamentos do que de produtos tangíveis.[27]

As empresas dispõem de um conjunto de instrumentos de gestão para formalizar as práticas éticas: políticas, normas, procedimentos; mas nem sempre é possível cobrir todas as situações, principalmente aquelas que não ocorrem rotineiramente. Não dá para "regulamentar" tudo. As empresas válidas optam por ter alguns princípios fundamentais que são exaustivamente comunicados, explicados, debatidos, ilustrados com exemplos práticos de suas aplicações. Os exemplos dados pelos níveis hierárquicos superiores também são uma fonte de inspiração para o entendimento e a aceitação dos padrões éticos estabelecidos pela empresa.

Outra questão relacionada com o sistema de gestão é saber se os objetivos e as metas que a empresa estabelece promovem o comportamento ético ou induzem ao não ético. Prazos apertados para lançamento de produtos garantem que os produtos foram suficientemente testados e, quando lançados, atendem todas as condições de qualidade? Pressões por resultados econômicos ambiciosos no curto prazo garantem que as decisões estão sendo justas com as pessoas, estão garantindo a integridade do patrimônio moral, humano e econômico da empresa?

Os princípios éticos que orientam a conduta da empresa são baseados em sua filosofia. De nada adianta elaborar manuais contendo "códigos de ética" ou "normas de conduta" se não tiverem respaldo em uma filosofia empresarial praticada, pois, cedo ou tarde, a verdade aparece. As empresas que atuam com base na visão econômica clássica colocam seu lucro em primeiro lugar e, sem dúvida, praticam princípios éticos diferentes das empresas válidas, cujo objetivo é servir. Elas priorizam o interesse próprio em detrimento do interesse coletivo. As empresas válidas buscam conciliar a prestação de serviços com a necessidade do lucro, ou seja, praticam o que Laura Nash chamou de Ética Convencionada, como ilustra George Merck II:

> Eu quero [...] expressar os princípios que nós, na nossa empresa, nos empenhamos para seguir. [...] Eles se resumem no seguinte: nós tentamos lembrar que os remédios são para o paciente. Tentamos não esquecer nunca que os remédios são para pessoas, não para trazer lucros. Os lucros são uma consequência, e se sempre nos lembramos disto, eles também nunca deixaram de vir. Quanto mais nos lembrávamos disto, maiores eram os lucros.[28]

CAPÍTULO 12

OBTER UM LUCRO JUSTO

Um empreendimento válido deve ser capaz de gerar lucros para assegurar sua sobrevivência, crescimento e continuidade, e, assim, viabilizar sua contribuição ao progresso social.

Lucro é a diferença entre o valor econômico produzido por um empreendimento e seu custo. É o resultado das receitas obtidas pelo valor pago pelos clientes, menos todos os custos necessários para a operação do empreendimento, a inovação, a preservação do patrimônio, a expansão.

O lucro remunera a empresa válida pelos serviços que presta à sociedade. Ele retribui os esforços para criar utilidades e colocá-las à disposição dos clientes que as utilizarão para satisfazer suas necessidades. Lucro é o que Fernando Pessoa definiu, no texto que citei no Capítulo 2, como sendo a "paga" que a empresa recebe pela prestação do serviço ao público. Ele reflete o bom desempenho da empresa na realização das suas finalidades sociais, e significa que a empresa corresponde à confiança que a sociedade depositou nela ao lhe conceder o direito de produzir as utilidades necessárias à sua sobrevivência e progresso. Ao contrário, se não conseguir produzir lucro, a empresa não conseguirá ter continuidade e causará prejuízos aos seus clientes, colaboradores e credores, o que significa danos à sociedade.

Apesar de o lucro representar algo que é socialmente desejável e benéfico, os empresários, em geral, não se sentem à vontade para falar sobre eles em público. Talvez isto se deva ao fato de, no Brasil, o lucro ser malvisto pelo público em geral, relacionado com ganhos injustos, produto de atividades feitas "só para ganhar dinheiro", obtido por quem sabe "levar vantagem", algo que se respeita não por admiração, mas por submissão, e motivo de inveja. Como em geral as reportagens, notícias, artigos sobre empresas, nos jornais, televisão, revistas, invariavelmente dão ênfase às questões relacionadas ao dinheiro – lucro, investimentos, faturamento, valor das ações, fortunas dos empresários –, o público relaciona as atividades das empresas apenas com as finalidades econômicas. Neste contexto, o lucro é visto pelo público como algo que o empresário se apropria indevidamente. Parece que esta visão se tornou uma premissa cultural que vai sendo transmitida pelas gerações. Não se discute amplamente os benefícios sociais do lucro nem as finalidades das empresas, e, por isso, o público reage com indignação quando se coloca o lucro na frente de outras "realizações sociais".

Em uma pesquisa feita junto à população brasileira, 93% das respostas indicaram a criação de empregos como sendo a missão da empresa. Já a de dar lucro aos acionistas apareceu em último lugar, com 10% dos votos.[1]

Como nas empresas válidas o lucro é visto como algo que reflete seu bom desempenho no cumprimento de suas finalidades sociais, ele pode ser entendido como uma responsabilidade social da empresa. Peter Drucker estabelece sua primazia: "o lucro, com certeza, não é o todo de responsabilidade da empresa; mas é sua primeira responsabilidade".[2] Davi Packard também afirma esta primazia: "Os lucros não são o objetivo e a meta adequados da gerência – são o que torna possíveis todos os objetivos e metas adequados".[3]

O lucro deve ser o suficiente para cobrir os riscos e as incertezas que a empresa assume no presente e enfrentará no futuro. Por mais que ela disponha de mecanismos para acompanhar a evolução da sociedade, antecipar tendências, diminuir as incertezas, está exposta aos riscos O próprio significado da palavra risco, de origem árabe, reflete este desafio que as empresas enfrentam: "ganhar o pão de cada dia".[4]

O lucro deve ser a fonte de capital para preservar a integridade do patrimônio empresarial – econômico e "não econômico" –, e para repor o que está sendo desgastado. Deve possibilitar criar mais e melhores empregos; constituir reserva para os momentos difíceis e evitar prejuízos; existir para manter a confiabilidade dos credores e atrair investidores; para possibilitar o crescimento e a prosperidade da empresa, e manter a vitalidade do negócio.

Enquanto algumas empresas recorrem aos empréstimos financeiros, outras condicionam seus investimentos à existência de capital próprio para financiá-los. E este capital é gerado pelos lucros.

Para as **empresas válidas**, portanto, **obter um lucro justo** é um requisito, uma parte de sua tarefa empresarial, e não um fim, como nas empresas que atuam com base na **visão econômica** clássica, cujo objetivo é **garantir o lucro máximo**. Para conseguir isto, estas empresas, já vimos, no lado das receitas, praticam o maior preço de acordo com a lei da oferta e procura, e no dos custos, cortam aqueles associados às "coisas não essenciais", esfolam os fornecedores e contratam mão de obra barata. Um dos perigos do lucro máximo é que ele significa o maior lucro no menor prazo, independente se as práticas atuais venham a comprometer o futuro. O interessante é que, quando a empresa dá lucro, é o dono quem fica com ele. Quando dá prejuízo, quem paga são os clientes, os colaboradores, a sociedade.

Nas empresas válidas, o lucro está relacionado às finalidades para as quais elas foram criadas. No Brasil, até meados dos anos 1990, quando a inflação atingia números inimagináveis, muitas empresas industriais e comerciais sobreviveram não dos lucros provenientes de suas operações, mas das "receitas não operacionais", o que, em outras palavras, significava lucros advindos do negócio financeiro (que não era o seu negócio). Isso ofusca a visão do empresário e lhe dá a falsa impressão sobre a vitalidade do seu negócio. No Brasil, quando chegou a estabilidade econômica, muitas empresas tiveram grandes dificuldades para se recuperar, e outras quebraram. Algumas perceberam a tempo e mudaram radicalmente suas práticas. Foi o caso da rede de supermercados, já citada, que na época da inflação mais parecia um banco do que um supermercado, e, depois, se concentrou no seu negócio real e conseguiu superar seus concorrentes.

Não é fácil arranjar um termo para qualificar o lucro obtido na visão da empresa válida. O que usei, pela primeira vez quando escrevi sobre elas, foi *razoável*. Mas esta palavra não é fácil de definir e, na prática, não era bem assimilada. Decidi substituí-la por *justo*, que continua não sendo muito fácil de definir, mas reflete com mais clareza o significado do lucro nas empresas válidas. Ele expressa melhor a visão de que o lucro remunera a preocupação genuína da empresa com seus clientes e o esforço que ela faz para servi-los. Existem alguns parâmetros econômicos que procuram medir o lucro em relação ao investimento, ao faturamento etc. Eles estabelecem índices de rentabilidade, mas não respondem ao que é justo. Uma das principais críticas que se faz aos empresários brasileiros é a de que têm visão imediatista, querem ganhar o máximo no mínimo tempo, não pensam no futuro e, por isso, estabelecem índices de rentabilidade altos que chegam a comprometer a competitividade da empresa. Um executivo disse-me que teve de abandonar algumas linhas de produtos devido à taxa de retorno exigida pelos acionistas, que tornava seus preços impraticáveis no mercado. Acho que as empresas válidas sabem definir o que é um lucro justo para seus negócios. Elas são sensatas e sábias o suficiente para obter uma remuneração justa e permanente, em vez de tentar ganhar tudo o que for possível o mais rápido possível. Sabem que seus investimentos levarão certo tempo para ser remunerados. E também estão preocupadas em compartilhar com os clientes seus ganhos de produtividade e de eficiência, assegurando relações sólidas e permanentes. Sabem que devem fazer todas essas considerações antes de fixar seus objetivos de lucro.

A obtenção de um lucro justo não é tarefa apenas do departamento de finanças, e não se restringe aos cálculos matemáticos de retorno sobre investimentos. Ela requer a ação de todos os departamentos da empresa, e está intimamente ligada às demais atividades que compõem a tarefa empresarial. Apesar de algumas dessas atividades terem uma relação mais direta, ou melhor, mais visível, com as receitas e custos, em cada uma delas há oportunidades de melhorias no desempenho econômico da empresa. Essas oportunidades constituem, para as empresas válidas, grandes desafios, pois trata-se de buscar soluções que dão contribuições significativas aos lucros, sem afetar, contudo, o patrimônio econômico, tecnológico e social da empresa. Como já comentei, é fácil melhorar os lucros simplesmente aumentando os preços e cortando os custos, sem medir as consequências sobre a qualidade dos produtos, a base de clientes, a equipe de colaboradores e outras, que a médio prazo resultarão em grandes impactos negativos no próprio desempenho econômico da empresa. É difícil, no entanto, promover essas melhorias com alternativas criativas, inovadoras, ousadas que preservem a integridade do patrimônio empresarial. Isto implica que todos na empresa devem estar conscientes da necessidade de considerar os impactos das decisões que tomam no desempenho econômico. São tradicionais as "brigas" do departamento financeiro com os demais nas questões que envolvem os aspectos econômicos. Usualmente, nesses casos, o departamento de finanças é visto como o "chato", o "estraga prazeres", o "pé no breque" quando faz objeções relativas às questões econômicas do assunto que está em discussão. Por outro lado, os departamentos envolvidos nos estudos são vistos pelo de finanças como "alienados", "sonhadores", por não considerarem as consequências econômicas, em toda a sua extensão, das decisões que desejam tomar. Para evitar tais confrontos, é preciso que haja um nível adequado de consciência na empresa como um todo sobre o papel do lucro.

Para obter um lucro justo, a empresa deve se assegurar de que em todas as decisões que toma estão sendo consideradas as questões econômicas. Não se deve achar que fazendo tudo certo os lucros vêm automaticamente. Ao criar suas utilidades, é preciso se assegurar de que o preço reflita o valor que lhes foi adicionado. Ao selecionar os clientes, é preciso se assegurar de que proporcionem as margens de rentabilidade justas. Ao avaliar o desempenho dos colaboradores, não se deve focar no quanto custam, mas qual é a sua contribuição para os resultados. E o mesmo vale para o uso dos recursos. E assim por diante.

Na avaliação do desempenho empresarial, o lucro é o parâmetro mais fácil de se medir e o que dispõe de mais instrumentos. Mas, nas empresas válidas, ele sozinho não permite concluir que a empresa está obtendo os resultados de acordo com suas finalidades, como veremos na Parte 3.

PARTE 3

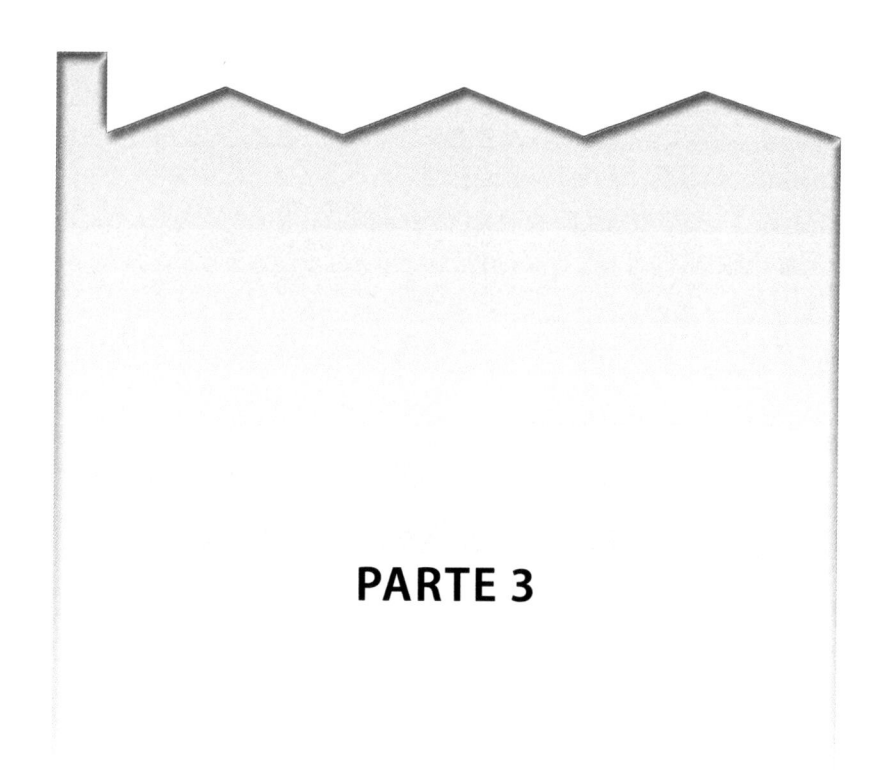

A AVALIAÇÃO DOS RESULTADOS NAS EMPRESAS VÁLIDAS

Na Parte 1, discutimos as finalidades das empresas válidas, na 2, vimos as atividades que constituem sua tarefa empresarial e que as conduzem para obter os resultados. Nesta parte, veremos como avaliar se os resultados empresariais estão coerentes com suas finalidades. A avaliação do desempenho empresarial completa o ciclo ilustrado na Figura 13.0.

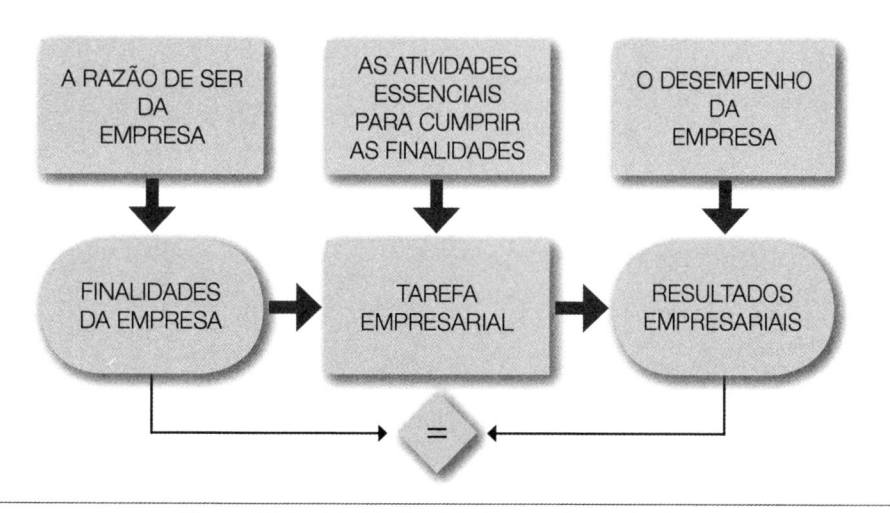

Figura 13.0 – O ciclo finalidades-tarefa-resultados

A necessidade de avaliar o desempenho é óbvia. Se não avaliarmos como estamos, não saberemos se estamos indo bem ou mal, e, neste caso, o que precisamos fazer para corrigir os rumos. Como diz uma expressão bem conhecida: "Você só consegue gerenciar o que consegue medir". Apesar de óbvia, porém, a avaliação de desempenho nem sempre é feita de uma maneira adequada. Um bom processo de avaliação de desempenho consegue verificar se os resultados reais estão de acordo com os esperados e, se não estiverem, quais são as causas dos desvios, para que se consiga orientar as ações necessárias para corrigi-los. Consegue também assegurar se estamos avaliando tudo o que deve ser avaliado no momento certo, se estamos usando os parâmetros de avaliação corretos, se estamos envolvendo todos que devem ser envolvidos e se estamos tirando proveito dessa avaliação para nosso aprendizado.

A avaliação do desempenho empresarial se resume a duas questões fundamentais: (1) o que avaliar e (2) quem avalia o quê. A resposta a essas duas questões muda de acordo com o modelo praticado pela empresa. Se este for baseado na visão econômica, os indicadores serão relacionados à maximização do lucro. Se o modelo tiver por base as empresas válidas, os idicadores terão a ver com a satisfação das necessidades dos clientes, a realização das expectativas dos empreendedores e dos colaboradores e a prática de princípios de conduta aceitos internamente e pela sociedade. Por isso, não há listas padrão de indicadores para a avaliação de desempenho que sejam representativas para qualquer que seja o modelo adotado pela empresa.

CAPÍTULO 13

REQUISITOS DE UM PROCESSO DE AVALIAÇÃO EFICAZ

Avaliar o desempenho empresarial não é um exercício burocrático que se encerra com a elaboração dos relatórios reportando os resultados. O objetivo desta avaliação é assegurar que a empresa esteja obtendo resultados coerentes com suas finalidades. Caso isso não esteja acontecendo, o processo de avaliação deve orientar onde devem ser tomadas as ações corretivas. Para que se consiga atingir este objetivo, é preciso que o processo de avaliação dos resultados atenda a alguns requisitos básicos.

RESULTADOS COERENTES COM AS FINALIDADES

Existem empresas que são bem-sucedidas porque conseguem maximizar os lucros para seus proprietários. Outras, porque conseguem sobreviver por longo tempo, trazendo segurança, conforto e prosperidade para seus funcionários. E outras, ainda, porque prestam bons serviços à sociedade, provendo utilidades que atendem às necessidades de seus clientes e promovem sua prosperidade e, por isso, remuneram adequadamente seus acionistas e retribuem de forma justa a contribuição de seus colaboradores. Este é o fundamento para a avaliação de desempenho das empresas: o que temos de avaliar é se seus resultados estão de acordo com as finalidades para as quais foram criadas. Sem saber para que existem, as empresas não podem avaliar objetivamente seu desempenho.

Todos os dias surgem sugestões em livros e publicações especializadas sobre o que medir para avaliar o desempenho empresarial, mas, se os resultados não estiverem relacionados às finalidades da empresa, essa avaliação não tem sentido. A satisfação dos clientes, a qualidade dos produtos, a rentabilidade, a eficiência operacional, o ambiente de trabalho, são alguns exemplos de parâmetros sugeridos nessas publicações, mas eles não são representativos para muitas empresas.

Quando não estão relacionados às suas finalidades, as empresas atribuem diferentes significados a um mesmo indicador, traduzindo-o para sua visão. A satisfação dos clientes, por exemplo, é avaliada pelo volume de compras nas empresas de visão econômica, e pela lealdade nas empresas válidas. As publicações especializadas utilizam-se comumente de parâmetros econômico-financeiros para elaborar listas de avaliação do desempenho empresarial: volume de vendas/faturamento, patrimônio econômico, retorno sobre investimentos, lucro, liquidez e outros dessa natureza. Esses parâmetros, sozinhos, são limitados para avaliar a excelência empresarial das empresas válidas, pois reduzem seu desempenho a um conjunto de variáveis padrão, medidas monetariamente, que não abrangem todas as suas finalidades. Muitas empresas mudam de posição ou desaparecem com incrível rapidez dessas listas, e algumas nem chegam a constar delas, apesar de estarem cumprindo suas finalidades.

Às vezes, essas publicações também utilizam parâmetros isolados para destacar o desempenho empresarial, conforme a preocupação que está em moda: qualidade, produtividade, gestão participativa etc. Atualmente, o foco está no bom ambiente de trabalho, na responsabilidade social, na sustentabilidade. Várias empresas adotaram o *balanced scorecard*, em que o desempenho é avaliado sob quatro "perspectivas": financeira, do cliente, dos processos internos e do aprendizado e crescimento.[1]

Estes parâmetros também não auxiliam os empresários e os administradores a promover e avaliar o desempenho de sua empresa em particular, pois nem sempre refletem os estágios, as necessidades, a cultura e outras de suas particularidades. As empresas que não têm parâmetros claros para a avaliação de seu desempenho ficam mais vulneráveis a esses modismos, e a cada instante dedicam esforços dirigidos ao parâmetro que está na moda. Elas perdem tempo, estão sempre em processos de mudança descoordenados, e vários de seus esforços ficam no meio do caminho.

Para ser mais significativa, a avaliação do desempenho empresarial deve, portanto, relacionar os resultados obtidos pela empresa com os motivos pelos quais ela existe, ou seja, com suas finalidades. Não é assim que fazemos quando avaliamos um produto ou uma instituição? Desta forma, nossa avaliação não é arbitrária, mas baseada em um padrão de referência em relação ao qual vamos atribuir o valor para o desempenho. Um automóvel não é bom por ser bom; um clube não é mau por ser mau. Se um automóvel se propõe a propiciar um transporte confortável, rápido e seguro, é com base nestes parâmetros que devemos avaliá-lo. Se, por outro lado, seus objetivos forem os de propiciar *status*, demonstrar riqueza, a avaliação muda. Se um clube deve promover oportunidades de sociabilidade, lazer, esportes, arte a determinado custo, são estes os parâmetros básicos para sua avaliação. No clube que frequento, por exemplo, foram colocados cartazes em várias dependências reafirmando seus objetivos. Os cartazes do restaurante diziam: "Nós somos um bom clube, não somos o melhor restaurante de São Paulo"; os da sauna: "Nós somos um bom clube, não temos a melhor sauna de São Paulo". No caso das empresas, este padrão de referência, que serve de base para a avaliação do desempenho, é a finalidade para a qual foi criada.

Na Fidelity, maior empresa de fundos mútuos nos Estados Unidos, o negócio de previdência privada, que era pequeno, teve um crescimento significativo, tanto no número de contribuintes como no valor em dólar dos ativos administrados, chegando a representar 30% dos seus negócios. As medições de desempenho só informavam sobre o crescimento dos negócios de previdência privada e sua participação nos negócios da Fidelity. A executiva que dirigia esse negócio reagia contra a avaliação de desempenho com base nos indicadores do valor dos ativos que eram administrados, no número de participantes e na lucratividade, argumentando que eles não mediam o resultado real dos negócios de previdência privada por não comparar o desempenho em relação à sua missão: "Para que todos esses indicadores permaneçam saudáveis a longo prazo, nós realmente temos de cuidar da nossa missão, que é garantir que as pessoas que investem com a Fidelity terão dinheiro o bastante para se aposentar. Afinal, se não tiverem, os ativos, participantes e lucros irão diminuir. Pode demorar algum tempo, mas acontecerá". Para cumprir sua missão, a empresa monitora como seus clientes estão investindo nos fundos, a diversificação de seu portfólio, com base em idade e proximidade da aposentadoria, buscando, de forma proativa, orientá-los a otimizar seus investimentos e assegurar que "tenham dinheiro suficiente para se aposentar".[2]

SOBREVIVÊNCIA, CRESCIMENTO E CONTINUIDADE

A avaliação do desempenho deve indicar se a empresa está indo bem no presente, mas também que assim continuará no futuro. Para tanto, é preciso que se avalie o desempenho no curto prazo (sobrevivência), assim como no longo prazo (crescimento e continuidade). Já discutimos o fato de que o sucesso que nos trouxe até aqui não garante o mesmo sucesso no futuro. E esta é uma limitação séria de vários processos de avaliação de desempenho: mostram que estamos indo bem no presente, mas não dão nenhuma indicação de eventuais fraquezas que temos para enfrentar o futuro.

MEDIR RESULTADOS, E NÃO ESTRATÉGIAS

Um desafio dos processos de avaliação empresarial é não confundir os fins com os meios. O que deve ser medido é se o resultado está de acordo com a finalidade da empresa, e não apenas com que qualidade ela está executando as estratégias que adotou para produzir os resultados. Temos a tendência de fazer medições sobre o que estamos fazendo, e não sobre os resultados que nossas ações produzem. É comum vermos, por exemplo, os responsáveis pela educação pública falarem sobre o número de alunos matriculados e o de horas aula ministradas, mas não falam sobre o que é produzido com esses esforços: a taxa de aprendizado efetivo e os benefícios que o aprendizado escolar está proporcionando aos alunos. O mesmo acontece quando se fala em saúde pública. Os responsáveis nos informam sobre o número de pacientes atendidos, a taxa de ocupação dos hospitais e o número de leitos, mas não sobre o que este esforço produziu: nível de prevenção de enfermidades e elevação do nível da saúde da população. Se definimos, por exemplo, um conjunto de estratégias para elevar o nível de satisfação dos clientes, tais como melhorias de serviços, agilização de processos de entrega, adequação de produtos, temos que nos certificar de que essas estratégias estão sendo bem executadas, mas o que interessa para os resultados empresariais é se a satisfação dos clientes está no nível que desejamos. Este nível de satisfação é um objetivo permanente, as estratégias são metas temporárias, conforme ilustrado na Figura 13.1. Uma vez atingidas, as metas serão substituídas por outras que serão dirigidas ao mesmo objetivo.

Figura 13.1 – Medindo estratégias e avaliando resultados

PARÂMETROS PECULIARES

Em razão das características particulares de cada empresa, é fundamental que os parâmetros de desempenho empresarial reflitam suas peculiaridades. A maneira de ver a adequação das utilidades aos clientes, avaliar os níveis de rentabilidade, escolher os parâmetros de conduta, e outras definições não são padrões. Eles devem ter significado específico para cada empresa, e refletir o que ela espera do seu negócio, as características de seus produtos e mercados, seu estágio de evolução, seus padrões de conduta, e outras peculiaridades.

RESPONSÁVEIS PELA AVALIAÇÃO REPRESENTATIVOS

Outro requisito para se dispor de um processo de avaliação empresarial significativo depende da clara identificação de quem avalia o quê, e que esses responsáveis sejam representativos para avaliar o parâmetro que lhes foi atribuído. Por exemplo, já dissemos que não é relevante que a empresa julgue a qualidade de suas utilidades, e que a entidade mais representativa para fazer esta avaliação são seus clientes. A linha de conduta, por sua vez, é avaliada internamente pelos empreendedores e colaboradores, e, externamente, por um conjunto de entidades representativas da sociedade. Já a avaliação dos níveis de rentabilidade é mais representativa se feita internamente pelos empreendedores. Assim, a cada parâmetro de desempenho empresarial deve ser associada a entidade mais significativa para avaliá-lo.

PARÂMETROS EFICAZES

Os parâmetros devem ser representativos dos resultados que querem medir. Por exemplo, a Prefeitura de São Paulo, em certa época, com o objetivo de atender à demanda da população por maior disponibilidade de transporte público – ônibus –, passou a pagar às empresas concessionárias não mais por passageiro transportado, mas por quilômetro rodado. Porém, era crescente a reclamação da população usuária sobre a má qualidade dos serviços. Em uma auditoria, a Prefeitura constatou que os ônibus, de fato, faziam mais viagens, rodavam mais quilômetros, mas não paravam nos pontos para recolher os passageiros para não perder tempo. O quilômetro rodado não tinha, portanto, nenhuma representatividade para medir a disponibilidade dos serviços.

Para serem eficazes, os parâmetros também devem medir os resultados de todos os esforços que estão sendo feitos para melhorar o desempenho empresarial. É muito comum, por exemplo, que se orientem as ações para executar um conjunto de esforços, mas que se avaliem outros, causando a desmotivação das pessoas, como me disse um vendedor: "O que adianta me esforçar para atender bem o cliente se no final do mês sou avaliado pelo volume de vendas".

PARÂMETROS SIMPLES E INTELIGÍVEIS

Um dos fatores que auxiliam a aceitação e execução dos processos de avaliação do desempenho empresarial é que os parâmetros sejam fáceis de ser entendidos. Às vezes, isto exige esforços de comunicação e de treinamento intensos, mas, sem eles, corre-se o risco de tornar esses processos burocráticos, sem o envolvimento das pessoas, sem a devida atenção e análise dos resultados obtidos.

O QUE CADA PARÂMETRO MEDE

É preciso que se defina com clareza o que cada parâmetro mede. Por exemplo, o que o lucro mede? O fato de termos atingido uma alta taxa de rentabilidade significa que nossos clientes estão satisfeitos? Que o nível de qualidade de nossos produtos está ótimo? Que nossos colaboradores estão tendo um bom desempenho? Não podemos tirar conclusões, muito menos tomar decisões, se não estivermos seguros sobre o que um parâmetro está indicando. Temos a tendência de assumir premissas que nem sempre são verdadeiras. Assumimos que, se temos lucro, é porque os clientes estão comprando, e, se estão comprando, é porque a qualidade do nosso produto é boa, e nossa equipe está empenhada em vender mais e atender bem os clientes, o que os deixa satisfeitos. Isto acontece, às vezes, em razão da preocupação que temos em reduzir o número de parâmetros – que deve existir –, e acabamos incluindo em um parâmetro a avaliação de algo que, para ele, não é significativo medir.

O QUE CADA PARÂMETRO SIGNIFICA

É preciso que se tenha uma definição do significado de cada parâmetro, explicando claramente o que nele está incluído e o que está fora. Algumas empresas chegam a adotar verdadeiros "glossários", conceituando cada parâmetro para assegurar que seu significado seja entendido. Lembro-me de que, em uma empresa em que participei dessas discussões, o termo "faturamento" tinha quatro ou cinco significados diferentes, conforme o departamento em que era usado; para uns significava vendas, para outros, os produtos expedidos no mês, para outros, as notas fiscais emitidas, e alguns incluíam os impostos e outros, não. Pode-se chegar a conclusões completamente diferentes conforme o significado que se atribui ao parâmetro, daí a necessidade de ter uma definição precisa de cada um. Às vezes, essas definições exigem discussões conceituais profundas até que se chegue a um consenso.

AVALIAÇÃO GLOBAL E INTEGRADA

É fundamental que se identifique tudo o que deve ser medido, a fim de não omitir nenhum parâmetro que seja fundamental para avaliar os resultados empresariais. Assim como o automóvel, o avião tem um conjunto de instrumentos que auxiliam a realização de uma viagem confortável e segura. Sendo assim, a empresa necessita de um conjunto de indicadores que permitam a avaliação correta do desempenho. Não é possível fazer uma avaliação completa do desempenho da empresa com apenas um único parâmetro.

Considerando que os diversos parâmetros influenciam uns aos outros, talvez o desafio maior no processo de avaliação seja conseguir se ter uma visão balanceada do desempenho. Por exemplo, elevar o nível de satisfação dos clientes pode exigir que se incorra em custos e resultar em perdas de rentabilidade, mas este pode ser um problema de curto prazo, já que, a longo prazo, a satisfação dos clientes proporciona maiores margens.

MEDIR O INTANGÍVEL

Em todo o livro falei sobre a dificuldade da gestão dos ativos intangíveis da empresa – conhecimento, capital intelectual, sua capacidade inovação, entre outros –, cuja importância cresce em uma incrível velocidade. Essa dificuldade torna-se particularmente crítica quando nos defrontamos com a necessidade de medir esses ativos para avaliar o desempenho da empresa.

Nas empresas, é tradição que a realidade seja medida em números. Sabemos quanto vendemos, quanto produzimos, quantos colaboradores temos, quanto gastamos, quanto temos de lucros. Mas traduzir tudo o que acontece na empresa em números é importante? Ou melhor, para medir precisamos de números? Ou será que é verdadeira a afirmação atribuída a Albert Einstein: "Nem tudo que pode ser contado, conta, e nem tudo que conta pode ser contado".[3] Nas empresas de visão econômica tudo deve ser quantificado, principalmente monetariamente. Se você não justificar suas proposições e decisões com números, é acusado de agir com base no "achômetro". Nas empresas válidas, aceita-se a subjetividade, e um certo grau de "imprecisão" nas avaliações. Elas sabem intuitivamente que os esforços e investimentos em educação, por exemplo, são fundamentais para os resultados empresariais, independente dos cálculos de custo-benefício. Sabem também que os esforços e investimentos na satisfação de clientes são fundamentais para a sobrevivência, crescimento e continuidade da empresa, independente dos cálculos do retorno sobre os investimentos. São crenças, valores, convicções que não precisam ser provados com números.

Mas os números facilitam a avaliação do desempenho, e oferecem grande ajuda na comunicação dos resultados da empresa, principalmente para o público externo. As empresas estão empenhadas em encontrar medidas de desempenho razoáveis para esses fatores intangíveis. Aos poucos, estão conseguindo identificar parâmetros significativos para medir os resultados produzidos por seus ativos intangíveis. A 3M, por exemplo, avalia sua excelência em inovação pela participação dos novos produtos nas vendas. Ela estabelece que 25% das receitas devem ser gerados por produtos lançados nos últimos cinco anos.[4] Como já disse acima, o importante é que o parâmetro seja peculiar, ou seja, tenha significado específico para cada empresa.

INFORMAÇÕES RELEVANTES

É preciso que haja uma referência para que as informações que nos auxiliam na avaliação de desempenho tenham significado. Se quisermos saber se estamos vendendo o que projetamos, a informação apenas sobre o volume de vendas não é suficiente; precisamos compará-la com as metas que estabelecemos. Além disso, se houver desvios, precisamos ter indicações das causas pelo fato de o nosso volume de vendas ter sido maior ou menor do que projetamos. As informações devem, portanto, ser interpretadas para que possamos entender com clareza seu significado.

No início da minha carreira profissional, quando trabalhava com desenvolvimento e implantação de sistemas de informação, frequentemente surgiam discussões sobre as diferenças entre dado e informação. Argumentava-se que o objetivo dos sistemas era fornecer informações, e não dados. Abandonei essas discussões quando constatei que o que era dado para uma pessoa, era informação para outra. Para o funcionário que fazia os registros fiscais de saída de mercadorias, o volume de vendas era uma informação. Para o gerente, que tinha de avaliar o desempenho da área comercial, era um dado que precisava ser comparado com o volume de vendas projetado para se tornar uma informação. A discussão continua, agora procurando diferenciar informação de conhecimento. Minha conclusão continua valendo: o que é informação para um pode ser conhecimento para outro. O importante é que o dado, a informação ou o conhecimento sejam relevantes, ou seja, tenham significado para o uso que se fará deles.

Os sistemas que processam as informações que dão suporte aos processos de avaliação de desempenho devem ter dispositivos que possam selecionar as informações e reconhecer as que são relevantes a esses processos. A "memória do futuro" (mencionada no Capítulo 7, sobre Evolução deliberada) é um desses dispositivos.

POUCOS E BONS PARÂMETROS

A tendência, quando vamos relacionar o que deve ser avaliado, é que sejam produzidas listas extensas. Estas dificultam o processo de avaliação. Usualmente, vários itens podem ser reunidos, resultando em um conjunto menor de parâmetros representativos que facilita a memorização e o entendimento, sempre lembrando que esses parâmetros devem atender aos outros requisitos mencionados antes.

PROCESSOS PARTICIPATIVOS

À medida que todos na empresa válida se comprometem com a execução da tarefa empresarial, é fundamental que também se envolvam no processo de avaliação do desempenho empresarial. Sem esta participação, perde-se todo o esforço feito para obter das pessoas o compromisso com os resultados. É este processo de avaliação que mostrará às pessoas o resultado de sua contribuição ao desempenho da empresa. Esta participação possibilitará também que as pessoas entendam os parâmetros utilizados na avaliação do desempenho empresarial. As pessoas envolvidas com o processo ficam mais sensíveis com os resultados.

SISTEMAS DE GESTÃO

Precisamos de bons sistemas de gestão para dar suporte à avaliação do desempenho empresarial. Em primeiro lugar, necessitamos de processos que assegurem uma avaliação sistemática do desempenho. Não podem ser processos esporádicos, sem continuidade. Esses processos devem garantir que as ações para corrigir os eventuais desvios detectados sejam implementadas e seus resultados, acompanhados. O sistema de gestão também deve propiciar que todos os departamentos estejam orientados pelos mesmos planos, a fim de assegurar que a contribuição de todos seja avaliada. Os papéis e responsabilidades de todos os envolvidos no processo de avaliação devem estar claramente definidos.

São necessários também bons sistemas, que forneçam informações de qualidade no tempo certo. Hoje, existem ferramentas extremamente poderosas para captar e processar uma quantidade enorme de dados para produzir as informações de que necessitamos. Precisamos dotar esses sistemas de inteligência para que possam selecionar as informações relevantes e dar-lhes significado. Apenas para lembrar, como hoje dispomos de recursos que nos permitem criar essas ferramentas, devemos tomar cuidado para não nos deixarmos seduzir, acreditando que, pela facilidade do saber o que está acontecendo, estamos com o controle da situação:

> Impressionados como ficamos pelos avanços no poder de computação, é tentador pensar que por ser capaz de montar e manipular os números como nunca antes, você também pode controlar os acontecimentos [...] nós dispomos de ferramentas melhores para compreender e administrar o risco. Mas as ferramentas são apenas auxiliares ao julgamento. Números simples, utilizados adequadamente, ajudam as organizações a compreender o que está acontecendo, a se posicionar para que possam chegar a seu destino. Elas nos disciplinam a enfrentar a realidade. O matemático John Allen Paulos colocou isso muito bem: "Descrever o mundo pode ser pensado como uma olimpíada entre simplificadores – cientistas em geral, estatísticos em particular – e complicadores – humanistas em geral, contadores de histórias em particular. É um concurso que ambos devem vencer".[5]

CAPÍTULO 14

PARÂMETROS DE AVALIAÇÃO DOS RESULTADOS

Nas empresas de visão econômica, as duas questões fundamentais do processo de avaliação de desempenho – (1) o que avaliar e (2) quem avalia o quê – são facilmente respondidas. O que é avaliado é o lucro, e quem avalia é o empresário. Às vezes, inventam-se nomes mais bonitos, como, por exemplo, criar valor para o acionista. Mas, na prática, o significado é o mesmo: lucro.

As ações para produzir os resultados econômicos são também fáceis de identificar: aumentos de preços e cortes de custos. Mas não são facilmente identificáveis os estragos que estão sendo feitos na qualidade dos produtos, na satisfação dos clientes, na motivação dos colaboradores, na rentabilidade a longo prazo. Usualmente, a avaliação do desempenho econômico pressiona para a maximização do resultado a curto prazo. Os resultados econômicos medidos pelos métodos tradicionais refletem as decisões que foram tomadas no passado, mas não indicam as tendências do desempenho futuro.

Nas empresas de visão econômica clássica, tudo é racional, e deve ser objetivamente medido. Qualquer que seja a decisão, ela deve ser justificada com base em estudos de viabilidade econômico-financeira, análise de custo-benefício, retorno sobre o investimento. A gestão orientada exclusivamente por números, sem a compreensão clara do seu significado e de suas consequências, pode levar, porém, a decisões desastrosas, como neste caso da Ford:

> Nos anos 1970, o Ford Pinto ensinou à nação o básico sobre a análise custo-benefício. O carro tinha um erro de projeto no tanque de gasolina que provocou ao menos 59 mortes. Tirantes de borracha teriam corrigido

o problema a um custo de US$ 137 milhões. Mas cálculos cuidadosos dos benefícios, todos os custos associados aos queimados e mortos, das flores aos funerais, só chegavam a US$ 49,5 milhões. A análise custo-benefício dizia que não valia a pena reprojetar o Ford Pinto. A lição na época foi bem clara, muitos *baby boomers* (a geração nascida de 1947 a 1961) tornaram-se suspeitos sobre a gestão e seus métodos. Eles acreditavam, parafraseando Oscar Wilde, que gerentes eram pessoas que sabiam o preço de tudo e o valor de nada.

Os indicadores econômico-financeiros são os mais tradicionais na avaliação do desempenho empresarial, e os mais fáceis de medir e "enxergar". Medem a rentabilidade e o uso dos recursos financeiros. O sistema contábil é o mais antigo para avaliar o desempenho empresarial. O primeiro livro contábil ensinando a utilizar sistemas contábeis de partidas dobradas foi publicado em 1494, pelo monge veneziano Luca Pacioli. O balanço patrimonial assumiu sua forma atual em 1868.

Os critérios para a medição do desempenho econômico-financeiro estão sendo continuamente aperfeiçoados, mas são criticados por continuar utilizando conceitos tradicionais, com base no empreendimento industrial, e por não refletir as novas necessidades de avaliação do empreendimento inteligente, baseado no conhecimento e integrado por ativos intangíveis:

> A estrutura focaliza os ativos tangíveis, ou seja, os ativos da revolução industrial. Entre eles incluem-se estoques e ativos fixos: por exemplo carvão, ferro e motores a vapor. E esses ativos são declarados como *custos*. Portanto, concentramo-nos no custo, que está no lado da *produção*, e não no *valor criado*, que está no lado do *cliente*.

Mesmo empresas que fazem serviços intangíveis, que não têm investimentos significativos em ativos tangíveis, buscam medidas para quantificar seu trabalho. Durante um tempo, fui sócio de uma empresa de consultoria cuja política de preços era baseada no número de horas gastas para fazer o serviço. Particularmente, era contra este critério, mas continuamos adotando-o, já que era a prática comum no mercado de consultoria de sistemas de gestão. Eu achava que o tempo gasto para fazer o trabalho era um parâmetro que não reconhecia adequadamente nossa contribuição ao cliente. De fato: "O tempo é apenas um símbolo para os custos, e os custos nada nos dizem sobre o valor que uma empresa produz".

A importância do capital intelectual (dos ativos intangíveis) da empresa cresce com a participação cada vez maior dos ativos intangíveis – conhecimento, inovação, aprendizado, entre outros – na criação e adequação dos produtos, na satisfação dos clientes, na criação e manutenção de relações significativas, entre outras. Mas, como não é fácil medir o valor do capital intelectual, as empresas nem sempre tomam as medidas adequadas para protegê-lo, como fazem com o capital composto pelos ativos tangíveis. Um exemplo muito significativo para ilustrar este fato aconteceu com a agência de publicidade Saatchi & Saatchi. Os investidores, aborrecidos com o desempenho do presidente, forçaram a diretoria a demiti-lo. Com a saída do presidente, seguida por vários executivos importantes, os grandes clientes o acompanharam. O preço da ação da empresa comercializada na bolsa de Nova York caiu para menos da metade. A interpretação que se fez foi que os investidores que se julgavam donos da empresa, mas, na realidade, possuíam menos da metade da empresa. A maior parte do valor da empresa era composto de capital humano, formado pelo presidente e os executivos que o seguiram.Nas empresas válidas, os resultados econômico-financeiros sozinhos não são suficientes para avaliar o desempenho empresarial de forma completa, por isso são avaliados em conjunto com outros parâmetros. Já vimos que as empresas válidas têm finalidades externas voltadas a suprir a sociedade com as utilidades que vão atender às necessidades dos clientes. Ainda no ambiente externo, devem praticar princípios de conduta aceitos pela sociedade. No ambiente interno, essas empresas devem conseguir realizações capazes de atender aos objetivos dos seus empreendedores e colaboradores, e, também, praticar princípios de conduta aceitos por eles. Por terem responsabilidades nesses dois ambientes, as empresas válidas têm processos de avaliação externos e internos.

PARÂMETROS EXTERNOS

Do ponto de vista da relação da empresa com a sociedade, dois fatores são fundamentais para a avaliação do desempenho empresarial: a adequação de suas utilidades às necessidades de seus clientes, e a conduta condizente com os padrões aceitos pela sociedade à qual a empresa serve, conforme ilustrado na Figura 14.1.

Adequação das utilidades envolve um conjunto de aspectos: o atendimento das necessidades do cliente, sua disponibilidade, garantia, continuidade do fornecimento, preço justo. Se a empresa vender produtos ou prestar serviços de má qualidade ou então enganar seus clientes com especificações incorretas, aproveitar-se das circunstâncias de mercado para praticar preços injustos ou interromper o fornecimento ou quaisquer outras práticas desta natureza, seu desempenho não poderá ser bem avaliado. São os clientes que constituem a entidade mais representativa para avaliar e atestar o real benefício das utilidades. É pouco relevante que a empresa julgue que seus produtos e/ou serviços são os melhores. Ela deve se certificar disso por meio da satisfação de seus clientes. Vimos que a lealdade é um parâmetro representativo para medir esta satisfação.

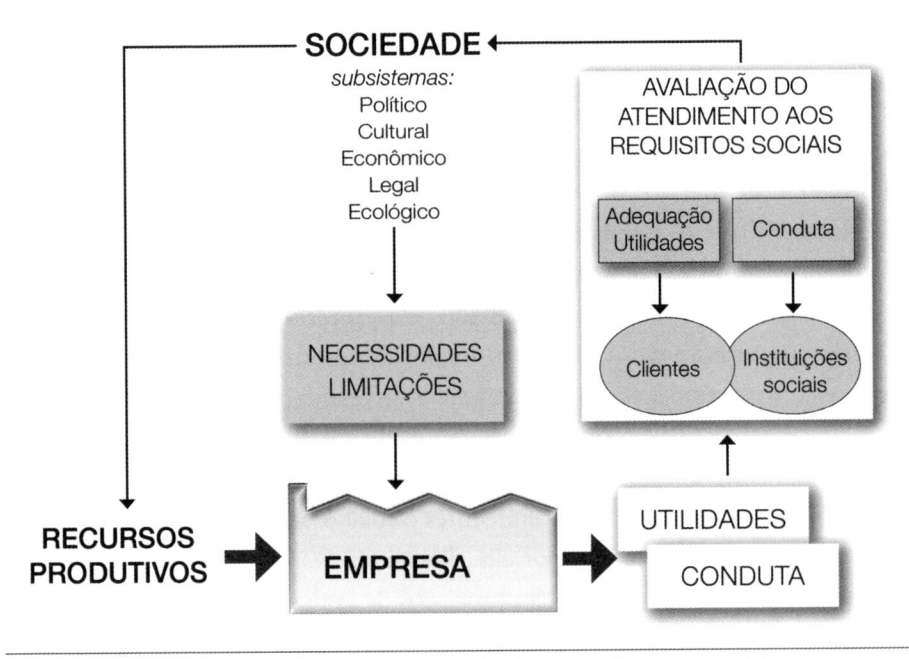

Figura 14.1 – Avaliação externa do desempenho empresarial

Quanto à conduta externa, já vimos que as empresas não atuam livremente no ambiente social em que estão inseridas; existem limitações à sua atuação. A sociedade, ao mesmo tempo em que permite que uma empresa forneça as utilidades de que necessita, e coloque os recursos a sua disposição, estabelece um conjunto de limites dentro dos quais ela deve operar. Estes limites podem ser estabelecidos formalmente ou não. As limitações formais são fixadas mediante leis que regulamentam a atividade empresarial, o uso de recursos naturais, a preservação do ambiente, o pagamento de tributos etc. Além das leis, na sociedade em que a empresa opera existem limites não formais estabelecidos pelos diferentes subsistemas sociais – político, cultural, econômico, legal, ecológico –, e espera-se que a empresa atue em conformidade com eles. Se ela usa mal os recursos naturais que retira do ambiente, seja empregando-os em maior quantidade do que seria necessário, deixando-os deteriorar nas intempéries, perdendo-os por obsolescência ou por outro desperdício qualquer, ela estará empreendendo uma ação predatória; o mesmo se pode dizer se estiver colocando no meio ambiente resíduos poluentes que destroem componentes essenciais para a vida humana. Ela também estará sendo predatória se estiver retirando pessoas criativas e saudáveis do ambiente e devolvendo doentes mentais, deficientes físicos, pessoas infelizes e incapazes; se estiver praticando padrões de comportamento que não respeitam e preservam a cultura da sociedade. Se ela também não conseguir manter margens de lucro razoáveis, obrigando seus colaboradores, clientes, fornecedores e a sociedade a pagar por seus prejuízos, será também uma empresa predatória. O mesmo se pode dizer se não estiver assegurando seu futuro a fim de continuar a prestar os serviços à sociedade. A conduta da empresa é avaliada por várias entidades representativas da sociedade: comunidade; associações e sindicatos de trabalhadores, de empresas; conselhos de classes profissionais (administradores, economistas, engenheiros, arquitetos, médicos, advogados etc.); instituições de defesa do consumidor, de proteção ambiental; governo; veículos de comunicação; órgãos fiscalizadores e regulamentadores (governamentais, profissionais, de normas técnicas) etc.

PARÂMETROS INTERNOS

Já vimos que existem também objetivos e expectativas quanto ao desempenho de uma empresa por parte daqueles que lhe deram origem – seus empreendedores –, e daqueles que decidem lhe prestar sua contribuição por meio de seu trabalho – seus colaboradores.

Esses fatores internos relacionam os resultados produzidos pelo empreendimento com a satisfação de objetivos (realizações) e com os padrões de comportamento (conduta) esperados, como ilustrado na Figura 14.2.

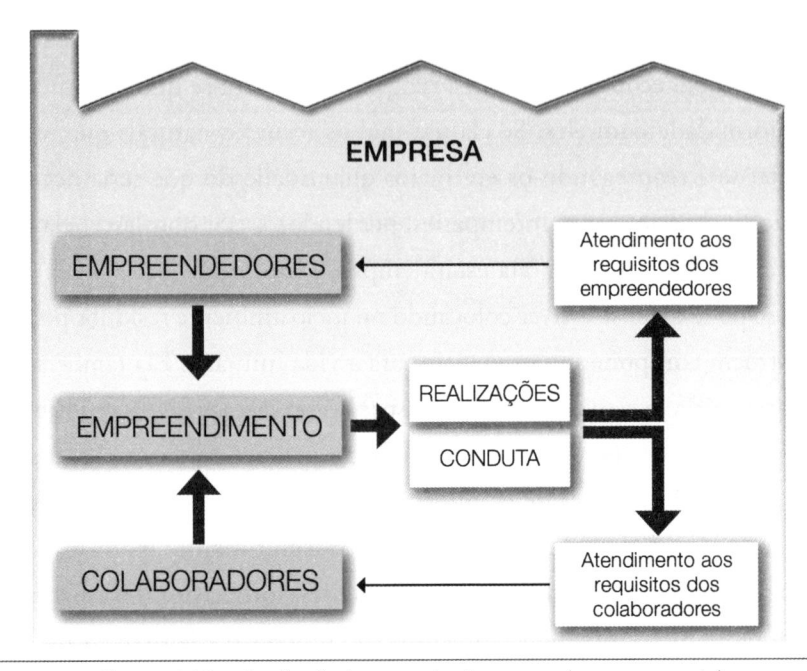

```
                    EMPRESA

    EMPREENDEDORES  ←———————  Atendimento aos
                              requisitos dos
           │                  empreendedores
           ▼
                         ┌──────────────┐
    EMPREENDIMENTO  ———→  │  REALIZAÇÕES │
           ▲              │   CONDUTA    │
           │              └──────────────┘
                                  │
                                  ▼
    COLABORADORES   ←———————  Atendimento aos
                              requisitos dos
                              colaboradores
```

Figura 14.2 – Avaliação interna do desempenho empresarial

A adequação das realizações deve ser avaliada em relação às expectativas dos empreendedores e dos colaboradores. No que diz respeito aos empreendedores, os objetivos, os motivos ou as expectativas que os levaram a criar e manter o empreendimento constituem o mais importante parâmetro interno de avaliação do desempenho do empreendimento. Eles estabelecem os resultados que os empreendedores verificarão para avaliar se seu empreendimento está atendendo ao que se propuseram quando decidiram criá-lo e mantê-lo. De nada vale, portanto, comparar o desempenho de um empreendimento com o de outros, pois estes não fazem sentido para os empreendedores. Os empreendedores têm parâmetros próprios e peculiares para avaliar se as realizações de seu empreendimento em particular estão atendendo aos seus objetivos, também particulares. Os colaboradores também têm seus objetivos, motivos ou expectativas quando decidem ingressar e permanecer em uma empresa. Eles avaliam se as realizações estão sendo suficientes para atender a suas necessidades pessoais de sobrevivência, de crescimento humano e profissional.

Quanto à conduta interna, assim como existem limitações para a atuação das empresas no ambiente externo, os empreendedores e os colaboradores também estabelecem condições a serem atendidas pelos padrões de comportamento (conduta) praticados internamente. Estes padrões devem estar coerentes com as crenças, valores e convicções dos empreendedores e colaboradores. Os padrões de comportamento podem ser formais ou não, estar escritos ou não. O importante nessa avaliação de conduta interna é o fato de que ela não é feita pelo que se diz ou pelo que se pensa, mas pelo que se pratica e pela forma como esta prática é percebida e sentida pelos empreendedores e colaboradores.

A EXCELÊNCIA EMPRESARIAL

A excelência empresarial acontece quando o desempenho da empresa atinge o grau máximo no atendimento das suas finalidades. É conseguida quando os resultados atendem simultaneamente às finalidades externas e internas da empresa. Vimos que o atendimento às finalidades empresariais é avaliado por entidades e parâmetros externos e internos que, em síntese, são: os externos dizem respeito à adequação das utilidades às necessidades dos clientes e à coerência da conduta às limitações estabelecidas pela sociedade e aceitas por suas entidades representativas; os internos referem-se à compatibilização das realizações e da conduta do empreendimento com os objetivos, crenças, valores e convicções dos empreendedores e colaboradores. Vimos também que, para serem significativos, os parâmetros externos e internos devem ser representativos das peculiaridades de cada empresa. Cabe, portanto, a cada empresa estabelecer sua "matriz de excelência" com base nos parâmetros e fatores representativos de sua realidade específica.

A Figura 14.3 ilustra um modelo desta matriz, que poderá ser útil para a avaliação do desempenho empresarial. Ela foi baseada na "Matriz de marketing", proposta por Theodore Levitt,[6] e adaptada aqui como uma ferramenta para analisar a excelência empresarial das empresas válidas. Ao propor esta matriz, Theodore Levitt fazia uma ressalva ao seu famoso artigo "Miopia de marketing", dizendo que ele dirigia todas as atenções para a satisfação do cliente, mas que nove anos mais tarde após o artigo ter cumprido seu propósito de despertar a consciência empresarial para "dirigir todas as energias à satisfação do consumidor, e nada mais", ele fazia, então, uma "proposta mais conciliatória e sensata: [...] o equilíbrio necessário, com algum nível aceitável de risco, das condições do ambiente externo (clientes, concorrência, governo e sociedade) com as condições do ambiente interno (recursos, competências, opções e desejos)".

200 Empresas válidas

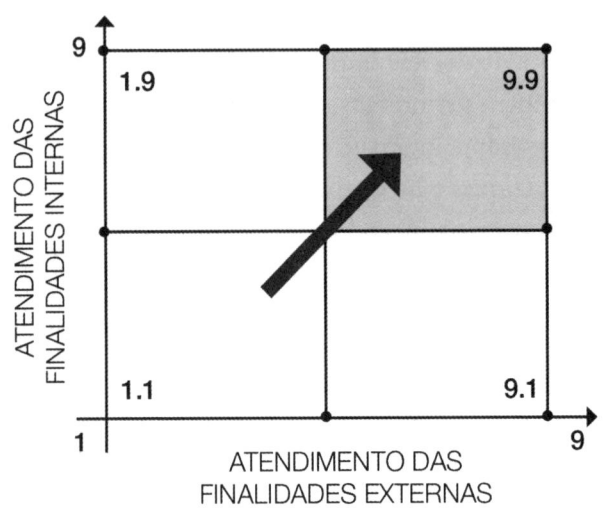

Adaptado de Theodore Levitt

Figura 14.3 – Matriz da excelência empresarial

Ao combinar as preocupações do ambiente externo com as do ambiente interno, a matriz atende aos conceitos básicos das empresas válidas, e por isso acho que é representativa para avaliar seu desempenho. As ações da empresa voltadas para satisfazer às finalidades externas e internas são representadas nos dois eixos; as escalas variam de 1 a 9. Se essas ações estiverem voltadas predominantemente para a satisfação das finalidades externas, o desempenho está caminhando para o ponto 9.1 da matriz. Estas ações podem ser, por exemplo: a aceitação dos prazos de entrega que satisfazem às necessidades dos clientes, mas que comprometem a produtividade da empresa; ou, então, a prática de preços de venda que não preservam margens razoáveis de rentabilidade. Se, ao contrário, as ações traduzirem preocupações voltadas exclusivamente ao atendimento das finalidades internas, o desempenho empresarial estará caminhando para o ponto 1.9. Essas ações, voltadas às conveniências e expectativas do ambiente interno, podem ser, por exemplo: nenhum esforço para adequar prazos de entrega às necessidades dos clientes, pouco cuidado com a qualidade dos produtos, taxas de rentabilidade elevadas impactando os preços. A excelência é obtida quando a empresa consegue combinar as ações que contemplam simultaneamente as finalidades externas e internas, ou seja, atinge resultados que fazem o desempenho empresarial caminhar para o ponto 9.9 da matriz.

Para exercitar esta matriz, as empresas devem definir os parâmetros relevantes para avaliar seu desempenho empresarial e estabelecer os fatores e respectivos pesos e notas para situá-los em um dos quadrantes da matriz. Desta forma, a empresa pode quantificar a contribuição de seus esforços ao desempenho empresarial. Se as ações predominantes estiverem no quadrante 1, significa que o desempenho empresarial atende pouco às finalidades internas e externas. Por exemplo, o lançamento de um produto inadequado que não conquista novos clientes e consome recursos financeiros. Se estiver no quadrante 2, a empresa atende bastante às finalidades externas e pouco as internas. Por exemplo, se esse novo produto atendeu a uma necessidade específica dos clientes, mas não contribuiu significativamente para a competitividade, rentabilidade ou produtividade da empresa. Se predominarem as ações no quadrante 3, a empresa está atendendo bem a suas finalidades internas, e mal as externas. Por exemplo, se ela reduziu custos, aumentou sua produtividade e não compartilhou esses ganhos com os clientes. O quadrante 4 deve ser o alvo da excelência empresarial, pois combina a satisfação das finalidades externas e internas: manter a satisfação dos clientes, inovar e adequar as utilidades às novas necessidades, assegurar taxas razoáveis de rentabilidade, manter o ambiente interno motivador e estimulante aos colaboradores etc.

Nas empresas válidas, os parâmetros de desempenho e os fatores para medi-los são deduzidos das atividades da tarefa empresarial discutidas na Parte 2. Isso permite que elas avaliem como está o desempenho em cada uma das atividades da tarefa, considerando os esforços que estão sendo feitos, como, por exemplo:

- Os benefícios que nossas utilidades trazem para nossos clientes em termos de qualidade de vida, conforto, segurança, produtividade e economia.
- A quantidade de novas necessidades que conseguimos atender criando novas utilidades e/ou fazendo mudanças nas atuais.
- A satisfação dos clientes decorrentes de nossos esforços de criar novos serviços e melhorar os existentes.
- A lealdade que nossos clientes têm em relação às nossas utilidades e à nossa empresa.
- A quantidade de novos clientes que conseguimos.
- A quantidade de ideias inovadoras que implantamos e seus impactos internos e externos.

- As taxas crescentes de produtividade devidas aos esforços de otimização do uso dos recursos.
- Integração efetiva dos fornecedores nos nossos esforços de melhorias de eficiência.
- A disponibilidade de executivos motivados e capacitados para assumir novas responsabilidades.
- O grau de adesão de nossos colaboradores à nossa filosofia empresarial, e compromisso em relação aos objetivos e resultados da empresa.
- Nossa capacidade de estar à frente e de sermos mais competitivos que nossos concorrentes atuais e novos.
- Nossa capacidade em criar estágios futuros de evolução e atingir os objetivos neles previstos.
- Nossa capacidade de aprendizagem e aumento do nosso capital intelectual.
- A manutenção de taxas de rentabilidade adequadas ao nosso negócio e que asseguram nossa sobrevivência, crescimento e continuidade.
- A consistência entre os padrões de comportamento que praticamos e aqueles que são aceitos pela sociedade e pelos empreendedores e colaboradores.

O uso da tarefa empresarial como base para a avaliação do desempenho permite que haja uma referência única na empresa para orientar a elaboração de planos de todos os departamentos. Cada um deles deve identificar sua possível contribuição para cada atividade da tarefa empresarial. É bom lembrar que a avaliação da execução da tarefa empresarial é um meio, e, portanto, não exclui a necessidade de avaliar o desempenho em relação às finalidades das empresas válidas: a satisfação dos clientes, dos colaboradores e dos empreendedores, e a prática de princípios de conduta aceitos interna e externamente.

Na prática, a combinação das ações voltadas para as finalidades externas e internas com base na tarefa empresarial permite que as empresas válidas busquem um equilíbrio em seu desempenho. Conheço várias experiências em que se buscam melhorias no desempenho empresarial com base em ações descoordenadas. Em certos momentos, a empresa volta-se exclusivamente às finalidades internas, e, em outros, às externas. As ações voltadas às finalidades externas, como, por exemplo, os esforços de desenvolvimento de novos produtos, novos mercados, novos clientes, a busca de melhorias dos serviços aos clientes atuais, nem sempre são acompanhadas por ações voltadas às finalidades internas, como, por exemplo, adequação e capacitação da equipe comercial, otimização e produtividade dos processos de produção, melhorias nos procedimentos, aperfeiçoamento dos sistemas de informação e de comunicação etc. Ou então, ao contrário, são tomadas as medidas internas que não correspondem às necessidades das ações externas: sistemas de informação que não dão suporte adequado às ações comerciais, cortes de despesas e de pessoal em áreas estratégicas, investimentos não dirigidos por objetivos e prioridades claros.

FONTES CITADAS NOS CAPÍTULOS

Capítulo 1

1. Theodore Levitt, *A imaginação de marketing*, 2. ed. São Paulo: Atlas, 1990, p. 21.
2. Peter Drucker, *Administração: Tarefas, responsabilidades e práticas*, São Paulo: Pioneira, 1975, p. 64-65.

Capítulo 2

1. Vide James A. F. Stoner, *Administração*, Rio de Janeiro: Prentice-Hall do Brasil, 1985, p.41; e Joan Magretta, com colaboração de Nan Stone, *O que é gerenciar e administrar*, Rio de Janeiro: Campus, 2002, p. 34.
2. James C. Collins e Jerry I. Porras, *Feitas para durar: Práticas bem-sucedidas de empresas visionárias*, Rio de Janeiro: Rocco, 1995, p. 74.
3. Idem, p. 23.
4. Idem, p. 90.
5. Idem, ibidem.
6. Konosuke Matsushita, *Não vivemos somente pelo pão: Um sistema de negócio, um princípio de gerenciamento*, PHP Institute, Kioto, Japão, 1988, p. 10.
7. Idem, p. 128.
8. Philip Kotler, *Administração de marketing: Análise, planejamento, implementação e controle,* 3. ed. São Paulo: Atlas, 1993, p. 506.
9. Joan Magretta, com colaboração de Nan Stone, *O que é gerenciar e administrar*, cit., p. 31.
10. Peter Drucker, "Marketing 101 para uma década em rápida mudança", *The Wall Street Journal*, 20 de novembro de 1990. Tradução para o português integrante da coletânea de artigos distribuída no seminário "The Competitive Company of the 1990s", conduzido por Peter Drucker, realizado em São Paulo em 8 de maio de 1991, promovido pela HSM Cultura & Desenvolvimento.
11. Fons Trompenaars, *Nas ondas da cultura: Como entender a diversidade cultural nos negócios,* São Paulo: Educator, 1994, p. 3.
12. Idem, p. 11.

13. Joan Magretta, com colaboração de Nan Stone, *O que é gerenciar e administrar*, cit., p. 31.
14. Fernando Pessoa, *Sociologia do comércio*, edição especial de JCTM Marketing Industrial Ltda. e VCP Votorantim Celulose e Papel, reproduzindo a edição organizada por Pedro Veiga Petrus, p. 35.
15. Idem, p. 37.
16. Akio Morita, com Edwin M. Reingold e Mitsuko Shimomura, *Made in Japan: Akio Morita e a Sony*, São Paulo: Editora de Cultura, 1986, p. 89.
17. Idem, p. 93.
18. Aurélio Buarque de Holanda Ferreira, *Novo Aurélio XXI: o dicionário da língua portuguesa*, 3. ed., Rio de Janeiro: Nova Fronteira, 1999; e Antônio Houaiss e Mauro de Salles Vilar, *Dicionário Houaiss da Língua Portuguesa*, Rio de Janeiro: Objetiva, 2001.
19. Geert Hofstede, *Culturas e organizações – Compreender a nossa programação mental*, Lisboa, Portugal: Edições Sílabo, 1997, p. 19.
20. Idem, p. 21.
21. Cyro Bernardes, *Sociologia aplicada à administração: O comportamento organizacional*, São Paulo: Atlas, 1984, p. 37.
22. Arie de Geus, *A empresa viva: Como as organizações podem aprender a prosperar e se perpetuar*, Rio de Janeiro: Campus, 1998, p. 82.
23. Peter Drucker, *Administração...*, cit., p. 344.

Capítulo 3

1. Arie de Geus, *A empresa viva...*, cit., p. xvii.
2. Idem, p. 8.
3. Idem, p. xxiv.
4. Idem, p. 91.
5. Idem, p. 97.
6. James C. Collins e Jerry I. Porras, *Feitas para durar...*, cit., p. 94.
7. Idem, p. 100.
8. Idem, p. 86.
9. Idem, p. 87.
10. Idem, p. 15.
11. Idem, p. 44.
12. Peter Drucker, *Administração...*, cit., p. 372.
13. Jacques Marcovitch, *Pioneiros e empreendedores: A saga do desenvolvimento no Brasil*, São Paulo: Editora da Universidade de São Paulo, 2003, p. 16.
14. Idem, p. 15.
15. Peter Drucker, *Administração...*, cit., p. 65.

16. Revista *Veja*, "Os donos do dinheiro eram assim e hoje estão assim", São Paulo: Editora Abril, 4 de outubro de 1995.
17. Jacques Marcovitch, *Pioneiros e empreendedores...*, cit., p. 14.
18. Peter Senge, no Prefácio do livro de Arie de Geus, *A empresa viva...*, cit., p. xi.
19. Abraham Harold Maslow, *Motivation and personalilty*, 3. ed, Nova York: Addison Wesley Longman, p. 15.1987
20. Konosuke Matsushita, *Não vivemos somente pelo pão...*, cit., p. 24.
21. Charles Handy, *The empty raincoat: Making sense of the future*, Londres: Hutchinson, 1994, p. 135.
22. Joan Magretta, com colaboração de Nan Stone, *O que é gerenciar e administrar*, cit., p. 40-41.
23. Fons Trompenaars, *Nas ondas da cultura...*, cit., p. 85.

Capítulo 4

1. James C. Collins e Jerry I. Porras, *Feitas para durar...*, cit., p. 31.
2. Idem, p. 15.
3. Idem, ibidem.
4. Luiz Carlos de Queirós Cabrera, "O homem de sistemas como agente de mudanças", texto da palestra proferida no Centro de Estudos de Sistemas, 24 de novembro de 1978.
5. James C. Collins e Jerry I. Porras, *Feitas para durar...*, cit., p. 19.
6. Idem, p. 267.
7. Konosuke Matsushita, *Não vivemos somente pelo pão...*, cit., p. 11.
8. Revista *Veja*, "Memória paulistana", São Paulo: Editora Abril, 9 de janeiro de 2008.
9. Peter Drucker, "O futuro já chegou", Revista *Exame*, São Paulo: Editora Abril, 22 de março de 2000.

Capítulo 5

1. Tânia Menai, "Cobrar mais para vender mais", Revista *Exame*, São Paulo: Editora Abril, 10 de julho de 2002.
2. José Carlos Teixeira Moreira, *Marketing industrial*, São Paulo: Atlas, 1989, p. 64.
3. José Carlos Teixeira Moreira, *Usina de valor*, São Paulo: Editora Gente, 2009, p. xiii.
4. James Collins, "A lâmpada que ilumina a verdade", Revista *Exame*, São Paulo: Editora Abril, 2 de julho de 1997.
5. Peter Drucker, *Administração...*, cit., p. 66.
6. Philip Kotler, *Administração de Marketing...*, cit., p. 34.
7. Humberto Moraes Franceschi, *Registro sonoro por meios mecânicos no Brasil*, Rio de Janeiro: Studio HMF, 1984, p. 12.
8. Cláudio de Souza, "O inventor do turismo", *Ícaro*, revista de bordo da Varig.

9. James C. Collins e Jerry I. Porras, *Feitas para durar...*, cit., p. 207.
10. Akio Morita, com Edwin M. Reingold e Mitsuko Shimomura, *Made in Japan...*, cit., p. 89.
11. Idem, p. 93.
12. Tânia Menai, "Cobrar mais para vender mais", cit.
13. Marcelo Marthe, "Como o Brasil vê televisão", Revista *Veja*, São Paulo: Editora Abril, 5 de agosto de 2009.
14. José Carlos Teixeira Moreira, *Foco do cliente: o cliente como leal investidor para o futuro da sua empresa*, São Paulo: Editora Gente, 2009, p. 31.

Capítulo 6

1. Philip Kotler, *Administração de marketing...*, cit., p. 48.
2. Konosuke Matsushita, *Não vivemos somente pelo pão...*, cit., p. 2.
3. José Carlos Teixeira Moreira, *Foco do cliente...*, cit., p. 31.
4. Idem, p. 51.
5. Idem, p. 31.
6. José Carlos Teixeira Moreira, *Usina de valor*, cit., p. 16.
7. Thomas A. Stewart, *Capital intelectual*, Rio de Janeiro: Campus, 1998, p. 155.
8. Joan Magretta, com colaboração de Nan Stone, *O que é gerenciar e administrar*, cit., p. 36.
9. José Carlos Teixeira Moreira, *Usina de valor*, cit., p. 99.

Capítulo 7

1. Konosuke Matsushita, *Não vivemos somente pelo pão...*, cit., p. 50.
2. James C. Collins e Jerry I. Porras, *Feitas para durar...*, cit., p. 143.
3. Arie de Geus, *A empresa viva...*, cit., p. 22.
4. Hugo Marques da Rosa, "A Método e sua trajetória", depoimento apresentado na Faculdade de Economia, Administração e Contabilidade (FEA) da Universidade de São Paulo, em 16 de maio de 1990, ao Programa História Empresarial Vivida, publicado na *Revista de Administração da USP*, v. 29, 1994.
5. Gary Hamel e C. K. Prahalad, *Competindo pelo futuro: Estratégias inovadoras para obter o controle do seu setor e criar os mercados de amanhã*, Rio de Janeiro: Campus, 1995, p. 14.
6. Joan Magretta, com colaboração de Nan Stone, *O que é gerenciar e administrar*, cit., p. 149.
7. Charles Handy, *The empty raincoat...*, cit., p. 49.
8. Ken Blanchard e Terry Waghorn, *Mission possible: Becoming a world-class organization while there's still time*, Nova York: McGraw Hill, 1997, p. 11.
9. Nélio Arantes, "Deixe a filosofia empresarial fora do seu 'Planejamento Estratégico'", *Revista de Marketing Industrial*, n. 7, 1997, São Paulo: Instituto de Marketing Industrial.
10. James C. Collins e Jerry I. Porras, "Building your company's vision", *Harvard Business Review*, setembro-outubro 1996, p. 65.

11. James C. Collins e Jerry I. Porras, *Feitas para durar...*, cit., p. 86.
12. Joan Magretta, com colaboração de Nan Stone, *O que é gerenciar e administrar*, cit., p. 148.
13. Alfred P. Sloan Jr., *Meus anos com a General Motors*, São Paulo: Negócio Editora, 2001, p. 137.
14. Peter M. Senge, *A quinta disciplina: Arte, teoria e prática da organização de aprendizagem*, São Paulo: Editora Best Seller, p. 23.1990
15. Peter Drucker, *Inovação e espírito empreendedor*, São Paulo: Pioneira, 1987, p. 45.
16. Nélio Arantes, "O planejamento baseado na evolução deliberada, *Revista de Marketing Industrial* n. 12,1999, São Paulo: Instituto de Marketing Industrial.
17. Gary Hamel e C. K. Prahalad, *Competindo pelo futuro...*, cit., p. 7.

Capítulo 8
1. Tostão, "Os solistas e a orquestra", *Folha de S. Paulo*, 27 de agosto de 2006.
2. Heverton Aunciação, "Miopia de RH", Revista *Exame*, São Paulo: Editora Abril, 17 de maio de 2000.

Capítulo 9
1. Charles Handy, *The empty raincoat...*, cit., p. 81.
2. Idem, p. 83.
3. Jean François Chanlat, *O indivíduo na organização: Dimensões esquecidas*, São Paulo: Atlas, 1992, p. 29.
4. Theodore Levitt, *A imaginação de marketing*, cit., p. 114.
5. Richard Sennett, *A corrosão do caráter: As conseqüências pessoais do trabalho no novo capitalismo*, Rio de Janeiro: Record, 1999, p. 10.

Capítulo 10
1. Thomas A. Stewart, *Capital intelectual*, cit., p. 3.
2. Idem, p. 154.
3. Konosuke Matsushita, *Não vivemos somente pelo pão...*, cit., p. 35.
4. Peter Drucker, *Inovação e espírito empreendedor*, São Paulo: Pioneira, 1987, p. 39.
5. Peter Drucker, *Administração...*, cit., p. 72.

Capítulo 11
1. Eduardo Giannetti da Fonseca, *Vícios privados, benefícios públicos? A ética na riqueza das nações*, São Paulo, Companhia das Letras, 1993, p. 21.
2. James C. Collins e Jerry I. Porras, *Feitas para durar...*, cit., p. 196.
3. Aurélio Buarque de Holanda Ferreira, *Novo Dicionário da Língua Portuguesa*, 2. ed., Rio de Janeiro: Nova Fronteira, 1986.

4. Geert Hofstede, *Culturas e organizações...*, cit., p. 42.
5. Idem, p. 69.
6. Idem, p. 103.
7. Idem, p. 135.
8. *Guia de responsabilidade social para o consumidor*, IDEC – Instituto Brasileiro de Defesa do Consumidor, 2004, p. 6 e 10.
9. *Folha de S. Paulo*, 12 de maio de 2007. Papa condena 'ferida do divórcio', reage às seitas e enquadra CNBB, p. A6
10. Revista *Veja*, São Paulo: Editora Abril, 28 de novembro de 2007.
11. Milton Friedman, *Capitalism and freedom*, Chicago, Estados Unidos: The University of Chicago Press, 2002, p. 133.
12. Idem, p. 133
13. Drucker, *Administração...*, cit., p. 360.
14. Sérgio Ruiz Luiz, "Na mira do politicamente correto", Revista *Exame*, São Paulo: Editora Abril, 17 de agosto de 2005.
15. Peter Drucker, *Administração...*, cit., p. 373.
16. José Tadeu Alves, presidente, no Brasil, da Merck, Sharp & Dohme, "O estigma do lucro", Revista *Exame*, São Paulo: Editora Abril, 30 de março de 2005.
17. Peter Drucker, *Administração...*, cit., p. 378.
18. James C. Collins e Jerry I. Porras, "Building your company's vision", cit., p. 66.
19. Angela Pimenta, "Bilionários no lugar do Estado", Revista *Exame*, São Paulo: Editora Abril, 19 de julho de 2006.
20. *Guia Exame da boa cidadania corporativa* 2006, São Paulo: Editora Abril, dezembro de 2006, p. 57.
21. James C. Collins e Jerry I. Porras, *Feitas para durar...*, cit., p. 97.
22. Policarpo Jr., Felipe Patury, Eliana Simonetti, "A usina de falcatruas da Encol", Revista *Veja*, São Paulo: Editora Abril, 27 de agosto de 1997.
23. Laura L. Nash, *Ética nas empresas: Boas intenções à parte*, São Paulo: Makron Books, 1993.
24. Maxim Behar e Norberto de Paulo Lima, na introdução do livro *Riqueza das nações*, de Adam Smith, 2. ed., São Paulo: Hemus Editora
25. Eduardo Giannetti da Fonseca, *Vícios privados, benefícios públicos?...*, cit., p. 24.
26. Idem, p. 19.
27. Laura L. Nash, *Ética nas empresas...*, cit., p. 21.
28. James C. Collins e Jerry I. Porras, *Feitas para durar...*, cit., p. 79.

Capítulo 12

1. Hélio Gurovitz e Nelson Blecher, "O estigma do lucro", Revista *Exame*, São Paulo: Editora Abril, 30 de março de 2005.

2. Peter Drucker, *Administração...*, cit., p. 78.
3. James C. Collins e Jerry I. Porras, *Feitas para durar...*, cit., p. 91.
4. Peter Drucker, *Administração...*, cit., p. 77.

Capítulo 13

1. Robert S. Kaplan e David P. Norton, *A estratégia em ação: Balanced scorecard*, Rio de Janeiro: Campus, 1997, p. 8.
2. Joan Magretta, com colaboração de Nan Stone, *O que é gerenciar e administrar*, cit., p. 138.
3. Idem, p. 119.
4. Philip Kotler, *Administração de marketing...*, cit., p. 468.
5. Joan Magretta, com colaboração de Nan Stone, *O que é gerenciar e administrar*, cit., p. 126-127.

Capítulo 14

1. Joan Magretta, com colaboração de Nan Stone, *O que é gerenciar e administrar*, cit., p. 126.
2. Thomas A. Stewart, *Capital intelectual*, cit., p.53-54.
3. Idem, p. 54.
4. Idem, p. 55.
5. Idem, p.55
6. Theodore Levitt, *A imaginação de marketing*, cit., p. 23.

Contato com o autor:
narantes@editoraevora.com.br

Este livro foi impresso pela Edições
Loyola em papel Offset 75 g.